Evokationen der Natio

Stefan Schmidl

Evokationen der Nation
Europäische Landschaften in symphonischer Musik

Vorwort von Werner Telesko

SCHOTT

Diese Publikation wurde gefördert durch:

Bibliografische Information der Deutschen Nationalbibliothek
Die Deutsche Nationalbibliothek verzeichnet diese Publikation in der Deutschen
Nationalbibliografie; detaillierte bibliografische Daten sind im Internet über
http://dnb.d-nb.de abrufbar.

978-3-95983-122-2 (Paperback)
978-3-95983-123-9 (Hardcover)

© 2017 Schott Music GmbH & Co. KG, Mainz

www.schott-campus.com

Umschlagillustration:
Andreas Achenbach, Norsk fjordlandskap med regnbue
(1839 [Auschnitt], © Nasjonalgalleriet, Oslo [Fotograf: Frode Larsen])

Alle Rechte vorbehalten
Nachdruck in jeder Form sowie die Wiedergabe durch Fernsehen, Rundfunk, Film,
Bild- und Tonträger oder Benutzung für Vorträge, auch auszugsweise, nur mit
Genehmigung des Verlags.

Printed in Germany

Inhalt

Vorwort 7

Einleitung 9

Landschaft als Metapher des Nationalen 10
Europäische Landschaften für das »Wollen« von Musik 10
Zum Gegenstand und zum Aufbau des Buches 11

1 Metaphoriken nationaler Konstitution 13

1.1 Der Erweckungsruf Kataloniens 14
1.2 Der Ruf des bretonischen Prinzen 17
1.3 Estland in der Morgendämmerung 21
1.4 Dalmatien als katholische Sonnenlandschaft 23
1.5 Das Erwachen Sloweniens 26

2 Pastoralen 31

2.1 Rumänien als phantastische Hirtenlandschaft 32
2.2 Somerset als heilige Schäferidylle 35
2.3 Ungarn als tragische Ekloge 38

3 Flusslandschaften 44

3.1 Der Eisbruch des Oulujoki als Kristallisation Finnlands 44
3.2 Der Isonzo als Fluss der »Heimat« 48
3.3 Der Wolga-Don-Kanal als Arbeit an Stalins Sowjetunion 50
3.4 Dettifoss: Island zwischen Ökonomie und Mythos 53

4 Berglandschaften 57

4.1 Die Tatra: Die Erfahrung der slowakischen Nation als Gebirge ... 57
4.2 Die Schweiz als pazifizierende Alpenlandschaft 60
4.3 Lockrufe und Widerhall der Erhabenheit Norwegens 67

5 Spektren 72

5.1 Das Elsass als Kaleidoskop des Verlorenen 72
5.2 Die Durchmessung Lettlands 74
5.3 Brandenburg: Facetten des Preussen-Mythos 77
5.4 Die symphonische Metaphorisierung der Paläste Sintras 80

6 Couleur locale 86

6.1 Die Harfe als sinnliche Symbolisierung Irlands 86
6.2 Belgien als »Land of chimes« 91
6.3 Das Singen Siziliens, das Klagen Sardiniens 94
6.4 Malta: Das Kolorit des Mediterranen als Gegenrealität 98

7 Nationale Landschaft und Geschichte 100

7.1 Die Zuiderzee: Evokation der wehrhaften Niederlande 100
7.2 Hjortholm: Die Ruinenromantik Dänemarks 105
7.3. Die Wachau als »Nibelungengau« 108

8 Fantasien über die »Anderen« 114

8.1 Serbien als panslawistische Imagination 114
8.2 Eine russische Perspektive Griechenlands 121
8.3 Vardar-Mazedonien: Das Begehren Bulgariens 124

9 Geschlechter in nationaler Landschaft 127

9.1 Erinnerung in den Bergen der Ardèche 127
9.2 Eine Sexualphantasie in den schwedischen Schären 132
9.3 Geschlechter an der Küste von Cornwall 142

10 Transzendente Landschaften 147

10.1 Das Atmen der litauischen Wälder 147
10.2 Polen als Simulacrum 150
10.3 Umbrien als spirituelle Landschaft Italiens 153

Literatur (Auswahl) 158

Werkverzeichnis nach Nationen und Regionen 161

Textnachweise 164

Abbildungsnachweise 165

Nachweise der Notenbeispiele 167

Danksagung 168

Vorwort

Die variationsreichen Medialisierungen von Landschaft im 19. und 20. Jahrhundert wurden in den letzten Jahren zu einem immer zentraleren Thema kulturwissenschaftlicher Forschungen. Dies dürfte auch dem signifikanten Umstand geschuldet sein, dass die Landschaftsmalerei als selbständige Gattung ab dem späten 18. Jahrhundert hinsichtlich ihrer Stellung im akademischen Fächerkanon sowie in Bezug auf ihre quantitative Präsenz im Kunstmarkt spürbar an Eigenwert, Bedeutung und Marktwert gewonnen hatte. In diesem Sinne war man verstärkt daran interessiert, prominente - nun wieder in das allgemeine Bewusstsein gerückte - Regionen und Naturdenkmäler sowie die eigene Nationalgeschichte in eine engere (zum Teil sogar im Sinne einer Abhängigkeit zu verstehende) Relation zu bringen, jedenfalls aber Landschaft in ihrer Funktion als Metapher des Nationalen stärker in Erinnerung zu rufen. Essentielle Voraussetzung dafür war eine Aufwertung mythischer oder realer geschichtlicher Orte, denen aus der Perspektive der Geschichtsgläubigkeit des 19. Jahrhunderts eine grundlegende Rolle im Selbstverständnis einer Region, eines Landes oder - wie im Fall der Donaumonarchie - einer *composite monarchy* zugesprochen werden konnte.

Eine der zentralen Kategorien musikalischer Repräsentationen von Landschaften ist die Vorstellung der Landschaft als Metapher des Nationalen. Dieser Begriffs- und Anwendungskategorie wendet sich Stefan Schmidl in vorliegender Publikation in verdienstvoller Weise zu. In ähnlicher Weise wie in der bildenden Kunst steht in den verschiedensten Zeugnissen der »Programmmusik« des 19. und 20. Jahrhunderts das Bemühen um Anschaulichkeit und Evokation im Zentrum - und dies weit über die einem breiteren Publikum bekannten einschlägigen Werke von Strauss, Sibelius oder Grieg. Und ähnlich wie bei den Werken der aufstrebenden Landschaftsmalerei des 19. Jahrhunderts hält die Musikgeschichte mit der Gattung der »symphonischen Dichtungen« gleichsam eine ideale Referenzgattung bereit, welche die »imaginären Raumordnungen europäischer Nationalismen«, wie dies Schmidl bezeichnet, in kongenialer Weise umzusetzen vermochte. In diesem Sinn ist es nur allzu konsequent, wenn der Autor seinen Fokus über die gängige Mitteleuropa-Zentriertheit der Forschung weitet und unter anderem mit Estland, Dalmatien, Rumänien sowie mit dem Isonzo und der Tatra Landschaften und Naturdenkmäler in seine Betrachtung einbezieht, die bisher vor allem Objekte staatlicher und kultureller Identitätsstiftung gewesen sind, nicht jedoch im Fokus der Musikforschung standen. Über diese Fruchtbarmachung wenig beachteter Kompositionen und der damit zusammenhängenden (häufig als peripher bezeichneten) Landschaften ist es ein wesentliches methodisches Verdienst des Autors, sich dem weiten (und territorial letztlich kaum eingrenzbaren) Problemfeld nicht nur aus einer genuin musikwissenschaftlichen Perspektive gewidmet zu haben, sondern - und dieser Ansatz wird bereits im Inhaltsverzeichnis deutlich - mit Hilfe von multivalenten und signifikanten Begriffskategorien. Diese besitzen ihren Ursprung nicht nur im 19. Jahrhundert, sondern tragen explizit das Siegel hoher Anschlussfähigkeit an andere Disziplinen in sich: Dazu gehört unter anderem die Verwendung der *couleur locale*, der spezifischen Morphologie von Berg- und Flusslandschaften, die Konstruktion[en] des Anders-Seins (*otherness*), die Präsenz des Geschlechterdiskurses und die Untersuchung »transzendentaler« Landschaften. Stefan Schmidl gelingt mit seinem Ansatz der musikalischen Durchmessung des aus verschiedenen »Kulturlandschaften« bestehenden Kontinents, bei der aber ebenso Werke der bildenden Kunst Eingang in die Argumentation finden, eine neue und höchst instruktive Sicht auf die »Evokation« (so der Titel des Werkes) von Landschaften. Deren facettenreiche Medialisierung und Metaphorik macht diese zu einer zentralen Deutungskategorie der kulturellen Produktion des 19. und 20. Jahrhunderts. Der Autor führt dabei - biografisch gesehen - Ansätze früherer Studien im Rahmen seines Engagements am Institut für kunst- und musikhistorische Forschungen (IKM) der Österreichischen Akademie der Wissenschaften weiter und verdichtet diese in argumentativer wie methodischer Hinsicht zu neuen Einsichten und Synthesen. Dem Autor sei dafür großer Dank ausgesprochen. Seinem jüngsten Werk soll dementsprechend eine große Rezeption in der Fachwelt zuteilwerden.

Werner Telesko

Direktor des Instituts für kunst- und musikhistorische Forschungen (IKM) der Österreichischen Akademie der Wissenschaften

Einleitung

»United in diversity«: Das im Jahre 2000 festgeschriebene Motto der Europäischen Union postuliert zwei Vorstellungen. Einerseits bezieht es sich auf die Annahme von menschlicher Verschiedenheit, die konstitutive Imagination aller, so auch nationaler Identität, andererseits visioniert es die Möglichkeit eines Aufgehens dieser imaginären Differenz in eine supranationale, kontinentale Staatenunion zum Zweck ökonomischer und sozialer Prosperität.

Die Antinomie des Mottos ist bezeichnend: Denn obwohl die Union, eingedenk ihrer Funktion als Garant europäischer Pazifierung nach 1945, die langfristige Überwindung eines national-staatlichen Denkens ihrer Mitglieder anstrebt,[1] wird im Konzept der EU nach wie vor die Idee des Nationalen keineswegs negiert, sondern ihr im Gegenteil Geltungsrecht eingeräumt - wenn nicht sogar eine konstitutive Rolle zuerkannt.[2] Dies zeigt die Wirkmächtigkeit und ungebrochene longue durée nationaler Identifizierung, die Durchgängigkeit nationalistischer Narrative[3] und die anscheinende Unmöglichkeit, mit diesen zu brechen.

Die Langlebigkeit nationaler Phantasmen stellt die Frage nach ihren historischen Grundlegungen, insofern erst Apperzeption die imaginäre Ordnung im Bewusstsein entstehen lässt und dadurch materielle Folgen zeitigt. Unter diesem Gesichtspunkt ist eine Auseinandersetzung mit den Formen der diskursiven Konstruktion des Nationalen von Belang,[4] insbesonders mit der Topik »Landschaft«, die eine Deutung von Territorium vornimmt und somit identitätsstiftend für »Gemeinschaften« agiert.[5]

---

[1] Hans-Ulrich Wehler, *Nationalismus. Geschichte - Formen - Folgen,* München ⁴2011, S. 112.
[2] Johannes Feichtinger, »Europa, quo vadis? Zur Erfindung eines Kontinents zwischen transnationalem Anspruch und nationaler Wirklichkeit«, in: Moritz Csáky, Johannes Feichtinger (Hg.), *Europa - geeinigt durch Werte? Die europäische Wertedebatte auf dem Prüfstand der Geschichte.* Bielefeld 2007, S. 31.
[3] Wolfgang Müller-Funk, »»Sauget, Mütter und Weiber, das schöne Blut der Schlacht!‹ Überlegungen zum Zusammenhang von Literatur, Mythos und Nation«, in: Wolfgang Müller-Funk, Franz Schuh (Hg.), *Nationalismus und Romantik.* Wien 1999, S. 29.
[4] Ruth Wodak, Rudolf de Cillia, Martin Reisigl, Katrin Liebhart, Klaus Hofstätter, Maria Kargl, *Zur diskursiven Konstruktion nationaler Identität,* Frankfurt am Main 1998.
[5] Rainer Guldin, *Politische Landschaften. Zum Verhältnis von Raum und nationaler Identität.* Bielefeld 2014, S. 10; Werner Telesko, »Bildende Kunst und österreichische ›Identitäten‹ im 19. Jahrhundert: Das Beispiel Salzburg«, in: *Kunstgeschichte* (Mitteilungen des Verbandes österreichischer Kunsthistorikerinnen und Kunsthistoriker), Jahrgang XX/XXI (2003/2004), S. 40.

Landschaft als Metapher des Nationalen

Die Effektivität, mit der »Landschaft« politische,[6] nationale[7] und hegemoniale[8] Gesichtspunkte vermittelt, ist auf ihr gleichzeitiges Fungieren als Metapher einerseits und andererseits als Repräsentation im Sinne einer »abgebildeten« Vergegenwärtigung zurückzuführen. In der Wahrnehmung überlagert nämlich vielfach die Illusion eines wiedergegebenen »Eindrucks« von Natur-Gegebenheit die konzeptuell-metaphorischen Agenden, die Landschaftsdarstellungen eingeschrieben sind und die somit vielfach opak erscheinen. Zugleich garantiert eben dieses Zurücktreten des Gleichnishaften hinter das sinnliche Erkennen einer scheinbaren Wirklichkeit die umso nachhaltigere Vermittlung des Metaphorischen. Eine Auseinandersetzung mit der Vermittlungsinstanz »Landschaft« muss sich dieser prinzipiellen Dichotomie grundsätzlich bewusst sein.

Europäische Landschaften für das »Wollen« von Musik

Die musikalische Repräsentation von »Landschaft« stellt hierbei einen Sonderfall dar, kann doch im Gegensatz zum Sehen dessen, das als »Landschaft« wahrgenommen bzw. vorgeführt wird, das Hören desselben nicht »at once«,[9] in der Unmittelbarkeit des Blicks, geschehen. Demgegenüber ist Musik ein Medium, das Dispositive als Sukzession projiziert und allein wegen dieser »erzählenden« Qualität kaum als ein die Realität »abbildendes« Medium verstanden werden kann.

Und doch lässt sich auch in der Musik ein Bemühen um Anschaulichkeit feststellen, da sie durch die klangliche Imitation realer Laut-Phänomene eine zwar sehr abstrahierende, aber doch ikonische Beziehung zwischen Phänomen bzw. Objekt und Medium suggeriert. Musik wird insofern als funktionales Symbolsystem verstanden, als »imaginary object«,[10] da sie klanglich assoziative Vorstellungsgrundlagen für jene »Behauptungen«[11] bereitstellt, auf die sich nationale Orientierungsmuster gründen.[12]

Im Gegensatz zur visuellen »Welterzeugung«, die mit der Suggestion von Abbildlichkeit - ikonisch - operiert und in der Unmittelbarkeit des Blicks ge-

---

[6] Martin Warnke, *Politische Landschaft. Zur Kunstgeschichte der Natur*. München, Wien 1992.
[7] Wolfgang Kaschuba, *Die Überwindung der Distanz. Zeit und Raum in der europäischen Moderne*. Frankfurt am Main: Fischer 2004, S. 75–79; umfassend dazu: François Walter, *Les figures paysagères de la nation. Territoire et paysage en Europe (16ᵉ-20ᵉ siècle)*. Paris 2004.
[8] William John Thomas Mitchell, »Imperial Landscape«, in: William John Thomas Mitchell (Hg.), *Landscape and Power*. Chicago, London ²2002, S. 5–34.
[9] Zit. nach: John Wylie, *Landscape*. London, New York 2007, S. 6.
[10] Nicholas Cook, *Music. A Very Short Introduction*. Oxford ²2000, S. 51–73.
[11] Vincent Descombes, *Die Rätsel der Identität*. Frankfurt am Main 2013, S. 162.
[12] Vgl. dazu: Matthew Riley, Anthony D. Smith, *Nation and Classical Music. From Handel to Copland* (Music in Society and Culture). Woodbridge 2016, S. 1–4.

schieht, vollzieht sich die musikalische Vorstellung jedoch symbolisch und als Sukzession. Sie ist in dieser narrativen Qualität[13] der textlichen Deskription verwandt. Dies trifft insbesondere auf Programmmusik des 19. und 20. Jahrhunderts zu,[14] der das Anliegen eingeschrieben war, dem Hörer einen »Inhalt« zu vermitteln.

Die Intentionalität der Programmmusik stellt ein Äquivalent zur Frage nach dem Begehren dar, die Mitchell für die visuelle Kultur formuliert hat und die sich weniger damit befasst, was Bilder »tun«, sondern mit dem, was sie »wollen«.[15] Wie aber kann das im immateriellen, dadurch vielleicht noch appellativeren Medium Musik manifestierte »vouloir« isoliert und bezeichnet werden?

In diesem Zusammenhang ist es lohnend, auf die Überlegungen Lawrence Zbikowskis zurückzukommen,[16] vor allem seinen Ansatz, die Struktur eines musikalischen Werkes im Zusammenspiel mit seinen inscriptiones, subscriptiones, Motti etc. zu lesen, das heisst, jene Elemente ernst zu nehmen, die die Musikwissenschaft in ihrer Exegetik meistens als naive und vor allem kontingent vermutete Formen der Programmatisierung von Musik einschätzt und deswegen nachrangig behandelt, die aber gerade entscheidende Rollen für jene Ausformung von Imaginationen spielen, die kollektive Wirksamkeit erlangen können. Für die vorliegenden Studien wurde dieser methodische Rahmen um politische sowie sozial-, kunst- und ideengeschichtliche Kontextualisierungen erweitert.

Zum Gegenstand und zum Aufbau des Buches

Dieser Methode folgend, beschäftigen sich die Fallstudien des Buches komparatistisch mit imaginären Raumordnungen europäischer Nationalismen, wie sie in symphonischen Werken evoziert wurden. Diese sind nach Topoi und Kriterien gegliedert und darin chronologisch angeordnet, um jeweils die Entwicklung eines bestimmten Paradigmas zu verdeutlichen. Der Rahmen der behandelten Kompositionen orientiert sich an ihrer Wirkmacht als Diskurs-medium und umspannt dementsprechend die Zeit von der zweiten Hälfte des 19. Jahrhunderts bis zur Mitte des 20. Jahrhunderts, wobei die Ära um den Ersten Weltkrieg als Kulminations- und Krisenpunkt einen Schwerpunkt der Untersuchungen bildet.

---

[13] Zur theoretischen Diskussion der Narrativität, der Vermittlung imaginärer Handlungen in der symphonischen Musik des 19. und 20. Jahrhunderts siehe: Arne Stollberg, *Tönend bewegte Dramen. Die Idee des Tragischen in der Orchestermusik vom späten 19. bis zum frühen 20. Jahrhundert*. München 2014, S. 27–48.
[14] Dazu grundsätzlich: Jonathan Kregor, *Program Music*. Cambridge 2015.
[15] William John Thomas Mitchell, *Bildtheorie*. Frankfurt am Main 2008 [1987], S. 353.
[16] Lawrence M. Zbikowski, *Conceptualizing Music. Cognitive Structure, Theory, and Analysis*. Oxford 2002. S. 63–95.

Die Untersuchungen wurden nach der Art ihrer Metaphorik angeordnet: Stehen zunächst Tropen der Natur-Beschaffenheit und deren verwandte Ausformungen im Zentrum der Auseinandersetzung, werden danach Repräsentationstopoi beleuchtet, die national konnotierte »Landschaften« in Beziehung zum »Menschen« setzen.

Eine umfassende Darstellung wurde dabei weder hinsichtlich der Behandlung aller möglicher europäischen Nationen bzw. Regionen noch einer erschöpfenden Nachzeichnung ihrer Diskurse angestrebt. Die vorliegenden Analysen sollen vielmehr exemplarisch die Fülle und Komplexität der Imaginationsleistung symphonischer Musik am Ende des bürgerlichen Zeitalters bewusst machen.

1 Metaphoriken nationaler Konstitution

Die Vorstellung der »erwachenden« Nation ist eine Kernmetapher politischer Ästhetik.[1] Sie wird veranschaulicht im Bild der zu Bewusstsein kommenden, »lebendig« werdenden nationalen Idee, die sich im Staat »vollendet«. Als Partikulartopoi der Metaphorik liegen Sonnenaufgang und Erweckungsruf nahe. Ersterer Metaphorik ist ein apotheotisches Moment eingeschrieben, stellt sie doch einen Modus dar, der das »Eigentliche« des Repräsentierten vermitteln soll. Da dieses Eigentliche immer als außergewöhnlich angenommen wird, zeigt dessen verklärende Repräsentation zwar die äußere Erscheinung ihres Gegenstandes, enthebt diesen aber seines irdischen und zeitlichen Kontextes.

Das wohl prägnanteste Beispiel einer Apotheose findet sich im neutestamentarischen Rahmen, die Verklärung Christi. »Da wurde er [Christus; St.S.] vor ihren [der Apostel] Augen verwandelt, und sein Angesicht strahlte wie die Sonne, seine Gewänder aber wurden leuchtend wie das Licht.«[2] Zweck dieses Moments in der Erzählung des Matthäus ist die Enthüllung der entzeitlichten göttlichen Natur Christi. Seine Apotheose, Vergöttlichung findet ihn buchstäblich in anderem Licht. Die Imagination der von der aufgehenden Sonne illuminierten nationalen Landschaft säkularisiert diese darstellerische Konvention: An die Stelle Christi/Gottes (die zuvor schon von den Prinzipien Humanismus, Absolutismus und Aufklärung eingenommen wurde) tritt die Nation, ihr Territorium und ihre »Heilsgeschichte«.

Anders verhält es sich mit dem Gestus des Rufes. Er leitet sich eher aus den Praktiken des Militärs und der pastoralen Tierhaltung ab. Bezüglich einer politischen Vitalisierungsmetaphorik indiziert er weniger die verklärte Nation als sondern den Akt ihrer »Erweckung«. Dieser baut auf der Idee einer Primordialität des Nationalen auf:[3] Der Vorstellung, dass das Nationale als Materialität und Immaterialität etwas dauerhaft Präsentes darstellt, das, falls es verdeckt, vergessen oder unterdrückt ist, wieder entdeckt oder eben wieder erweckt werden kann.

---

[1] Ernest Gellner, *Nationalismus. Kultur und Macht.* Berlin 1999 (1997), S. 23.
[2] Matthäus 17,1.
[3] Vgl. Benjamin Curtis, *Music Makes the Nation. Nationalist Composers and Nation Building in Nineteenth-Century Europe.* New York 2008, 27–28.

1.1 Der Erweckungsruf Kataloniens

Regionen und regionale Identität sind ein Erzeugnis der Moderne.[4] Erst die Ordnung des zentralisierten Nationalstaates hat die Annahme der Verschiedenheit seiner territorialen Komponenten hervorgebracht. Das so generierte Postulat der Differenz kann eine so starke Ausprägung erfahren, dass in der regionalistischen Behauptung der Andersartigkeit die Idee des Nationalen und des Nationalstaates aufgegriffen und auf Mikroebene dimensioniert wird: Das Fraktal definiert sich als »unvollendete Nation«, die im Konflikt mit einem hegemonial empfundenen, übergeordneten Staat steht. Die Intensität, mit der die Idee der Region distribuiert wird, ist ein Charakteristikum dieses Phänomens.[5]

Der Catalanisme stellt den exemplarischen Fall eines solchen region buildings dar. In dessen Substrômungen, der *Renaixença* und dem *Modernisme Català*, zeigt sich besonders auch die Rolle, die die Ruf-Metapher als Modulator in der Imagination des Nationalen einnimmt. So war die immaterielle Gestik der an- und aufrufenden Stimme im Falle des katalonischen Nationalismus nicht nur im Namen seines vorrangigen medialen Organs präsent, der Zeitung *La Veu de Catalunya* (Die Stimme Kataloniens), sondern wurde auch in künstlerischen Deklarationen der Bewegung zur Metapher und rhetorischen Strategie.

Als nachhaltig darf Joan Maragalls Aufgreifen des Appellativen bezeichnet werden. Vor dem Hintergrund der spanischen Niederlage gegen die USA, die mit dem Verlust Kubas und einer Schwächung der zentralistischen Macht Madrids geendet hat, wurden von Maragall in der *Oda a Espanya* (1898) Region und Zentralstaat als Personifikationen kontrapostiert. Spanien erfährt dabei eine Anrufung durch Katalonien: »Escolta Espanya«[6] (Höre Spanien). Es kommt jedoch zu keinem Dialog der beiden, da Katalonien nicht die spanische Sprache spricht (»que et parla en llengua - no castellana«[7]) und Spanien die »Donnerstimme« seiner autonomen Region nicht einmal wahrzunehmen imstande ist (»No sents la meva veu atronadora?«[8]). Kommunikations- und deshalb handlungslos stehen sich die Personifikationen gegenüber.

Während Maragall mit dem Bild der ins Leere verhallenden katalonischen Anrufung Spaniens die Unmöglichkeit einer »Erhörung« durch den Zentralstaat repräsentierte, beschäftigte er sich ein Jahr später in einem Aufsatz in der *Veu de Catalunya* mit einem klanglichen Emblem der »Wiedererweckung«

---

[4] Xosé Manoel Núñez, »Historiographical Approaches to Sub-national Identities in Europa: A Reappraisal and Some Suggestions«, in: Joost Augustejin, Eric Storm (Hg.), *Region and State in Nineteenths-Century Europe. Nation-Building, Regional Identities and Separatism*. Basingstoke 2012, S. 21.

[5] Núñez, »Historiographical Approaches« (wie Anm. 4), S. 15.

[6] Joan Maragall, »Oda a Espanya« (1898), in: Joan Maragall, *Obras Complets. Obra Catalana*. Vol. I. Barcelona 1960, S 171.

[7] Maragall, »Oda a Espanya« (wie Anm. 6), S. 171.

[8] Maragall, »Oda a Espanya« (wie Anm. 6), S. 172.

Kataloniens: Maragalls Auseinandersetzung galt *Els segadors*, dem *Schnitterlied* aus der Zeit des katalonischen Aufstandes (ab 1640) gegen den habsburgischen König Philipp IV. 1892 war es von Francesc Alió auf eine Melodie des 17. Jahrhunderts gesetzt[9] und in einer Sammlung populärer katalonischer Lieder veröffentlicht worden. Daraufhin hatte es so große Verbreitung gefunden, dass es zunehmend die Funktion einer Hymne Kataloniens annahm. Da die Lyrik des *Els segadors* als nicht mehr zeitgemäß empfunden wurde, sollte ein im September 1899 ausgeschriebener Wettbewerb zur Findung eines neuen, unmissverständlicheren Textes führen.[10] Maragall nahm diesen Konkurs zum Anlass, über die »auf allen katalonischen Festen und öffentlichen Bekundungen unumgängliche patriotische Hymne«[11] nachzudenken. Diese sei »künstlerisch gesprochen, nicht besser oder nicht schlechter als andere, alte oder moderne, Lieder, die ähnliche Gefühle ausdrücken«,[12] zudem sei ihr Gesangstext anachronistisch.[13] Es sei aber die Volksseele (»alma popular«) gewesen, die das *Schnitterlied* aus nicht-rationalen, nicht zu hinterfragenden Gründen[14] in diesen außerordentlichen Rang erhoben habe. Maragall entwarf damit ein symmetrisches Szenario, indem er die vox populi *Els segadors,* eine »Stimme aus der Vergangenheit«, zur nationalen Hymne erwählen ließ.

Die entscheidende Argumentation des Dichters bestand allerdings darin, am Typus des katalanischen »Volksliedes«, als dessen wirkmächtigstes Exempel *Els segadors* verstanden wird, eine überzeitliche, allen Aktualitäten enthobene Qualität zu erkennen: eine Qualität, die die »Ewigkeit« nationaler Identität implizierte und diese Suggestion per Projektion auf die zeitlichen Dimensionen Vergangenheit, Gegenwart und Zukunft unterstrich:

> »Ein nationaler Gesang, eine patriotische Hymne umreißt keine Bestrebungen, stellt kein politisches Programm dar, noch mahnt sie Unrecht; sie ist die Seele eines Volkes, das ein altes Lied singend (auch wenn dieses nur ein Weihnachtslied wie *Noi de la Mare* ist) dabei jedesmal von seiner Vergangenheit träumt, von seiner

---

[9] Angel Smith, *The Origins of Catalan Nationalism, 1770-1898.* Basingstoke 2014, S. 207.
[10] Josep Masssot I Muntaner, Salvador Pueyo, Oriol Martorell, *Els Segadors. Himne nacional de Catalunya.* Barcelona 1983, S. 36.
[11] »(…) el himno patriótico indispensable en todas las fiestas y manifestaciones catalanistas (…).«, Joan Maragall, »Los Segadors« (1899), in: Joan Maragall, *Obras Complets. Obra Catalana.* Vol. II. Barcelona 1960, S. 586.
[12] »La canción de ›Los segadors‹, artísticamente considerada, no es major ni peor que muchas otras, antiguas o modernas, que expresan análogos sentimientos (…).«, Joan Maragall, »Los Segadors« (wie Anm. 11), S. 587.
[13] »(…) su letra resulta hoy anacrónica (…).«,Maragall, »Los Segadors« (wie Anm. 12), S. 587.
[14] »¿Por qué? Por uno de esos misterios de alma popular que no se somete a reglas conocidas, ni se deja conducir por raciocinios, ni tolera sabias imposiciones; y los misterios son la cosa más delicada y más fuerte que hay en el mundo: pierden en seguida su encanto para quien atrevido los toca, y le vencen siempre.«, Maragall, »Los Segadors« (wie Anm. 11), S. 587.

Gegenwart und von seiner Zukunft, weil sich mit dessen Geist etwas durch alle Jahrhunderte Beständiges ausdrückt.«[15]

Die neue Textierung des *Els segadors,* die siegreich aus dem Wettbewerb von 1899 hervorging, erweiterte Maragalls chronologische Auslegung des Liedes um das Moment eschatologischer Instauration (»Catalunya triomfant/tornarà a ser rica i plena!«[16] [Katalonien, triumphierend, wird wieder reich sein und prosperierend]). Das *Schnitterlied* legte somit nicht nur die fortwährend bestehende Wehrhaftigkeit der Region gegenüber einer Oppression von »außen« (Spanien, Madrid) nahe, sondern auch die Verheissung nationalen Heils und Wohlstands. Als »Vollendung« der Nation Katalonien wurde zu diesem Zeitpunkt mehrheitlich immerhin noch nicht Sezession verstanden, sondern eine wirtschaftlich-föderale Emanzipation innerhalb des Königreichs Spaniens.[17]

Zumindest hat die neue Textierung von *Els Segadors* seine Funktion als Hymne der Nation festgelegt. Der Status lässt sich ab 1899 am Rekurs katalonischer Komponisten auf das Lied zeigen. Während Isaac Albéniz in diesem Jahr von seiner als Trilogie geplanten symphonischen Suite *Catalonia* nur den ersten Satz vollendete, dann das Projekt fallen ließ und es daher Spekulation bleiben muss, ob er auch *Els Segadors* herangezogen hätte, war es der Gründer und Leiter der Chorvereinigung *Catalunya Nova,* Enric Morera i Viura, der es in die »symphonische Dichtung«[18] *Catalònia* integrierte, wobei das Lied hier den Schluss des Werkes bildete.[19] Die zwei dem Lied eingeschriebenen Agenden - die des Aufrufes zur Wehr (der auch ein Appell an den Hörer ist, sich seiner katalanischen Identität bewusst zu werden) und jene der Heilsverheissung - werden durch die Platzierung als finale Passage verklärt: *Els Segadors* erscheint so als sonores Emblem des »Eigentlichen« von Katalonien.

Noch elaborierter adaptiert tritt das *Schnitterlied* im 1903 entstandenen und 1917 umgearbeiteten Orchesterwerk *Nova Catalonia* des Violinvirtuosen Juan Manén auf. Die vierteilige Symphonie ist gegliedert in die Sätze I. *Terra i Rassa* (Land und Rasse), II. *Poble i Joia* (Volk im Jubel), III. *Nostre Cançó* (Unser Lied) und IV. *Nova Catalonia* (Neues Katalonien).[20] Bemerkenswert ist, dass

---

[15] »Un canto nacional, un himno patriótico, no es una definición de aspiraciones, no es un programa politico ni un memorial de agravios; es el alma de un pueblo que cantando una canción vieja, aunque sea un ›Noi de la Mare‹, sueña a la vez con su pasado, con su presente y con su porvenir, porque expansiona algo inmanente con su espíritu al través de los siglos.«, Joan Maragall, »Los Segadors« (wie Anm. 11), S. 587.
[16] Zit. nach: Oriol Martorell, »La consciència d'Himne Nacional«, in: Josep Masssot I Muntaner, Salvador Pueyo, Oriol Martorell, *Els Segadors. Himne nacional de Catalunya.* Barcelona 1983, S. 60.
[17] Hedwig Herold-Schmidt, »Vom Ende der Ersten zum Scheitern der Zweiten Republik (1874-1939)«, in: Peer Schmidt (Hg.), *Kleine Geschichte Spaniens.* Stuttgart 2007, S. 369.
[18] Josep Masssot I Muntaner, Salvador Pueyo, Oriol Martorell, *Els Segadors. Himne nacional de Catalunya.* Barcelona 1983, S. 25.
[19] Joaquim Pena, *Enric Morera. Assaig biogràfic in Estudis.* Barcelona 1937, S. 28.
[20] Juan Manén, *Nova Catalonia.* Wien, Leipzig 1927.

die Satztitel nicht auf landschaftliche Aspekte rekurrieren, sondern auf die Inkarnation des Menschen als Nation.

Diese Verkörperung wird, entsprechend dem konventionellen schematischen Aufbau der Gattung Symphonie, in mehreren Zuständen vermittelt: In seiner Geartetheit und seiner Relation zu nationalem Raum (I.), im Stadium folkloristischer Dynamisierung (II.) und »sein« Lied singend (III.). Als Objekt des letztgenannten Satzes, durch den Titel erklärter Gegenstand nationaler Proprietät und Distinktion, verwendet Manén das populäre, ebenfalls in einer Sammlung katalanischer Lieder rezent besonders verbreitete *La Filla del Marxant*. Es wird zuerst von einem Solo-Violoncello, dann von einem Saxophon gegeben. Dieses instrumentale Arrangement des cançó spiegelt die künstlerische Ambition des Modernisme Català wieder, dessen Eigenart eine Kombination aus »wiederentdeckter« Tradition und Modernitäts-Anspruch war. *La Filla del Marxant* bleibt im Verband der Symphonie dennoch nur Episode: Dreh- und Angelpunkt von *Nova Catalonia* ist *Els Segadors*. Sein Kopfmotiv eröffnet in Form einer dreimaligen Anapher den ersten Satz, dessen motivisch-thematisches Material sich in Folge gänzlich vom *Schnitterlied* ableitet - wie etwa das Seitenthema, das mit seiner Kurz-Kurz-Kurz-Lang-Figuration auf den »Bon cop de falç«-Refrain (Ein guter Hieb mit der Sichel) des *Els Segadors* verweist.

Die Entfaltungen führen im ersten Satz freilich nie zum vollständigen Erklingen des Liedes. Dies geschieht erst im Finale der Symphonie, nachdem frenetische Läufe der Streicher, die schon im Eröffnungssatz vorkamen, zu einer gänzlichen Intonation durch die Trompete führen. Der Schluss von *Nova Catalonia* verschränkt dann das *Els Segadors* kontrapunktisch mit einer seiner Variationen und verwandelt das Tongeschlecht von e-moll (der Tonart, in der auch die Version des *Schnitterliedes* stand, die in der *Veu de Catalunya* als Vorlage einer Neutextierung veröffentlicht worden war) apotheotisch nach E-Dur.

Obwohl Manén in seiner Symphonie keine Vokalparts vorschrieb, die auch den neuen, nationalistischen Text des *Els Segadors* in die Strategie des Werkes hätten einbeziehen können, setzte er die von Morera begonnene kompositorische Arbeit am regionalen Mythos mit dem Mittel des *Schnitterliedes* konsequent fort. Mehr noch als dieser nutzte Manén den nach 1898 diskursiv geschaffenen Nimbus des Liedes als überzeitliches Emblem Kataloniens, um daraus einen symphonischen »Erweckungsruf« und die klangliche Visionierung einer »erlösten Nation« zu gestalten.

1.2 Der Ruf des bretonischen Prinzen

Die Metaphorik der Wiederentdeckung setzt die Vergegenwärtigung einer Vergangenheit voraus, von der behauptet wird, in ihr hätte sich die Nation zum ersten Mal »vollendet« oder zumindest markant artikuliert, um danach ihrer einstmaligen Größe, Stärke oder Autonomie verlustig zu gehen. In *La chasse du Prince Arthur* (1912) kommt es zu einer besonders nachdrücklichen Deklaration dieser Art. Sie zeichnet sich dadurch aus, dass in ihrer Programmatik nicht nur ein entsprechender Anruf legendärer Geschichte vorgenommen, sondern auch die Gestik des Rufes selbst eingesetzt wird. Der Komponist des Stückes, Joseph-Guy Ropartz, war Direktor des Kon-servatoriums in Nancy und ein ausgesprochener Proponent eines künstlerischen Bretonismus, dem er, gleichermaßen von César Franck und Richard Wagner beeinflusst, in mehreren symphonischen Dichtungen Ausdruck verlieh. Das erste Beispiel dieser Werkgruppe stellt *La cloche des morts* (Die Totenglocke; 1887) dar. Untertitelt mit »Paysage breton« (bretonische Landschaft), rekurrierte Ropartz darin auf Auguste Brizeux' epische Dichtung *Les Bretons* (1845), in der die Bretagne ganz in der Tradition der Romantik als unheimlicher, suggestiver Landstrich geschildert worden war.[21]

Die Stilisierung zur Unheimlichkeit, die Brizeux vornahm und die Ropartz mit den Mitteln der Programmmusik ins Symphonische übersetzte, interpretierte die Region als Landschaft, die in so hohem Maß durch nationale Geschichte determiniert ist, dass diese, weil »verdrängt«, als unheimliche Präsenz, als Atmosphäre wiederkehrt. Zum Attest des romantischen Unheimlichen trug die katholische Prägung der Bretagne bei. Auch sie erschien als »vergessene« Eigenschaft und wurde als archaisch-spirituelle Wiederentdeckung zur Disposition gestellt. Dabei handelte es sich um eine Vorstellungsstrategie, die in den 1830er Jahren ihren Ausgang nahm[22] und 1887, als die symphonische Dichtung *La cloche des morts* vorgelegt wurde, eine neuerliche Konjunktur erfuhr: Nur ein Jahr zuvor hatte Émile Bernard seine erste Wanderung in die Bretagne unternommen,[23] in deren Folge er und Paul Gauguin in der Landschaft des westlichsten Teils Frankreichs dieselben Durchdringungen erkannten und davon ausgehend Konzept und Technik des Symbolismus entwickelten. Spielte für beide eine nationale Qualität der Bretagne keine Rolle, machte sie für Ropatz das »Eigentliche« aus, das hinter den Charakterisier-ungen katholisch, geschichtlich und unheimlich stand. Im

---

[21] Vgl. die Verse aus *Les Bretons,* die der Partitur vorangestellt sind: »Ainsi dans le brouillard, au son lointain du glas, / S'avançait le cercueil, traversant pas à pas / Les marais, les coteaux, et cette lande verte / Dont la plaine de Scaer vers le sud est couverte; / Et la cloche du bourg disait toujours: ›Va-t'en / Corps mort, va-t'en vers Dieu corps mort, Jésus t'attend!« (Und im Nebel, beim Klang der fernen Totenglocke, bewegte sich der Sarg, hinweg über die Sümpfe, die Hügel und über das grüne Moor, von dem die südliche Ebene Scaërs bedeckt ist. Und die Dorfglocke rief immer: ›Fort mit Dir, Leiche, fort mit Dir, zu Gott, der Dich erwartet‹), Œuvres de Auguste Brizeux. *Les Bretons.* Paris 1879, S. 138.

[22] André Cariou, »La découverte de la Bretagne par les peintres scandinaves«, in: Kati Kivimäki, Marja Supinen (Hg.), *La Bretagne des artistes à la fin du XIXe siècle.* Helsinki 1998, S. 15.

[23] Dorothee Hansen, »Skizzenbuchblätter aus der Bretagne - Émile Bernards erste Reise zu Fuß 1886«, in: Dorothee Hansen (Hg.), *Émile Bernard. Am Puls der Moderne.* Köln 2015, S. 26–45.

Sujet des Prince Arthur, das er ebenfalls *Les Bretons* entnahm, waren die drei Kriterien verschmolzen.

»Held« des Werkes und titelgebend ist Arthur I., der Sohn Geoffroys II. Plantagenêt, Herzog der Bretagne. Durch den Tod von König Richard Löwenherz, war Arthur zum Rivalen seines Onkels John Lacklands als Erbe des englischen Thrones geworden. John Lackland hatte es jedoch bald geschafft, Arthur gefangen zu nehmen und einzukerkern. Der Legende nach soll John dem Adeligen Hubert de Burgh den Auftrag gegeben haben, Arthur umzubringen. De Burgh wäre aber durch die Unschuld Arthurs von der Tat abgehalten worden: ein Zögern, das schließlich John selbst im Jahr 1203 in Rouen zum Mörder des bretonischen Prinzen werden ließ. Er konnte sich durch diese Tat freilich nicht das Herzogtum Bretagne, das in Folge unter den Einfluss des französischen Königreichs geriet, sich seine Autonomie jedoch noch offiziell bis 1532 zu erhalten imstande war, aneignen.

William Shakespeare hat die Geschichte in seinem um 1595 entstandenen frühen Drama *The Life and Death of King John* theatralisiert und dadurch das Bild Arthurs als unschuldig verfolgtem Kinderprinzen geprägt. Aufgrund ihrer Übereinstimmung mit Märchenmotiven (man vgl. das Motiv des zögernden Mörders, das sich auch in Blanche-Neige bzw. Schneewittchen findet) war die Arthur-Legende geeignet, populär zu werden, besonders gegen Ende des 19. Jahrhunderts in England. So verlieh ihm etwa der Maler William Frederick Yeames 1882 in *Prince Arthur and Hubert de Burgh* Bildgestalt und die Kinder-buchautorin Edith Nesbit in ihrem *Royal Children of English History* (1897) literarische Form.

Im Epos von Brizeux war Arthur anders imaginiert worden, als Anführer eines »wilden Rittes«: »Arthur, prince gallois, est-ce ta meute noire / Qui chasse cette nuit au son du cor d'ivoire? / Prince Arthur, est-ce toi?«[24] (Arthur, Prinz von Wales, ist das Deine schwarze Meute, die durch die Nacht jagt zum Klang des Horns aus Elfenbein? Prinz Arthur, bist das Du?). In der Vorlage heisst es dort weiter:

> »Ist er der Insel Avalon entstiegen, der unbezähmbare Löwe? / Ist er es, der mit Gawain, Tristan und dem König von Cornwall / durch das Unterholz reitet? / Kehrt er nach Huelgoat zurück, der große Bläser des Horns?«[25]

Wobei der im Original gebrauchte Ausdruck »Sonneur« in der Bretagne ansonsten auf die beiden »Nationalinstrumente« der Region, die Bombarde (eine Oboenform) und der Biniou (eine Sackpfeife) bezogen ist, hier jedoch auf das Horn. Dies hat vordergründig mit der geschilderten Situation der wilden Jagd Arthurs zu tun, aber auch mit der Figur des bretonischen Prinzen als

---

[24] *Les Bretons* (wie Anm. 21), S. 111.
[25] »De l'île d'Avalon a-t-il pu s'échapper, l'indomptable lion? / Avec Gauvain, Tristan, et le roi de Cornouailles, / Est-ce lui qui chevauche à travers les broussailles? / Revient-il au Huel-Goat, le grand sonneur de cor?«, *Les Bretons* (wie Anm. 21), S. 111.

einem die Bretagne rufenden »Erwecker«. Schließlich lautet eines der Brizeux-Zitate, die der Partitur überschrieben sind: »Arthur, nous t'attendons, nous t'attendons encore!« (Arthur, wir erwarten Dich, wir erwarten Dich noch immer!). Es lag für Ropartz nahe, eben diese Passage zum Zentrum der symphonischen Dichtung zu machen. Die Identifizierung Arthurs als bretonischen Heilsbringer wird durch die Wahl eines regional bekannten Themas garantiert. Es ist die Nummer 23, ein Christuslied aus dem *Kantikou brezonek eskopti Zan-Briek ha Landreger* (Bretonisches Gesangbuch der Bistümer Saint-Brieuc und Tréguier), »Enor [h]a gloar [d]a virviken, da Jeszus Krist doue ha den« (Ehre und Ruhm für immer/Jesus Christus, Gott und Mensch,/König und Vater Seiner Kinder; Notenbeispiel 1), die Ropartz zum Rufmotiv formte (Notenbeispiel 2).

In der Verbindung von Christuslied und nationalem Mythos wird Arthur zum Märtyrer der »katholischsten« Region Frankreichs,[26] deren Religiosität durch den 1905 für den Gesamtstaat verabschiedeten Laizismus zusätzliches Gewicht erhielt.

Notenbeispiel 1: *Enor ha gloar da virviken* im *Kantikou brezonek eskopti Zan-Briek ha Landreger* (übertragen in moderne Notation)

Notenbeispiel 2: *Enor ha gloar da virviken* als Leitmotiv Prinz Arthurs in Joseph Guy Ropartz' *La chasse du Prince Arthur* (1912)

Die musikalische Identifizierung Arthurs war so eindeutig, dass Gaston Carraud 1920 in seiner Besprechung des Werkes bemerken konnte: »C'est bien le prince Arthur, le héros de la Bretagne légendaire qui passe vraiment devant nous, là-bas, au milieu de sa meute noire«[27] (Es ist tatsächlich Prinz Arthur, der Held der legendären Bretagne, die hier an uns vorbeireitet mit seiner schwarzen Meute). Damit war auf symphonischem Wege die Vergegenwärtigung einer mytho-historischen Figur und ihres Rufes an die »schlafende« Region erreicht worden.

---

[26] Timothy Baycroft, »National Diversity, Regionalism and Decentralism in France«, in: Joost Augustejin, Eric Storm (Hg.), *Region and State in Nineteenths-Century Europe. Nation-Building, Regional Identities and Separatism.* Basingstoke 2012, S. 61.

[27] Gaston Carraud, »J.-Guy Ropartz« (1920), zit. nach: Jean Maillard, »J. Guy Ropartz et la Bretagne«, in: *Annales de Bretagne.* Tome 71, numéro 4, 1964, S. 636.

1.3 Estland in der Morgendämmerung

Als Mittel, nationale Erweckung und Vollendung darzustellen, ist der Rhetorik und der instrumentalen Ausführung des Rufes immer ein kriegerisches Moment eingeschrieben, dessen Ursprung in der militärischen Signalfunktion begründet liegt. Die andere Topik, der die Konstitution der Nation vorstellende Sonnenaufgang, ist von weiterreichendem Anspruch, weil Nationswerdung hier anhand eines elementaren Phänomens metaphorisiert wird und nicht auf den Aspekt des Kämpferischen beschränkt ist.

Eine Sonderform der Sonnenaufgangs-Metapher ist die Morgendämmerung. Sie ist ein gleichnishaftes Bild des Beginns nationaler Konstitution, deutet dessen Unaufhaltsamkeit an und gibt einen Ausblick auf die »Vollendung« im Nationalstaat. Für die Repräsentation der 1918 im Zuge des Ersten Weltkrieges und des revolutionären Umsturzes im zaristischen Rußland zur Unabhängigkeit gelangten Republik Estland empfahl sich das Bild der Morgendämmerung deshalb außerordentlich gut. Heino Eller, 1887 geboren in Tartu (dt. Dorpat), hat es mit *Koit* (Dämmerung) 1918 in einer Tondichtung ausgeführt. Dass er dazu das Medium der symphonischen Musik wählte, ist angesichts der Rolle, die Chorgesang und -wesen in der estnischen Nationalromantik spielten, auffällig, jedoch durch die instrumentale Tradition zu erklären, mit der Eller aufwuchs. Schließlich wurde in seinem Geburtsort Tartu schon über ein Jahrhundert lang ein reges Konzertleben gepflegt[28] bzw. war dort 1900 auch das erste Symphonieorchester Estlands gegründet worden.[29] Die Niederschrift von *Koit* geschah noch in Ellers Studienzeit. In St. Petersburg hatte er Jura inskribiert, um dann zu Komposition zu wechseln und dieses Fach in derselben Stadt mit Unterbrechungen bis 1920 zu belegen.[30] Während dieser Phase war 1917 bereits eine knappe symphonische Dichtung *Videvik* (Zwielicht) entstanden, sozusagen eine Vorstudie zu *Koit*. Während jedoch das programmatische Postulat von *Videvik* auf eine ruhendatmosphärische Natur verwies, ist das nachfolgende Werk vielschichtiger.

Mit dem Sujet der Morgendämmerung repräsentiert Eller im Gegensatz zur Statik des Zwielichts die sanfte Dynamik der einsetzenden Aurora und zieht seinem Stück dadurch eine latente nationale Bedeutungsebene ein. Diese Latenz findet in der Stil- und Formgebung ihr Indiz, das sich als Bemühen um Differenz erkennen lässt. Tatsächlich sind die Ornament- und Verzierungslosigkeit und die konzentrierte, auf Effizienz ausgerichtete Orchestrierung Gestaltungsmerkmale, die nicht zu den Paradigmen der Kompositionsausbil-

---

[28] Geiu Rohtla, »Das Konzertleben in Dorpat/Tartu um die Wende des 18./19. Jahrhunderts«, in: Audrone Žiūraitytė, Klaus-Peter Koch (Hg.), *Deutsch-baltische musikalische Beziehungen. Geschichte - Gegenwart - Zukunft*. Sinzing 2003, S. 223–230.
[29] Mart Humal, Art. »Estonia«, in: Stanley Sadie (Hg.), *The New Grove Dictionary of Music and Musicians*. Second Edition. Volume 8. London 2001, S. 146.
[30] Humal, »Heino Eller« (wie Anm. 29), S. 146.

dung und -pflege von Estlands ehemaliger Hegemonialmacht Russland zählten.

Auch die melodische Konzeption von *Koit* bemüht eine andere »Tradition«: So besitzt die sich in der Einleitungssequenz über grundierenden Streichern - in C-Dur, der Tonart der »Reinheit« - erhebende Oboenmelodie Ähnlichkeit mit jenen »runischen« Melodien,[31] die zum archaischen Erbe Estlands stilisiert wurden. Darauf spielt ebenfalls die Passage mit der Abfolge von Solo-Oboe und der Aufnahme ihrer Melodie durch die Streicher an, deren Aufbau die Vortragsform der Runenverslieder mit ihrem Alternieren von Vorsänger und Chor imitiert wird.[32]

Gemäß des Grundsatzes der *Noor Eesti*-Bewegung (Junges Estland), die nach 1900 eine gleichzeitige Orientierung nach Europa und das Bewußtsein estnischer Identität forderte,[33] weist *Koit* im zweiten Teil mit der charakterischen Parallelführung von Sextakkorden außerdem die Grammatik des musikalischen Impressionismus auf. Im Zusammenspiel mit der titular nahe gelegten Topik des Sol oriens lassen diese beiden Stilmerkmale die Lesart des Werkes als symphonisches Gleichnis der Emergenz des autonomen Nationalstaates, der »erwachenden« Republik Estland zu. Die kompositorischen Mittel sind hiebei als Apologie estnischer Eigenständigkeit zu verstehen. Ihre Austerität läßt die symphonische Idiomatik Russlands als »artifiziell« und jene Estlands als »natürlich« erscheinen.

Abbildung 1: Sonnenaufgang über der Emajõgi in Tartu [Dorpat]
(kolorierte Postkarte nach einer Fotografie von J. Solba, [1910er Jahre],
© Eesti Rahvusraamatukogu, Digital Archive DIGAR)

---

[31] Johannes Tall, »Elements of Folk Music in Selected Works of Estonian Composers«, in: *Journal of Baltic Studies,* Vol. 14, No.1 (Special Issue: Baltic Musicology; Frühjahr 1983), S. 42–43.
[32] Ingrid Rüütel, Art. »Estland«, in: Ludwig Finscher (Hg.), *Die Musik in Geschichte und Gegenwart.* Sachteil 3, Kassel 1995, Spalte 175.
[33] Rüütel, »Estland« (wie Anm. 32), S. 182.

1.4 Dalmatien als katholische Sonnenlandschaft

Der Titel von Blagoje Bersas symphonischer Dichtung *Sunčana polja* (Die Sonnenfelder bzw. sonnigen Felder, 1919/20) weckt Assoziationen mit einem Sujet des Zwölften Gesanges der *Odyssee*, den Feldern der Insel Thrinacia, auf denen der Sonnengott Helios seine Rinder weiden lässt. Die Anspielung auf die mythische, in ihrer Lokalisierung umstrittene Landschaft von Thrinacia im Zusammenhang mit Dalmatien und dessen prägnanter Inselwelt darf wohl als nachdrücklicher Hinweis auf das antik-mediterrane Erbe der Region verstanden werden. Dieser Fingerzeig erfolgt freilich unausgesprochen: Das Programm der *Sonnenfelder* führt Homers Ideallandschaft nicht an, dagegen ein pastorales Szenario, das hauptsächlich auf die agrarische Bewirtschaftung des Landes rekurriert:

> »Dalmatien. Ein Mittag im Sommer. Kräftiger Sonnenschein, schwüles Wetter. Bauern arbeiten und singen. Glocken läuten zwölf Uhr. Ein herrlich sonniges »Gloria« ertönt (Trompeten und Posaunen von der oberen Galerie). Die Bauern singen schlaftrunken. Ermattet legen sie sich zur Ruhe. Nachmittagsfrieden. Ruhe und Klarheit. Der ferne Klang einer Hirtenflöte.«[34]

Das erste Wort des Programms legt den »Schauplatz« der symphonischen Dichtung fest: Dalmatien, Landesteil Kroatiens, das wiederum zum Zeitpunkt der Komposition Teil des neu gegründeten Königreichs der Serben, Kroaten und Slowenen (Kraljevina Srba, Hrvata i Slovenaca, kurz: SHS) geworden war. Dieser Umstand bleibt jedoch ebenso unerwähnt wie die Tatsache, dass *Sunčana polja* ursprünglich in einen Zyklus symphonischer Dichtungen, benannt *Moja domovina* (Mein Heimatland) - zweifellos angeregt durch Smetanas *Má vlast* - hätte eingebettet werden sollen.[35] Unklar bleibt somit, ob sich Bersa auf Kroatien oder den neuen SHS-Staat beziehen wollte, war der Komponist doch sowohl von der Utopie eines südslawischen bzw. panslawistischen Staates beflügelt[36] als auch von einer ausgeprägten Verbundenheit mit seiner Geburtsregion.

Der Impuls, die symphonische Dichtung zu komponieren, scheint von einem Gedicht ausgegangen zu sein. 1918 vertonte Bersa zum Anlass der Hundertjahrfeier des nationalromantischen kroatischen Dichters Petar Preradović einige von dessen Versen.[37] Bei Bersa, der in Dubrovnik geboren worden war, dann aber größtenteils in Wien studiert hatte und anschließend dort auch durchgehend für das Verlagshaus Doblinger tätig war,[38] bewirkte Prera-

---

[34] »Dalmacija. Ljeti o podne. Veliko sunce, sparina. Seljaci oru i pjevaju. Podne je! Zvona zvone. Veličajna sunčana ›Glorija‹ (trube i tromboni odozgor s galerije). Umorno pjevanje seljaka. Svladani polegnu. Podnevni mir. Spokojnost i vedrina. Daleki zvuk pastirskih frula (dvojnica)«, zit. nach: Milo Cipra, *Sunčana Polja Blagoja Berse*. Zagreb 1967, S. 43.
[35] Marija Kuntarić, *Blagoje Bersa*. Zagreb 1959, S. 55.
[36] Kuntarić, *Blagoje Bersa* (wie Anm. 35), S. 17.
[37] Kuntarić, *Blagoje Bersa* (wie Anm. 35), S. 15.
[38] Kuntarić, *Blagoje Bersa* (wie Anm. 35), S. 12.

dović' Lyrik zu diesem Zeitpunkt eine erneute mentale Hinwendung zu Dalmatien, dessen Landschaft von ihm schon wenige Jahre zuvor (1915) jener der Umgebung Wiens gegenübergestellt worden war. Damals hatte Bersa die Landschaft nördlich Wiens, gleichsam als Synekdoche des Habsburger-Reichs, als einen nicht erst absterbenden, sondern bereits »toten« (Staats-)Organismus begriffen, Dalmatien hingegen als »lebendes«, von Naturgewalten geprägtes und dadurch wiederum ebenso als »natürlich« anzusehendes nationales Territorium:

> »Die Umgebung von Klosterneuburg ist wunderbar, aber sie lässt mein Herz und meine Seele kalt, sie ist nicht mein Meer, das lebt, weint, braust, dräut, donnert, lächelt und schlummert. Kurz gesagt: *meine* Natur lebt [kursivierte Hervorhebung: St.S.].«[39]

In Preradović' Gedicht *Zora puca* (Der Morgen graut), das 1895 ins Deutsche übertragen worden war und das Zentrum der Lieder Bersas aus dem Jahr 1918 bildet, fand Bersa diese vitalistische Auffassung des Landes wieder und bereicherte es um das Bild der Sonne, die Dalmatien erhellt, im »wahren Licht« seiner Eigenart und seines Potentials zeigt:

> »Der Morgen graut - halb tagt es schon! / Gen goldnen Osten wende Dich / Dalmatien, Du Ruhmesland, / Aus Deinem Schoß das Dunkel wich; / Daß Deine reichen Schätze mag / Enthüllen er - brach an der Tag!«[40]

Darüber hinaus übernahm Bersa Preradović' Strategie, die Topoi Erweckung und Verklärung eng zu führen: So werden die *Sonnenfelder* von einem Thema der Hörner eröffnet, das als »Ruf« zu erkennen ist. Diesem sind unmittelbar ausgedehnte Akzelerationen angeschlossen, von Bersa in der Partitur mit der Indikation »Poput sunčanih zraka, koje odozgor pale, bodu«[41] (wie Sonnenstrahlen, von oben herab brennend und stechend[42]) versehen. Unverkennbar besitzt diese musikalische Repräsentation gleißenden, blendenden Lichtes auch apotheotische Züge und bildet so den anderen Teil der metaphorischen Dyade, wie sie in Preradović' Gedicht vorgezeichnet ist.

Die Identifizierung dessen, das als »Dalmatien« verklärt und als erwachend symbolisiert wird, gewährleisten rhythmische und melodische Asymmetrien mit Bezug zu lokaler Folklore[43] sowie eine koloristisch-ornamentale Idiomatik, die mit der programmatischen Beschreibung der symphonischen Dichtung korrespondiert, in der (im kroatischen Original) von einer »pastirskih

---

[39] »Okolica oko Klosterneuburga divna je, ali ostavlja mi srce i dušu hladnom, nije to moje more, koje živi, plače, urliče, grozi, prijeti, drma, ruši, smije se, pa tiho drijema, ukratko: moja piroda živi.«, zit. nach: Kuntarić, *Blagoje Bersa* (wie Anm. 35), S. 18.
[40] *Peter Preradović's ausgewählte Gedichte*. Deutsch von Mavro Spicer. Mit einer biographischen Einleitung und dem Bildnisse des Dichters. Leipzig 1895, S. 40.
[41] Blagoje Bersa, *Sunčana polja*. Simfonijska pjesma za veliki orkestar, Zagreb 1950. S. 51.
[42] Bersa, *Sunčana polja* (wie Anm. 41), S. 51.
[43] Kuntarić, *Blagoje Bersa* (wie Anm. 35), S. 58.

frula (dvojnica)«,⁴⁴ der Doppelpfeife der Region, die Rede ist. Sie wird in der symphonischen Realisierumg durch eine Piccoloflöte vertreten, die über dem Hintergrundrauschen von drei Paukenwirbeln Hirtenspiel stilisiert. Der Schlüssel zum Verständnis von Bersas symphonischer Dalmatien-Repräsentation liegt aber weniger darin als im Detail des *Gloria*: jener Hymne des katholischen Ordinariums, die in Bersas Szenario zu »Mittag« ertönt und in der musikalischen Ausführung als melodische Allusion durch separat erhöht im Raum aufgestellter Blechbläser vorzutragen ist (Notenbeispiel 3).

Darin, dass Bersa dieses Crescendo seinen Höhepunkt mit einem vierfachen forte und einem absteigenden Quartsprung erreichen lässt, spielt er außerdem markant auf das gregorianische Credo an. Die Interpolationen katholischer Liturgieformeln wie Credo und Gloria kennzeichnen die Konfession des Landes. Sie sind allerdings auch als Ausdruck einer Distinktion gegenüber dem orthodoxen Serbien zu verstehen, das seit der Gründung des SHS-Staates in diesem eine überregionale Führungsrolle für sich reklamierte und praktizierte. Das Bekenntnis zur katholischen Kirche wurde von kroatischer Seite deswegen zunehmend als Demonstration gegen die zentralistische Belgrader Politik angewandt und sollte ihre Zuspitzung dann in den 1930er Jahren erfahren.⁴⁵

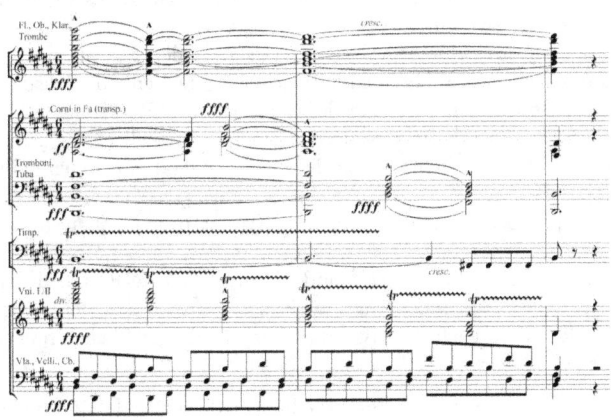

Notenbeispiel 3: Blagoje Bersa, *Sunčana polja* (1919), »Credo«
(Autograph der Partitur im Besitz der Musiksammlung der
National- und Universitätsbibliothek Zagreb)

---

⁴⁴ Cipra, *Sunčana Polja Blagoja Berse* (wie Anm. 34), S. 43.
⁴⁵ Aleksandar Jakir, *Dalmatien zwischen den Weltkriegen. Agrarische und urbane Lebenswelt und Scheitern der jugoslawischen Integration*. München 1999, S. 112.

Die *Sonnenfelder*, die Bersa noch in Wien begonnen hat,[46] ehe er nach Zagreb übersiedelte, sind somit einerseits ein von persönlicher Nostalgie[47] des Komponisten getragener Lobpreis Gottes in »heimatlicher« Sonnenlandschaft, andererseits führen sie Dalmatien als spezifisch katholische Region vor, die nicht nur gegenüber der »anderen« Konfession des SHS-Staates, der serbischen Orthodoxie, symbolisch verklärt wird, sondern auch eingedenk des Verlustes der Städte Rijeka, Triest und Zadar sowie der Halbinsel Istrien, den das junge südslawische Königreich im selben Jahr, in dem Bersa die *Sunčana polja* schrieb, durch den Vertrag von Saint-Germain hinnehmen musste.

1.5 Das Erwachen Sloweniens

Die Niederringung der nationalsozialistischen Okkupation »aus eigener Kraft« bildete die ideologische Basis der Wiedererrichtung Jugoslawiens unter sozial-istischen Gesichtspunkten. Zu diesen zählte auch die Schaffung einer Identität, die die Vorstellung ihrer jeweiligen binnen-nationalen »Zugehörigkeit« im Gegensatz zum ersten jugoslawischen Staat nachhaltig disfunktionalisieren und langfristig verdrängen sollte. In der offiziell ausgegebenen Phrase »bratstvo i jedinstvo« (Brüderlichkeit und Einheit) war das erstrebte neue Bewusstsein zum Motto verdichtet.

Abseits dieser Formel waren es die fundamentalen Topoi des sozialistischen Jugoslawien - der nach neuen ideologischen Grundlagen ausgerichtete neue Staat bzw. sein Gründungsmythos, der Sieg über den Faschismus -, die in symphonischer Musik repräsentative Darstellung fanden. Als Stilistik diente aus naheliegenden Gründen jene des Sozialistischen Realismus, wie er auf musikalischem Gebiet von sowjetischen Komponisten ab 1932 - keineswegs einheitlich - entwickelt worden war. Richtungsweisend für die symphonische Prod-uktion der frühen Tito-Zeit wirkte besonders das (ausgewählte) Œuvre von Dmitrij Šostakovič, das im neuen Jugoslawien prominent zu öffentlichen Anlässen gespielt wurde.[48] Ein Überblick über konzertante Musik, die in Titos Vielvölkerstaat zwischen 1945 und 1951 entstand, zeigt, dass die spezifische Nachfolge sowjetischer Symphonik nicht nur von der Mehrheit praktiziert, sondern auch nach dem Bruch Stalins mit Tito 1948 auch noch einige Jahre weiter gepflegt wurde.[49]

Unter den programmatischen Einschreibungen dieser Produktion finden sich typische Sujets kommunistischer Agitation wie metropolitaner Auf- und

---

[46] Kuntarić, *Blagoje Bersa* (wie Anm. 35), S. 55.
[47] Cipra, *Sunčana Polja Blagoja Berse* (wie Anm. 34), S. 44.
[48] Matjaz Barbo, »The First Slovene Radio Recordings after World War II: ›Progress‹ Caught Up in Musical ›Content‹«, in: Mikuláš Bek, Geoffrey Chew, Petr Macek (Hg.), *Socialist Realism and Music.* Prag 2004, S. 213.
[49] Parallel zur Kontinuität des Sozialistischen Realismus im sozialistischen Jugoslawien bis 1951, vgl. Tanja Zimmermann, *Der Balkan zwischen Ost und West. Mediale Bilder und kulturpolitische Prägungen.* Wien, Köln, Weimar 2014, S. 171.

Ausbau (so etwa in Dragutin Gostuškis symphonischer Dichtung *Beograd* (Belgrad, 1951)[50] oder die Verherrlichung der Arbeiterklasse (wie in Danilo Švaras 3. Symphonie, *Delavec* [Der Arbeiter], 1947). Gemäß der permanent postulierten historischen Grundlage des Staates war aber der Kampf der Partisanen gegen die Faschisten das weitaus am häufigsten verwendete Programm in symphonischen Werken. In Symphonien ist es, in ebenso charakteristischer Weise verknüpft mit der Metaphorik staatlicher Emanation, auch von zwei slowenischen Komponisten bearbeitet worden.

Zuerst entstanden ist das Werk von Marjan Kozina, der zunächst als Dozent an der Belgrader Musik-Akademie tätig war, dann persönlich in die Befreiungs-kämpfe involviert wurde und nach dem Krieg an der Musik-Akademie von Ljubljana Komposition lehrte. Über die Entstehung seiner Symphonie hinterließ er folgenden Bericht:

> »Es war ein wirklich wunderschöner Tag als ich hinaufschritt zum Kalemegdan. Ich war in verflixt guter Laune und dachte über die Symphonie nach (…). Es wird eine Art Symphonie über die nationale Befreiung werden – aber nicht in einem aufdringlichen, plakativen Sinne.«[51]

Die Erzählung bemüht sich, eine Typologie zu suggerieren: So ist mit der Erwähnung des Kalemegdan, der Parkanlage auf der alten Festung Belgrad, auch die Vergegenwärtigung des dort aufgestellten, ursprünglich als Erinnerung an den Triumph Serbiens im Ersten Balkankrieg konzipierte, dann dem siegreich beendeten Ersten Weltkrieg gewidmete Denkmal des *Pobednik* (Siegers) von Ivan Meštrović als Vorausformung der sozialistischen Behauptung und neuen Staatsgründung Jugoslawiens mitzudenken. Der Sieges-Symphonie Kozinas gingen jedoch nicht nur typologische Überlegungen voraus, sondern auch zwei angewandte Arbeiten: Die Musik zum Dokumentarfilm *S Titovimi brigadirji* (Mit Titos Brigaden, 1948; Regie: France Kosmač) und der Spielfilm über den Kampf der Partisanen *Na svoji zemlji* (Auf eigenem Grund, 1948; Regie: France Štiglic). Es wird die positive Resonanz beider Film-Partituren gewesen sein, die Kozina entgegen seinem artikulierten Vorsatz dazu bewogen hat, für die entstehende Symphonie, deren Sätze zuerst separat, als eigenständige Tondichtungen veröffentlicht wurden, eine filmmusikalische Stilistik zu wählen und sogar Teile ihrer Partituren darin aufgehen zu lassen.

Die also synthetische Symphonie beginnt mit einer klanglichen Evokation des beinahe aussichtslos scheinenden Kampfes gegen die nationalsozialisti-

---

[50] Siehe dazu ausführlich: Srđan Atanasovski, »Creating New Representations of Yugoslav National Territory. Dragutin Gostuški's Symphonic Poem *Belgrade*«, in: Stefan Schmidl, Susana Zapke (Hg.), *Partituren der Städte. Urbanes Bewusstsein und musikalischer Ausdruck*. Bielefeld 2014, S. 59–76.
[51] Zit. nach Booklet der CD *Marjan Kozina, Simfonija, Na svoji zemlji*. RTV Slovenija, DD-0215 SAZAS, S. 7–8.

schen Okkupanten Sloweniens. Kozina stellte diesem ersten Satz eine ausführliche Erläuterung voran:

»Der Name des Illova Gora, der anmutigen bewaldeten Anhöhe in Slowenien, lebt im Andenken der Partisanen und wird dort noch lange leben (...). Im Zuge der Generaloffensive gegen das befreite slowenische Territorium wurden die Divisionen der Partisanen von den Deutschen bei Illova Gora im November 1943 eingekesselt. In dieser hoffnungslosen Situation entschieden sie sich mutig für einen Kampf mit dem Feind, der ihnen an Heeresstärke und Waffen haushoch überlegen war. Sie hielten der langen und schrecklichen Schlacht stand und erzwangen sich schließlich einen Weg durch die eiserne Umzingelung. In meiner symphonischen Dichtung habe ich versucht, ein Echo der Empfindungen und Gefühle einzufangen, die wir Partisanen in dieser großen Schlacht bei Illova Gora durchlebt haben.«[52]

Diesem Sujet entsprechend ist der Satz zweigeteilt. Der erste Abschnitt wird dominiert von harschen rhythmischen Figurationen, die als klangliches Symbol eines technisierten furor teutonicus gehört werden können. Der zweite Teil setzt mit einer ausschwingenden, synkopischen Melodie ein, die eine offensichtlich positive Identifizierung bedeuten soll. Eine längere fugierte Passage ist dann vermutlich - im Sinne der wörtlichen Bedeutung von *fuga* - als Vorstellung der Flucht der Wehrmachtssoldaten zu verstehen.

Dieser Schilderung des neuen jugoslawischen Gründungsmythos sind die folkloristische Idylle *Bela Krajina* (dt. Weißkrain), deren Titel sich auf die gleichnamige südöstliche Region Sloweniens bezieht, und *Padlim*, ein dem Gedenken der Gefallenen des Krieges gewidmeter, in der Gestik der Marcia funebre aus Beethovens *Eroica* gehaltener Satz angeschlossen. Das Finale (*Proti morju*/Dem Meer entgegen) schließlich kommt noch einmal auf den Topos des Kampfes zurück. Dabei handelt es sich um die Musik der letzten Szene von *Na svoji zemlji,* die die Ankunft sozialistischer Partisanen an der Adria zeigt, einen »großen Moment« der neuen jugoslawischen Geschichtsschreibung. Im narrativen Sinn erfüllt sie die Rolle eines Telos und stellt darin eine charakteristische Neucodierung des per-aspera-ad-astra-Konzeptes dar, wie es in der Symphonik des 19. Jahrhunderts wirkmächtig gewesen ist.

Im Gegensatz zu Kozinas illustrativer, semi-filmmusikalischer *Simfonija* zeichnet sich die 8. Symphonie von Blaž Arnič (1951) durch ein kohärentes motivisches Desgin aus. Arnič, der Gefangener in Dachau gewesen war und

---

[52] »Ime Ollove gore, prijaznega in poraščenega hriba na Dolenjskem, živi v spominu partizanov in bo še dolgo živelo v knjigah, ko bodo govorile o tem, kako se je naš človek boril za svojo zemljo in na svojo svobodo. Partizanske enote, ki so jih Nemci v splošni ofenzivi proti slovenskemu osvobojenemu ozemlju v novembru 1943 obkolili na Ilovi gori, so v brezupnem položaju hrabro sprejele borbo s sovražnikom, ki je bil v desetkratni premoči v moštvu in v orožju, ter vzdržale dolgo in strašno bitko in naposled tudi prebile jekleni obroč. Vo svoji simfonični pesnitvi sem skušal zajeti odmev občutkov in pretresov, ki smo jih v tej veliki bitki doživljali partizani na Ilovi gori.«, in: Marjan Kozina, *Illova Gora. Simfonična Pesnitev.* Ljubljana 1950, S. 5.

nach der Befreiung an der Musikakademie in Ljubljana Komposition unterrichtete, verzichtete jedoch nicht auf programmatische Implikationen. So ist die viersätzige, deutlich von Anton Bruckner beeinflusste Symphonie mit *Na domači grudi* (Auf heimatlichem Boden) übertitelt. Durch ein Zusammenspiel von textlichen Beigaben und strukturell-stilistischen Dispositionen wie seiner Akkordbehandlung[53] ist sie in Zusammenhang zu bringen mit dem Sujet der Neu-Definition und -Konstiution des Staates. Bereits der erste Satz ist *Prebujene* (Erwachen) benannt und beginnt mit aufsteigenden ostinaten Figuren der Violinen. Die darüber positionierte motivische Fortschreitung, Dissonanzen, die sich aufwärts in Konsonanzen, Terzen, auflösen, vermitteln geradezu selbstverständlich die Metaphorik des Fortschritts, einer stetigen Entwicklung. Das »Erwachen« kann deswegen als klangliches Gleichnis von Titos Sozialismus im Aufbau aufgefasst werden. Eine ideologische Deutung scheint ebenfalls für den zweiten Satz *Mati* (Mutter) möglich, da heroische Maternität zu den fest-stehenden Topoi des Kommunismus zählte. Sie wurde am prominentesten in den Fresken Slavko Pengovs in Titos Villa im slowenischen Bled abgebildet. Etwas offener für Interpretationen ist hingegen das Scherzo der Symphonie, *Utripi* (Schläge bzw. Pulse). Doch auch hier lässt sich zumindest eine Allusion auf das sozialistische Jugoslawien andenken, wenn die intervallische Periodik als stilisierter Widerhall von Arbeitsrhythmik verstanden wird, sei diese maschineller oder menschlicher Natur. Da Tito erst ein Jahr zuvor - in entschiedener Abweichung von Stalins Sowjetkommunismus - ein Dekret erlassen hatte, das jugoslawischen Fabriken Selbstverwaltung zuerkannte,[54] mag einem solchen Verweis wohl hohe Aktualität zugekommen sein.

Es ist der Schlusssatz, der die Annahme einer dem neuen Jugoslawien gegenüber uneingeschränkt affirmativen Symphonie konterkariert. Dazu kommt es einerseits dadurch, dass Arnič den strukturellen Aufbau des ersten Satzes wieder aufgreift, dessen Linearität aber nicht, wie es die Finalkonvention (besonders jene zur Verdeutlichung von Ideologien) erwarten ließe, zu einem Höhe- und Endpunkt führt. Dadurch nimmt er ihm den Telos, präsentiert ihn unvollendet. Andererseits hat Arnič als Inspiration dieses Satzes ein Gemälde genannt,[55] das als identifikatorisches Bild in Slowenien ausserordentliches Ansehen genoss, nämlich Ivan Grohars *Sejalec* (*Der Säher*, 1907; Abb. 2). Die Faktur des *Sähers* sowie seine regionale Bedeutung machten den Hinweis auf ihn zu einem recht gewagten Schritt. Die Erinnerung an den *Sejalec* verwies nämlich auch an das »Verunklarende« von dessen impressionistischem Stil, welches auch sein Sujet, das ansonsten vorzüglich mit offizieller Propa-

---

[53] Ivan Florjanc, »Horizontal and vertical aspects in Compositions by Arnić«, in: Primož Kuret (Hg.), *Ob 300. obletnici ustanovitve Academiae Philharmonicorum Labacensium in 100. obletnici rojstva skladatelja Blaža Arniča*. Ljubljana 2001, S. 232.
[54] Holm Sundhausen, *Jugoslawien und seine Nachfolgestaaten 1943-2011. Eine ungewöhnliche Geschichte des Gewöhnlichen*. Wien, Köln, Weimar 2012, S. 98.
[55] Matej Venier in Booklet der CD *Blaž Arnič, Na domači grudi*. SAZAS 108020 (2003), o. S.

gandistik harmoniert haben würde, diffusioniert. In die Metaphorik des Aussäens oder auch des Voranschreitens wird dadurch ein Moment der Unsicherheit eingezogen. Dazu kommt die Verurteilung der Technik des Impressionismus als bürgerlich-kapitalistische, die erst 1950 im Zuge einer entsprechenden Ausstellung in Ljubljana artikuliert worden war.[56]

Abbildung 2: Ivan Grohar, *Sejalec* (Der Säher, 1907;
© Narodna galerija Ljubljana, Fotografie von Bojan Salaj)

Da Arnič nicht analogisch verfuhr und die Technik des musikalischen Impressionismus nicht zum Einsatz brachte, blieb der Symphonie ein andeutender Charakter erhalten. Der Unterschied zu Kozinas symphonischer Repräsentation Sloweniens als Schau- und Siegesplatz des Partisanenkampfes ist offensichtlich. Das »Erwachen« der Region im Sozialismus, das Arnič in *Na domači grudi* metaphorisiert, offeriert weder die Vision einer »Erfüllung«, noch wagt sie eine andersartige Prognose.

---

[56] Zimmermann, *Der Balkan zwischen Ost und West* (wie Anm. 50), S. 220.

2 Pastoralen

Seit dem 16. Jahrhundert wird die antike Topik des locus amoenus vermehrt zum Gegenstand einer Anverwandlung auf dem Gebiet der Instrumentalmusik.[1] Als Entsprechung der konventionalisierten Bestandteile der literarischen und malerischen Darstellung des »schönen Ortes« - Hain, Quelle, Rasen[2] und in diesem Szenario lagernde Genre-Charaktere[3] - wird in musikalischen Darstellungen ein Repertoire an Ausdrucksmitteln herangebildet, deren klangliche Gestalt vor allem an der »menschlichen« Dimension des Pastoralen orientiert ist. Besonders sind es bukolische Instrumente wie Sackpfeife, Schalmei und Alphorn, deren jeweilige Charakteristika Pate stehen für die Spezifik der Intervall-Beziehungen, der Begleitmotivik und der Diatonik von musikalischen Schilderungen idealer Ländlichkeit.[4] Mit allgemeineren kompositorischen Modi (aszendente und deszendente Skalen, repetitive Motorik, Holzbläser-Klangfarben, Einsatz von Schlagwerk) wird hingegen das Nicht-Menschliche repräsentiert. Die Abwechslung von klanglichen Evokationen von »Natur«, teils erhaben, sich in Sturm und Gewitter entladend, teils idyllisch mit »menschlichen« Hirtenszenerien kann somit als ein wesentliches Merkmal musikalischer Pastoralen angesehen werden.[5]

Beethoven hat diese Traditionen musikalischer Pastoralen in seiner 6. Symphonie (1808) rekapituliert, zusammengefasst und für die nachfolgende symphonische Produktion des 19. Jahrhunderts prägend formuliert, wobei er einen »Ausdruck der Empfindung« erreichen wollte, keine klangliche »Mahlerey«.[6] Beethovens Bemerkung lässt sich als Absage an die Erwartungshaltungen verstehen, die sich an textlich vermittelte Programmatik knüpfen und mit deskriptiven Bedeutungen des in dieser Art angerufenen »schönen Ortes« rechnen. Diese viel zitierte Prämisse hat Beethovens Nachfolge von ihm übernommen, allen voran Berlioz, in dessen *Symphonie fantastique* (1830) das Pastorale als Poe-tik des Vagierens und Korrespondierens zwischen »Gefühl« und landschaftlicher »Stimmung« verwirklicht ist.

---

[1] Hermann Jung, Art. »Pastorale«, in: Ludwig Finscher (Hg.), *Die Musik in Geschichte und Gegenwart*. Sachteil 7. Kassel 1997, Spalten 1505–1507.
[2] Ernst Robert Curtius, *Europäische Literatur und lateinisches Mittelalter*. Bern 1948, S. 193.
[3] Petra Maisak, *Arkadien. Genese und Typologie einer idyllischen Wunschwelt*. Frankfurt am Main, Bern 1981, S. 20.
[4] Hermann Jung, Art. »Pastorale«, in: Ludwig Finscher (Hg.), *Die Musik in Geschichte und Gegenwart*. Sachteil 7. Kassel 1997, Spalte 1506.
[5] Jung, »Pastorale« (wie Anm. 4), Spalte 1506.
[6] Andreas Waczkat, »»Mehr Ausdruck der Empfindung als Mahlerey«. Idealisierte Landschaft in Ludwig van Beethovens ›Pastorale‹«, in: Thomas Noll, Urte Stobbe, Christian Scholl (Hg.), *Landschaft um 1800. Aspekte der Wahrnehmung in Kunst, Literatur, Musik und Naturwissenschaft*. Göttingen 2012, S. 227–236.

Im romantischen Bestreben, die sich in der »Empfindung« andeutende, jedoch nie konkret werdende Resonanz der Natur zu suggerieren, verwenden Berlioz als auch vor ihm Beethoven eine durchaus »sprechend« zu nennende Gestik.[7] Die Weiterentwicklung dieser Formensprache im Zusammenhang musikalischer Pastoral-Topik führt deswegen im späteren 19. Jahrhundert auch zu einer Umkehrung der Zielsetzung, die »Empfindung« des locus amoenus, nicht diesen selbst repräsentieren zu wollen. Im Gegensatz dazu ist hier die deskriptive Verortung des Pastoralen, seine Topographie von Interesse: Es kommt zu einer Anwendung der Idee der Nation auf den Topos des »schönen Ortes«, dessen Assoziationen und Konnotationen auf das Sujet übergehen und ein Genre sui generis konstituieren: das einer nationalen Pastorale.

2.1 Rumänien als phantastische Hirtenlandschaft

Die Gattungsausprägung kann anhand des halbstündigen *Poème roumain*, mit dem George Enescu im Frühjahr 1898 zuerst in Paris, dann in Bukarest sein Debüt als symphonischer Komponist gab, aufgezeigt werden. Zum Zeitpunkt der Erstaufführungen ist Enescu 16 Jahre und teilt damit sein Alter mit dem Königreich Rumänien, das 1881 ausgerufen wurde. Das Reich bildet auch das Programm des *Poème*. Die imaginative Eigenart dieser musikalischen Reprä-sentation hat Enescu selbst freimütig zugegeben: Das Werk sei ein Ausdruck der Erinnerungen an das von ihm vor acht Jahren zum Zwecke der Ausbildung verlassene Land.[8] Die arkadische Allusion determiniert beinahe zwangsläufig, dass als Träger-Topik jene des »schönen Ortes« gewählt wurde. Strukturell ist das *Poème* daher nach einer Dramaturgie aufgebaut, die ganz in der Tradition von Beethovens entsprechendem Vorbild steht. So nennt die textlich beigegebene programmatische Beschreibung Standard-Situationen musikalischer Pastoralen wie Sommerabend, Nacht, Gewitter, Tagesanbruch und Fest-Tanz.[9] Einen Unterschied zu Beethoven macht Enescus Bemühen aus, seiner Schilderung etwas einzuschreiben, das sie musikalisch als spezifisch »national« auszeichnet.

Realisiert wird die intendierte Anagnorisis des klanglichen Nationalen durch den Einzug von Distinktions-Merkmalen, von Reizen. Die ersten Reize des Stückes, in der einleitenden Passage der Abendstimmung eingesetzt, sind Intonationen eines wortlosen, die Idiomatik rumänisch-orthodoxen Kirchengesanges imitierenden Männerchores sowie deren klangfarbliche Akzentuie-

---

[7] Vgl. auch: Andreas Waczkat, »»Mehr Ausdruck der Empfindung als Mahlerey« (wie Anm. 6), S. 230.
[8] Lucian Ghişa, »The Romanian symphonic poem in the first decade of the 20th century«, in: Journal of Science and Arts. Supplement at No. 1 (12/2010), S. 38.
[9] Siehe dazu: Helmut Loos, »George Enescu, das *Poème roumain* op. 1 und die Tradition der Nationalmusik«, in: Axel Schröter, Daniel Ortuño-Stühring (Hg.), *Musik - Politik - Ästhetik. Detlef Altenburg zum 65. Geburtstag.* Sinzig 2012, S. 550.

rung durch Glocken. Nur vordergründig bemüht Enescu damit lediglich couleur locale. Vielmehr legt die Aufrufung klanglicher Formen der Religionsausübung nahe, die Landschaft Rumänien selbst als »heilig« zu begreifen. Dieser Evokation juxtapositioniert ist der dritte Reiz des *Poème*, ein Flötenthema, das die Form einer doïna aufweist[10] und das in dieser instrumentalen Ausführung typisch ist für das Karpatenbecken.[11] Es repräsentiert bei Enescu das Sujet des im locus amoenus lagernden Hirten. Zugleich ist in ihm auch das Nationale exponiert, das die später auftretenden Tänze des Stücks, deren »Authentizität« er ausdrücklich in der Partitur vermerken ließ,[12] konnotieren sollen. Die Königshymne Rumäniens fungiert schließlich als finaler Reiz, der die Staatsform der Nation anzeigt.

Die Anordnung der Reize im standarisierten Aufbau einer musikalischen Pastorale impliziert die Hierarchie der Nation: Als Fundament wird eine »gottgegebene und -ergebene« rurale Landschaft vorgestellt, in der sich als zweite Ordnungskategorie die menschlich-nationale Gemeinschaft zum Feier-Tanz zusammenfindet. Die beschließende Hymne verdichtet beides, Land und imaginierte Gemeinschaft, zum klanglichen Emblem. Es steht für das Königtum, aber auch, in einer für die Jahrhundertwende charakteristisch ambivalenten Weise, für die Nation.

Im Vorstellungsbild des königlichen Nationalstaates, wie es im *Poème roumain* formuliert ist, erkannte Enescu die agrarische Prägung des Landes an und nutzte sie dazu, Rumänien als bukolische Ideal-Landschaft zu stilisieren. Diese Strategie war jedoch nicht seine Erfindung: Zeitgleich findet sich die Anwendung der Hirtenmetaphorik auch in textlich-visuellen Publikationen wie *Rumänien. Ein Land der Zukunft* (1896). Es waren dies Veröffentlichungen, die für ausländische Investitionen in Rumänien werben sollten und ebenfalls Emphase auf die größte Ressource des jungen Königreiches, die Landwirtschaft, legten.

Enescus *Poème* ging darüber hinaus, indem es die pastorale Repräsentation Rumäniens mit phantastischen klanglichen Reizen gestaltete. Dies erklärt nicht zuletzt den Erfolg beim Pariser wie beim Bukarester Premieren-Publikum.[13] In seinem ein Jahr zuvor veröffentlichten, nicht im Königreich Rumänien, sondern im damals noch der ungarischen Krone unterstehenden Transsilvanien spielenden Roman *Dracula* hatte Bram Stoker in ähnlicher

---

[10] Loos, »George Enescu« (wie Anm. 9), S. 552.
[11] Corneliu Dan Georgescu, Art. »Rumänien«, in: Ludwig Finscher (Hg.), *Die Musik in Geschichte und Gegenwart*. Sachteil 8. Kassel 1998, Spalte 591.
[12] Loos, »George Enescu« (wie Anm. 9), S. 551.
[13] Beat A. Föllmi, »George Enescu - A Notorius Nostalgic?«, in: Vesna Mikić, Ivana Perković, Tijana Popović-Mlađenović, Mirjana Veselinoć-Hofman (Hg.), *Between Nostalgia, Utopia and Realities*, Belgrad 2012, S. 124.

Weise eine von wundersamen Naturphänomenen durchzogene Landschaft evoziert:[14]

> »The very place, where he [d.i. Dracula, St.S.] have been alive, Un-Dead for all these centuries, is full of strangeness of the geologic and chemical world. There are deep caverns and fissures that reach none know whither. There have been volcanoes, some of whose openings still send out waters of strange properties, and gases that kill or make to vivify. Doubtless, there is something magnetic or electric in some of these combinations of occult forces which work for physical life in strange way; and in himself were from the first some great qualities.«[15]

Stokers Imagination von Transsilvanien stellt eine bemerkenswerte Parallele zu Enescus symphonischer Vision von Rumänien dar. Sowohl die Pastorale des *Poème roumain* als auch die Raumphantasie von *Dracula* luden ihre jeweils repräsentierten Forst- und Agrarlandschaften mit dem Nimbus des Aussergewöhnlichen auf: Stoker als physikalisch bedingte Unheimlichkeit, Enescu als nostalgische Prospektive einer ersehnten Heimlichkeit.

Abbildung 3: *The lovely land of promise*
(Fotografie, 1919)

---

[14] Zur Semantisierung von Transylvanien siehe umfassend: Marius-Mircea Crişan, *The Birth of the Dracula-Myth: Bram Stoker's Transylvania*. Bukarest 2013.
[15] Bram Stoker, *Dracula*. New York 1956 [1897], S. 353.

2.2 Somerset als heilige Schäferidylle

Im Falle der Repräsentation englischer Regionen erfüllte die Topik der nationalisierten Pastoralen auch eskapistische Intentionen:[16] Indem sie als zentrales Darstellungsschema herangezogen wurde, kam ihr die Funktion eines mentalen Gegenentwurfes zur Erfahrung der industriellen Revolution zu. Im Konzept des Englischen Gartens und der Bildtradition eines John Constable fand das Pastorale darüber hinaus Adaptionen, die das Vorstellungsbild England wirksam prägten. Als Teil der Insel Großbritannien erfuhr es damit vordergründig eine kantianische Klassifizierung als »schöne« Landschaft, der sowohl das »erhabene« Wales und Schottland[17] als auch die städtische Moderne gegenüberstanden. In Form symphonischer Rhapsodien wurden zwei dieser »schönen« englischen Landschaften 1906 repräsentiert: Norfolk durch Ralph Vaughan Williams und Somerset durch dessen engen Vertrauten Gustav Holst.

Ausgangspunkt beider Werke waren Lieder der Regionen. Diesen »folksongs« war in der Sammel-, Publikations- und Argumentationstätigkeit des Forschers Cecil Sharp, die er seit 1903 in Somerset betrieb, nachdrücklich der Rang von Indikatoren des Nationalen eingeräumt worden.[18] Sharp war es auch, der Holst dazu anregte, dieses Repertoire zur Grundlage einer symphonischen Komposition rhapsodischen Charakters zu machen.[19] Holst hat den Vorschlag wohl auch deshalb aufgegriffen, weil die Gattung die Möglichkeit bot, die melodisch-harmonische Gestalt der Lieder hervorzustreichen und ihre textliche Ebene vollkommen auszublenden – sah er die Wertigkeit der »folksongs« vor allem in deren musikalischer Faktur gegeben: »I consider the English tunes magnificent but their words often unworthy of them.«[20]

Dennoch operierte er in der *Somerset Rhapsody* durchaus auch mit dem semantischen Potential der lyrics. Das zeigt die Auswahl der drei Lieder, die Holst Sharps Sammlungen in Somerset entnahm: *Sheep Shearing Song, High Germany* und *The True Lover's Farewell*. Sie sind in eine Anordnung gebracht, die von ihrem ursprünglichen, textlich präzisierten Bedeutungsgehalt ausgeht, diesen klangfarblich substituiert und in ein »erzählendes« Schema bringt. Dieses stimuliert die Apprehension einsamer Ländlichkeit, die von militärischer Klanglichkeit erfüllt wird, dann in eine »gefühlvolle« Kantabilität übergeht, um am Ende mit einer Rekapitulation des Einleitungsmaterials zu verklingen. Die

---

[16] Weiterführend zu dieser Thematik: Elizabeth K. Helsinger, *Rural Scenes and National Representation: Britain, 1815–1850*. Princeton 2014; Roger Ebbatson, *An Imaginary England. Nation, Landscape and Literature, 1840-1920*. Aldershot 2005; Erik Dremel, *Pastorale Träume. Die Idealisierung von Natur in der englischen Musik 1900–1950*. Wien, Köln, Weimar 2005.
[17] Malcolm Andrews, *The Search for the Pituresque. Landscape Aesthetics and Tourism in Britain, 1700-1800*. Stanford 1989, S. 197–240.
[18] Dremel, *Pastorale Träume* (wie Anm. 16), S. 56–59.
[19] Michael Short, *Gustav Holst. The Man and his Music*. Oxford, New York 1990. S. 64.
[20] Gustav Holst an Edwin Evans, 29. Januar 1911, zit. nach: Short, *Gustav Holst* (wie Anm. 19), S. 65.

Lyrik der herangezogenen Lieder berücksichtigend, ergibt sich daraus die Lesart der Schilderung einer Hirtenlandschaft, in der Soldaten in den Krieg aufbrechen und denen sich auch ein Rekrut anschliesst, der zuvor noch innig Abschied von seiner Geliebten nimmt.[21]

Holsts persönliches Fazit der *Somerset Rhapsody* legt die Intention der kompositorischen Umsetzung offen: »There is no definitive programme, but the form grew out of a suggestion of pastoral country becoming filled with human activ-ities but surviving them all.«[22] Das angestrebte Vorstellungsbild ist folglich dasjenige einer überzeitlichen Landschaft, die das Ephemere des Menschen und seiner Handlungen offensichtlich werden lässt. Der Repräsentation Somersets ist somit auch Erhabenheit eingeschrieben, wobei das Konzept des Unendlichen, Unermesslichen, wie es die Romantik ausgeprägt hat, auf die Dimension des Zeitlichen bezogen wird: Zur Erschütterung führt hier - anders als in den Imaginationen von Schottland und Wales - nicht die Dramatik der Topographie, sondern die Ahnung des vermeintlich Ewigen nationaler Landschaft. Dass der *Sheep Shearing Song* in seiner rahmenden Funktion die entzeitlichte Gegebenheit der Grafschaft anzeigt, ist aus mehreren Gründen naheliegend gewesen. Schafe bedeuteten einerseits einen ewigen Kreislauf der Natur und dessen moderate Nutzung durch den Menschen, andererseits fungierten sie als Referenz auf ihre christliche Metaphorik des Friedfertigen,[23] womit der Panegyrik Somersets entsprochen wurde, die dessen »sweet yet solemn landscape« als »sacred home«[24] gefeiert hat. Grundlage dieser Stilisierung war die *Glastonbury legend*, derzufolge Joseph von Arimathea einst daselbst gelandet sei und, mit sich den Gral tragend, den christlichen Glauben nach England gebracht habe.[25] Daraus wurde ein früherer Aufenthalt auch von Christus in Somerset abgeleitet: eine Idee, die William Blake für eine poetische Vision nutzte, die England als verlorenes Paradies imaginierte, das als »neues Jerusalem« wieder zu errichten wäre (»Till we have built Jerusalem / In England's green and pleasant land«).[26] Weideland und Schaf - dieses in seiner juvenilen Daseinsform als zentrale Symbolisierung Christi - bildeten somit grundlegende Bestandteile der Interpretation Somersets als »heilige«

---

[21] Short, *Gustav Holst* (wie Anm. 19), S. 64–65.
[22] Gustav Holst an Edwin Evans (ohne Datum), zit. nach: Short, Short, *Gustav Holst* (wie Anm. 19), S. 64.
[23] Vgl. Psalm 65, 13, »The pastures are cloathed with flockes; the valleis also are couered ouer with corne; they shout for ioy, they also sing.«, zit. nach: The Authorised Version of the English Bible 1611. Edited by William Aldis Wright. Volume III. Cambridge 1909, S. 123.
[24] Sir Charles Abraham Elton, *Boyhood*, zit. nach: *English, Scottish and Welsh Landscape 1700–c.1860*. Chosen by John Betjeman and Geoffrey Tayor. London 1945, S. 64.
[25] Reginald Francis Treharne, *The Glastonbury Legends. Joseph of Arimathea, the Holy Grail and King Arthur*. London 1967, S. 5–6.
[26] Siehe dazu umfassend: Nancy Goslee, »In Englands green and pleasant Land: The Building of Vision in Blake's Stanzas from *Milton*«, in: *Studies in Romanticism*. Vol. 13, No.2, William Blake (Frühjahr 1974), S. 105–125.

Nationallandschaft (»And was the holy Lamb of God / On England's pleasant pastures seen?«).

Abbildung 4: Ansicht von Glastonbury, Somerset
(Postkarte, 1890/1900)

Die Erfahrungen des Ersten Weltkriegs haben das Vorstellungsbild einer sakralisierten Schäfer-Idylle, wie sie in Holsts *Somerset Rhapsody* mit dem Mittel der Implikation vermittelt wurde, als Wunschvorstellung offensichtlich werden lassen. Davon zeugt die Anmerkung von Vaughan Williams »it's not really lambkins frisking at all as most people take for granted«,[27] mit der er seine eigene *Pastoral Symphony* (1922) deutete. Auch bei Holst nimmt nach den Kriegsjahren das Sujet der Pastorale einen deutlich differenzierten Charakter an. In der 1927 entstandenen symphonischen Dichtung *Egdon Heath* wird Englands Südwesten, ausgehend von dessen literarischer Darstellung durch Thomas Hardy, als Analogon für die Unergründbarkeit der menschlichen Natur verstanden,[28] nicht mehr als nationale Landschaft.

---

[27] Ralph Vaughan Williams an Ursula Wood, 1938, zit. nach: Lionel Pike, *Vaughan Williams and the Symphony*. London 2003, S. 77.
[28] Erik Dremel, *Pastorale Träume* (wie Anm. 16), S. 146.

2.3 Ungarn als tragische Ekloge

Ein solcher Bruch fand in der Repräsentation Ungarns nach 1918 kaum statt. Die weitreichende Minderung staatlicher Ausdehnung, endgültig festgeschrieben im Vertrag von Trianon 1920, haben hier im Gegenteil zu einer Intensivierung der nationalen Konnotation von »Land« und »Landschaft« geführt. Sie bildete die Basis einer irrendentistischen Politik, deren Gegenstand die nunmehr den Nachbarstaaten Rumänien, Tschechoslowakei, Jugoslawien, Italien und Österreich zuerkannten Gebiete Ungarns bildeten. Es war der Revisionismus dieses »christlich-nationalen« Kurses, durch den Admiral Miklós Horthy letztlich die Konsolidierung seines Regimes erreichen konnte.[29] Gezielt wurde in diesem Zusammenhang der in der Geschichtsschreibung Ungarns gebräuchliche Begriff der »Landnahme« (Honfoglalás), bezogen auf das magyarische Eindringen in das Karpatenbecken und die Pannonische Tiefebene im 9. Jahrhundert, auf die Wiederherstellung der Grenzen Ungarns vor 1918 projiziert.[30]

Der Rekurs auf »Land« erfolgte in der ungarischen Medien-Öffentlichkeit nach dem Ersten Weltkrieg allerdings ungeachtet von Übereinstimmungen oder Nichtübereinstimmungen mit der Regierung Horthys und kann als durchgehend bezeichnet werden.[31] Er setzte die Tradition der pastoralen Darstellung Ungarns als Tiefebenen-Landschaft fort, wie sie im 19. Jahrhundert sowohl visuell (besonders in den Gemälden Mihály von Munkácsys) als auch musikalisch (mit den *Scènes de la Csárda* von Jenő Hubay) ausgeprägt worden war. Eine Erweiterung des Typus stellte jedoch sein tragischer Ausweis dar, der sich in der sozialkritischen Literatur der *Népi*-Schriftsteller[32] ebenso findet wie in der Malerei etwa des Kreises um István Szőnyi[33] oder jenem von Jozsef Koszta.[34]

Als entsprechendem symphonischem Beispiel kommt den *Ruralia hungarica* von Ernst von Dohnányi Bedeutung zu. Der 1924 in einer Fassung für Klavier abgeschlossene, im Oktober desselben Jahres zu Orchesterstücken umgearbeitete[35] und im darauffolgenden Monat der Budapester Öffentlichkeit

---

[29] Árpád von Klimó, *Nation, Konfession, Geschichte: zur nationalen Geschichtskultur Ungarns im europäischen Kontext (1860–1948)*. München 2003, S. 226.
[30] Árpád von Klimó, *Nation, Konfession, Geschichte* (wie Anm. 29), S. 220.
[31] András Zwickl, »The Pictures of the Ideal and the Real - Arcadia Painting of the Szőnyi Circle«, in: András Zwickl (Hg.), *Árkádia tájain. Szőnyi István és köre. 1918–1928*. Budapest 2001, S. 55.
[32] László Kontler, *A History of Hungary*. Budapest ²2009, S. 369.
[33] András Zwickl, »The Pictures of the Ideal and the Real« (wie Anm. 31), S. 65–71.
[34] Ignác Romsics, »Konsolidierung, Krise und Weltkrieg (1920–1944/45)«, in: István György Tóth (Hg.), *Geschichte Ungarns*. Budapest 2005, S. 671.
[35] 28. Oktober 1924, Datierung auf dem Autograph der Orchesterfassung, Österreichische Nationalbibliothek, Musiksammlung, Mus.Hs.41.893, S. 116.

vorgestellte[36] Zyklus kann als Teil einer Reihe von Werken Dohnányis gesehen werden, die seit 1920 entstanden und eine dezidiert nationale Tendenz aufwiesen:[37] Vorausgegangen waren die Kantate *Hitvallás - Nemzeti Ima (Magyar Hiszekegy)* [Glaubensbekenntnis - Nationales Gebet (Ungarisches Credo)], weiters die im »verlorenen« Transsilvanien angesiedelte Oper *A vajda tornya*[38] (Der Turm des Woiwoden, 1922) und die 1923 zur 50-Jahrfeier der Fusionierung von Buda und Pest verfasste *Ünnepi nyitány* (Festliche Ouvertüre).

Die Motivation dieser Werkgruppe allein von der generellen Empörung in Ungarn über Trianon abzuleiten, greift dabei zu kurz. Zweifellos führten die Bestimmungen des Vertrages bei Dohnányi zum insistierenden Festhalten an einem »großungarischen« Habitus.[39] Andererseits können die Stücke auch als Kalkül verstanden werden, durch die sich der Komponist versprach, wieder die Gunst des Regimes von Horthy zu erlangen. Dieses hatte Dohnányi vom Amt des Rektors der renommierten Franz-Liszt-Musikakademie entbunden, mit dem er von der Regierung Károlyi und danach von der kommunistischen Räterepublik unter Béla Kun betraut worden war, und ihm dafür lediglich eine Klavierprofessur an diesem Haus belassen. Anhand neuer Kompositionen nationale Gesinnung herauszustellen, wäre daher aus karrieristischen Gründen opportun gewesen.

»Ungarische« Haltung demonstrierte Dohnányi jedenfalls in der *Ünnepi nyitány* in ganz besonders vehementer Weise. Das zusammen mit Zoltán Kodálys *Psalmus hungaricus* und Béla Bartóks *Táncszvit* zu genanntem Anlass aufgeführte Orchesterstück repräsentierte das »Irreduzible«, die immaterielle »Essenz« der Nation Ungarn, indem Dohnányi deren primäre musikalische Signifikanten, Béni Egressys Vertonung des *Szózat,* und die seit 1903 offizielle National-hymne, Ferenc Erkels *Himnusz,* zur Apotheose eines symphonischen Scherzos anwandte.[40] Die anschließend komponierten *Ruralia hungarica* erwiesen sich hinsichtlich ihrer Publikumsresonanz allerdings als nachhaltiger konzipiertes Werk, wohl auch deswegen, weil hier der Topos der nationalen Landschaft seine Wirkmacht entfalten konnte.

Mit der lateinischen Titulierung erinnerte Dohnányi an Petrus de Crescentiis' Lehrtraktat *Ruralia Commoda* (~1305), spielte mit diesem Verweis zugleich auf die ältere Tradition der antiken Hirtendichtung an und legte dadurch den bukolisch-eklogischen Charakter des Zyklus fest. Gleichzeitig gewährleistete er mit der Adjektivierung *hungarica*, dass diese musikalische Pastorale national verstanden werden sollte. Die Brisanz der *Ruralia* lag jedoch nicht darin al-

---

[36] Imre Podhradszky, »The Works of Ernő Dohnányi (July 27, 1877–Feb. 9, 1960): A Catalogue of His Compositions«, in: *Studia Musicologica Academiae Scientiarum Hungaricae* T. 6, Fasc. 3/4 (1964), S. 367.
[37] Ilona von Dohnányi, *Ernst von Dohnányi. A Song of Life.* Edited by James A. Grymes. Bloomington, Indianapolis 2002, S. 77.
[38] Dohnányi, *Ernst von Dohnányi* (wie Anm. 37), S. 79.
[39] Vgl. Dohnányi, *Ernst von Dohnányi* (wie Anm. 37), S. 74.
[40] Dohnányi, *Ernst von Dohnányi* (wie Anm. 37), S. 81.

lein, sondern auch in der Semantik ihrer Struktur, ihren musikalischen Themen und Motiven: Sie waren von Dohnányi fast ausschließlich der kurz zuvor von Bartók und Kodály herausgegebenen Sammlung ungarischer Lieder aus Siebenbürgen/Erdély/Transilvania (*Erdélyi magyarság. Népdalok*, Budapest 1923) entnommen worden. Die im Titel behauptete Qualität *hungarica* bezog sich daher auf einen an Rumänien »verlorenen« Teil Ungarns - eine Lokalisierung, die sich (hypothetisch) anhand eines Gegenlesens mit der Bartók/Kodály-Sammlung von 1923 auch mikrotopografisch hätte nachvollziehen lassen, waren doch dort die Orte der Aufzeichnung der Lieder vermerkt.

Viel unmittelbarer machte die Sinngebung der *Ruralia* deutlich, dass viele der in ihr erklingenden Lieder und deren entsprechende Texte einschlägige Bekanntheit genossen, sodass sie »Siebenbürgen« konnotierten, besonders *Kolozsváros olyan város / a kapuja kilenc záros*[41] (Klausenburg ist eine solche Stadt, deren Tor neun Schlösser hat; Nr. 94 der Bartók/Kodály-Sammlung), das die Namesgeberin des ehemaligen Komitats Kolozs besang und damit eine Stadt, die auch in einem anderem Genre-Zusammenhang, der ungarischen Fassung von Emmerich Kálmáns Operette *Gräfin Mariza* (1924), als Objekt eines ungarischen Irredentismus eingesetzt wurde.[42]

Entscheidend trug außerdem die Anordnung des Zyklus zu seiner Semantik bei. Gegenüber der Klavierfassung entfielen in der symphonischen Fassung der ursprüngliche erste und vierte Satz und wurde der zweite mit dem dritten Satz vertauscht. Den Beginn bildete so das Andante poco moto, dessen Eröffnung, eine quasi-barocke kontrapunktische Kontemplation, durch Dohnányis Instrumentierung nachdrücklich transparenter gehört werden konnte als in der urspünglichen Version. Die Emphase auf diese Faktur im »alten Stil«, die sich dort unerwartet »streng« ausgenommen hatte, konkretisierte sich nun als Assoziation der Musik Johann Sebastian Bachs, deren Ernst der Einleitung Gravität verlieh und infolgedessen nachdrucksvoll auf die Intonation des Bukowiner Liedes *Szomorú főzfának,* der Nummer 2 aus der Bartók/Kodály-Sam-mlung,[43] einstimmte: Dessen poetisches Bild einer Trauerweide mit dreiund-dreißig Ästen, auf denen sich ebensoviele Pfaue niederlassen, wogegen das lyrische Subjekt die Abwesenheit seines Geliebten beklagt,[44] suggerierte bereits eine Bezugnahme auf die politisch-territorialen

---

[41] Béla Bartók, Zoltán Kodály, *Erdélyi magyarság. Népdalok*, Budapest 1923, S. 124.

[42] Stefan Schmidl, »Hol minden piros, fehér, zöldben jár!‹ A csoportok, az alteritások és a nemzet diskurzusai Ausztria-Magyarország operettjeiben«, in: *Magyar Zene,* 2011, Vol. 2, S. 216.

[43] Kodály sollte auf dasselbe Lied in seinem im gleichen Jahr wie die *Ruralia* begonnenen Singspiel *Székely fonó* (Die Szekler Spinnstube) zurückkommen.

[44] » Szomorú főzfának / Harminchárom ága / Arra reá szállott / Harminchárom páva / Ki ződbe, ki kékbe / Ki fődig fehérbe / Csak az én édesem / Tiszta feketébe. / Szólítottam vóna, / Szántam búsitani, / Egy ilyen éfiat megszomorítani«, zit. nach: Béla Bartók, Zoltan Kodály, *Erdélyi magyarság. Népdalok*, Budapest 1923, S. 12.

Verhältnisse nach 1920. Dohnányi unterstrich dies noch, indem er den Gesang durch eine entsprechende Harmonisierung und Orchestration, mit der Klarinette als Melodieträgerin, nostalgisch präsentierte. Als die voneinander getrennten Liebenden des Liedes konnten Ungarn und Siebenbürgen begriffen werden, die sehnsuchtsvoll ihrer einstigen Vereinigung gedachten.

Nur in scheinbarem Kontrast zur tragischen Nostalgie des ersten Satzes steht die Rondo-Form des anschließenden Prestos, denn auch hier muss das konnotative Wirken der herangezogenen Melodien berücksichtigt werden: des schon erwähnten *Kolozsváros olyan város*, aber desgleichen etwa von *Én Istenem, add megérnem*[45] (Mein Gott, lass es zu, dass ich mit dem lebe, den ich liebe; Nr. 96 der Sammlung). Anschließend an den daran gereihten kurzen dritten Satz, ein Allegro grazioso, dessen Quelle ausnahmsweise nicht Bartók/Kodály bildete und das wohl Kindlichkeit und Unschuld bedeuten soll, platzierte Dohnányi jenes Adagio non troppo, das den Kern der *Ruralia* zu bilden scheint - eine Annahme, die durch das auf ihn folgende, knapp gehaltene Finale Bestätigung findet.

Seine Form ist dreiteilig: Anfang und Ende bildet ein langsamer Abschnitt, ein Motiv in irregulären Metren ($^5/_4$, $^3/_2$), das im Umfang einer Quint auf- und niedersteigt. Es wird von Arpeggien beantwortet, die jeweils von der Tonika in die Doppeldominante mit tiefalterlierter Quinte führen und den eigentümlichen Schwebezustand der Passage hervorrufen. Ein jäher Aufschwung leitet dann über zum Mittelteil, der unmittelbar das 1914 von Bartók in Székelyhodos im Komitat Maros-Torda aufgezeichnete *Árva vagyok apa nélkül* (Einsam bin ich ohne Vater;[46] Notenbeispiel 4) verwendet. Das Lied, dessen Text erneut Trennung zum Thema hat und deswegen wiederum als Metapher der Situation nach Trianon deutbar war, ist bezeichnend adaptiert.

Es erscheint in der intervallischen Progression von Bartóks Transkription, doch schon die Ausweitung des Triolen-Vorschlags des Originals zu einem Septuolen-Lauf zeigt Dohnányis Dramatisierungsstrategie. Vollends ersichtlich wird die angestrebte Sinngebung des Liedes in der veränderten Rhythmik (eine Viertel-Sechzehntel-Figuration statt der ursprünglichen Viertel-Achtel-Folge) und dem Einzug einer Synkope kurz vor dem Oktavsprung am Ende der Phrase (Notenbeispiel 5): Die Umgestaltung deklariert eine »ungarische« Eigenheit der Melodie, woraus die Annahme der gleichen Qualität für Maros-Torda bzw. ganz Siebenbürgen nahegelegt wird.

---

[45] »Én Istenem, add megérnem, / Kit szeretek, avval élnem, (...)«, zit. nach: Béla Bartók, Zoltan Kodály, *Erdély Magyarság: Népdalok*. Budapest 1923, S. 126.
[46] Béla Bartók, Zoltan Kodály, *Erdély Magyarság: Népdalok,* Budapest 1923, S. 74.

Notenbeispiel 4: *Árva vagyok apa nélkül* in der Notation Béla Bartóks (1914)

Notenbeispiel 5: *Árva vagyok apa nélkül* in Ernő Dohnányis *Ruralia hungarica* (1924; transkribiert nach dem Autograph der Orchesterfassung, Österreichische Nationalbibliothek, Musiksammlung, Mus.Hs.41.893)

Dass Dohnányi die Trauer über den Verlust dieser so definierten Gebiete am Ende desselben Satzes mit einer konduktartigen Paukenfiguration ausdrückte - einer markanten Zutat gegenüber der Fassung für Klavier -, zeigt den eminenten Unterschied zu Bartók, der in seiner Arbeit die Form und das Repertoire des Klageliedes in den 1920er Jahren nicht mehr berücksichtigte[47] und sich auf diese Weise den naheliegenden politisch-ideologischen Implikationen des Deplorativen verweigerte. Geradezu als Gegenentwurf zu den *Ruralia* nehmen sich deswegen dessen Dorf-Szenen (*Falun*, 1926) aus, weil hier nicht nur das Moment des Tragischen vermieden wurde, sondern auch eine nationale Auszeichnung von »Volksmusik«.[48]

Bartóks *Falun* und Dohnányis *Ruralia* bildeten daher zwei Formulierungen des Eklogischen im Ungarn der Zwischenkriegszeit, deren Deutungen von Ländlichkeit sich zueinander diametral verhielten. Die progressive Aussenseiterposition Bartóks wurde aus diesem Kontrast höchst deutlich, während Dohnányis entgegengesetztes Konzept sowohl im Inland, gleichsam als sensuelle Übersetzung des revisionistischen Diskurses Horthys, als auch international, dort ohne das Wissen des Publikums um die Identität des Materials als

---

[47] Jürgen Hünkmöller, »Der Klage-Topos im Komponieren Bartóks«, in: *Studia Musicologica. Academiae Scientiarum Hungaricae*. Tomus XXXVI, Fasciculi 3–4 (1995), S. 357.
[48] Entsprechend Bartóks grundsätzlicher Haltung, vgl.: Moritz Csáky, *Das Gedächtnis der Städte. Kulturelle Verflechtung - Wien und die urbanen Milieus in Zentraleuropa*. Wien, Köln, Weimar 2010, S. 15.

unpolitische Ungarn-Idylle erlebt, reüssierte. Im Umstand, dass das thematisch-motivische Material der *Ruralia hungarica* aus Forschungsergebnissen Bartóks geschöpft war, lag die paradoxe Verbindung der beiden Pastoralen.

3 Flusslandschaften

Als landschaftliches Sinnbild des Vitalen, des sich unaufhaltsam seinen Weg Bahnenden, dabei Territorium Durchmessenden, hat Bedřich Smetana die Metaphorik des Flusses in der *Vltava* (Moldau),[1] dem zweiten und erfolgreichsten Teil seines Zyklus' symphonischer Dichtungen *Má vlast* (Mein Vaterland; 1874–1879), national gedeutet. In dieser Bezeichnung wurde die Fluss-Trope zum Inbegriff symphonischer Repräsentation von Landschaft.[2] Die folgenden Fallstudien legen die langfristige Relevanz und die Anwendungsbreite der Metapher offen.

3.1 Der Eisbruch des Oulujoki als Kristallisation Finnlands

Jahreszeitlichen Zuständen und Veränderungen, die sich an Topologien ablesen lassen, wohnt ideelle wie bildliche Anschaulichkeit inne, die sie zu Gleichnissen für die Identität, den Progress oder Regress der Nation prädestinieren. Für die künstlerische Verdeutlichung Finnlands, dessen Staatlichkeit während des 19. Jahrhunderts im Rang eines Großfürstentums mit Autonomierechten innerhalb Russlands bestand, bedeute die Vorstellung von Winterlandschaften daher nicht nur einen nordischen Exotismus,[3] sondern war eminent national aufgeladen.[4]

Darunter nahm die Flussmetapher eine nachdrückliche Rolle ein: In zwei Gemälden der Jahre 1895 und 1896 wählte etwa der Maler Pekka Halonen das Phänomen der Springflut (*Kevättulva*) als Sujet.[5] Ein Jahr danach befasste sich auch Jean Sibelius im Rahmen seiner zweiten Promotionskantate für die Universität Helsinki (1897) mit der Metapher: In der Vertonung der Lyrik von Aukusti Valdemar Forsmanin (später in Koskimies umbenannt) interpretierte er musikalisch den Vergleich des beständigen Drängens der finnischen Freiheits-bestrebungen mit jenem eines Wasserlaufes (»Kuin virta vuolas« [Wie eine reissende Strömung][6]) als voranschreitenden Marsch.[7]

---

[1] Zu Smetanas *Vltava* siehe: Linda Maria Koldau, *Die Moldau. Smetanas Zyklus »Mein Vaterland«*. Köln, Wien, Weimar 2007, S. 48–68.

[2] Der Modellcharakter der Vltava kann u.a. erkannt werden in: Kurt Atterbergs *Älven: från fjällen till havet* (Der Fluss: Von den Bergen bis zum Meer, 1929/30), Petar Stojanović' *Sava* (1935), Richard Strauss' *Die Donau* (1941/42) oder Alexander Moyzes' *Dolu Váhom* (Die Waag abwärts, 1945).

[3] Anna-Maria von Bonsdorff, »Correspondences - Jean Sibelius in a Forest of Image and Myth«, in: Hanna-Leena Paloposki (Hg.), *Sibelius and the World of Art*. Helsinki 2014, S. 120; Vibeke Waallann Hansen, »Landscape as a Mental State«, in: Timo Huusko (Hg.), *The Magic North. Finnish and Norwegian Art around 1900*. Oslo 2015, S. 167.

[4] Bonsdorff, »Correspondences« (wie Anm. 3), S. 126, Fn. 75.

[5] Nach Werkverzeichnis in: Anna-Maria von Bonsdorff (Hg.), *Pekka Halonen*. Helsinki 2008, S. 196 u. 197.

[6] Jean Sibelius, *Lauluja sekakoorille 1897 vuoden promootioni kantaatista*. Helsinki o. J., S. 20.

Das Manifest, das Zar Nikolaus II. im Februar 1899 erließ und das maßgeblich die Autonomierechte des Großfürstentums Finnland einschränkte, bewog Sibelius dazu, die Flussmetapher mit *Islossningen i Uleå älv* (Eisbruch auf dem Fluss Uleå/Oulujoki; 1899)[8] noch einmal aufzugreifen. Wenngleich eine Vorausformung der im Oktober 1899 als nationale Bekundung im Rahmen einer Lotterie uraufgeführten »Improvisation« für Sprecher, Männerchor und Orchester existiert (die Kantate *Islossningen* [1844/51] des schwedischen Uppsala-Romantikers Jacob Axel Josephson[9]), unterscheidet sich Sibelius' Komposition von dieser früheren Behandlung des Themas durch eine rigorose melodramatische Dramaturgie. Deren textlicher Ausgangspunkt war ein 1856 publiziertes Gedicht von Zachris Topelius.[10] Seine Verwendung garantierte das Ausbleiben zensorischer Interventionen, war doch das Poem als Huldigung Alexanders II. veröffentlicht worden,[11] jenes Zaren, der die Festschreibung der finnischen Autonomie gewährt hatte. Unter dieser Prämisse konnten Topelius' Verse den geänderten politischen Bedingungen angepasst und sezessionistisch ausgelegt werden.

Die Vorgehensweise von Sibelius ist hierbei beachtenswert, wenn er Topelius' Verse, die von einer nicht endenden Dominanz des Winters handeln[12] (worunter nunmehr die russische Oppression Finnlands verstanden wurde) mit einer »klagenden« Figuration des solistischen Violoncellos über dem Orgelpunkt der Kontrabässe unterlegte: einem triadischen Anstieg, vollzogen über einen leittönig funktionalisierten Tritonus samt angeschlossener Umspielungen des Zieltons *e* (Notenbeispiel 6). In seiner zwei Jahre zuvor veröffentlichten symphonischen Legende *Tuonelan joutsen* (Der Schwan von Tuonela, 1897) hatte Sibelius bereits dem Solo-Cello einen vergleichbaren aszendenten Part zugeordnet (allerdings erfolgte dieser über die Intervalle einer großen Terz, einer reinen Quarte, einer kleinen Sexte und einer Oktave). Die also bedeutete »Todeslandschaft« des Kalevala-Mythologie (»Tuonela, das Reich des Todes, […] ist von einem breiten Flusse mit schwarzem Wasser und reissendem Laufe, umgeben […].«[13]) wurde von Sibelius in *Islossningen* durch ihre klangsemantisch ähnliche, mittels der übermäßigen Quart

---

[7] »Marssin tapaan«, Jean Sibelius, *Lauluja* (wie Anm. 6), S. 20.
[8] Zu *Islossningen i Uleå älv* siehe: Glenda Dawn Goss, *Sibelius. A Composer's Life and the Awakening of Finland,* Chicago, London 2009, S. 251–253.
[9] Stig Jacobson, Art. »Jacob Axel Josephson«, in: Ludwig Finscher (Hg.), *Die Musik in Geschichte und Gegenwart.* Personenteil 9. Kassel 2003, Spalte 1206.
[10] Zachris Topelius, *120 Dikter.* Helsinki 1970, S. 162; Tomi Mäkelä, *Jean Sibelius und seine Zeit.* Laaber 2013, S. 142.
[11] Erik Tawaststjerna, *Sibelius.* Volume I, 1865–1905, S. 219.
[12] »Min svällda barm i sent fördröjda vårar / är den ej närd av fosterlandets tårar« (Wenn der Frühling sich verzögert, wird meine geschwellte Brust nicht von den Tränen des Vaterlands genährt), Zachris Topelius, *Islossningen i Uleå älv,* in: Topelius, *120 Dikter* (wie Anm. 10),
S. 158.
[13] Jean Sibelius, *Der Schwan von Tuonela.* Legende. Leipzig 1901, S. 3.

intensivierten Faktur in Beziehung zu einer realen Topographie, dem vereisten Oulu, gesetzt.

Dem Bild der Erstarrung der Nation, wie sie durch den Anklang der Tuonela-Musik unterstrichen wird, eröffnen die (auf *Finlandia* vorausweisenden[14]) schwellenden Septakkorde der Hörner und Posaunen einen narrativen Ausweg. Unterlegt sind sie den Versen »Min djupa fåra, mina strida forsar, / som krossa allt hvad deras bana korsar, (…)«[15] (Meine tiefe Furche, meine Stromschwellen, die alles zerstören, das ihren Weg kreuzt). Sie bereitet die deklamatorische Beschwörung von »Finnlands hundert Strömen«,[16] die Vision einer freizusetzenden nationalen Vitalität, vor, die auf instrumentaler Ebene dem pianissimo-Tremolo der Streicher anvertraut ist (Notenbeispiel 7). Der Reiz dieser melodramatischen Grundierung besteht im Wechsel von der »eindeutigen« Tonika Ges-Dur zum nachfolgenden (auch doppeldominantisch deutbaren) verkürzten Septnonakkord, dem eine harmonische Offenheit, nämlich eine vieldeutige Strebetendenz innewohnt, die ihm somit den Charakter unvorhersehbarer Perspektiven verleiht. Erst hierauf setzt, eingeleitet von einer Tonika-Dominant-Umdeutung der crescendierenden Bläser-Figur, der Unisono-Männerchor ein, der den eigentlichen Eisbruch, die Springflut der Flüsse Finnlands besingt.

Notenbeispiel 6: Jean Sibelius, *Islossningen i Uleå älv* (1899),
Violoncello-Figuration des »verzögerten Frühlings«
(mit freundlicher Genehmigung des Ylioppilaskunnan Laulajat, Helsinki)

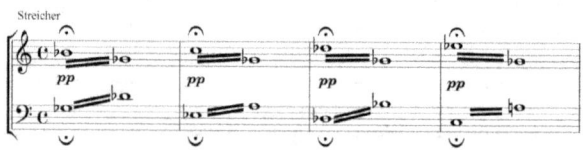

Notenbeispiel 7: Jean Sibelius, *Islossningen i Uleå älv* (1899),
Tremoli der Streicher beim Aufruf von »Finnlands hundert Strömen«
(mit freundlicher Genehmigung des Ylioppilaskunnan Laulajat, Helsinki)

---

[14] Erik Tawaststjerna, *Sibelius. Volume I, 1865-1905*, S. 219; Mäkelä sieht dies nicht zwingend gegeben: vgl. Tomi Mäkelä, *Jean Sibelius. Poesie in der Luft. Studien zu Leben und Werk.* Wiesbaden 2007, S. 324.
[15] Zacharias Topelius, Jean Sibelius, *Islossningen i Uleå elf*, in: Jean Sibelius, *Säestykselliset mieskuorolaulut orkesteri/urut/piano.* Helsinki 2003, S. 51.
[16] »(…) alla Finlands hundra strömmar«, Topelius, Sibelius, *Islossningen* (wie Anm. 15), S. 53.

Die Metaphorisierung des Oulujoki, die Sibelius in seiner musikalischen Ausdeutung von Topelius' *Islossningen* betrieb, stellte eine charakteristische Ausnahme gegenüber dem von der finnischen Nationalromantik ansonsten vorwiegend vertretenden Karelianismus dar.[17] Sie baute auf den konnotativen Möglichkeiten einer in Bewegung geratenden landschaftlichen Erhabenheit auf. Bereits 1845–1852 hatte Topelius, dessen Vater Maler in Oulu/Uleåborg gewesen war,[18] in der imaginationsstiftenden Serie *Finland framställdt i teckningar* (Finnland in Zeichnungen)[19] den Oulujoki derart gewürdigt: »Eine der größten Besonderheiten von Nord-Österbotten ist der herrliche Strom Uleå. Mächtig und brausend stürzt er nach unzähligen kleineren und sieben größeren Stromschnellen bei Merikoski ins Meer.«[20]

Abbildung 5: Oskar Jalander, *Die Stromschnellen von Merikoski mit der Brücke über den Oulu* (Fotografie, 1890/1902)

Es war jedoch nicht nur eine auszulegende Naturkraft, die sich im Mündungsgebiet des Oulu erkennen ließ, sondern auch der damit verbundene wirtschaftliche Aspekt: Als Exporthafen für Holzteer waren Stadt und Region von Bedeutung.[21] In der Sibelius-Forschung ist außerdem auf die 1890

---

[17] An weiteren Ausnahmen wären noch zwei, dem südlichen Teil Österbottens gewidmete Orchestersuiten von Sibelius' Schüler Toivo Kuula zu nennen (1909 und 1913).
[18] George C. Schoolfield, »National Romanticism - A Golden Age?«, in: George C. Schoolfield (Hg), *A History of Finland's Literature*. Lincoln, London 1998, S. 334.
[19] Maunu Härynen, »A Kaleidoscopic Nation: The Finnish National Landscape Imagery«, in: Michael Jones, Kenneth R. Olwig (Hg.), *Nordic Landscapes. Region and Belonging on the Northern Edge of Europe*, Minneapolis, London 2008, S. 490.
[20] »En af norra Österbottens största märkvärdigheter är den praktfulla Uleå elf. Mäktig och brusande efter otaliga mindre och sju större forsar, störtar elfven genom Merikoski i hafvet.«, Zacharias Topelius, *Finland framställdt i techningar* (Zacharias Topelius Skrifter XII), Stockholm 2011, S. 271.
[21] Hansjörg Küster, *Die Ostsee. Eine Natur- und Kulturgeschichte*, München 2002, S. 236.

eröffnete Eisenbrücke über den Oulu (Abb. 5) als Ausdruck des technischen Fortschritts Finnlands am Ende des 19. Jahrhunderts hingewiesen worden.[22] Demnach vereinte der Oulujoki idealtypische Eigenschaften in sich, um die Überwindung des »Winters« russischer Repression und die nationale Emergenz Finnlands als endlich »atmende Landschaft«[23] (wie es im finalen Chorsatz des Stückes heißt) zu repräsentieren.

3.2 Der Isonzo als Fluss der »Heimat«

Die Anwendung der Fluss-Trope zur Überhöhung einer Kriegslandschaft zeigt die symphonische Dichtung *Isonzo,* komponiert vom kroatischen Major des Generalstabskorps[24] Ludwig/Lujo Šafranek (1882–1940) anlässlich der für Österreich-Ungarn siegreichen zwölften und letzten Isonzoschlacht im Oktober 1917 (ein Sieg, den die Doppelmonarchie aber schließlich nicht mehr zu ihrem Vorteil ausnutzen konnte). Die Uraufführung des Stücks fand im März 1918 im österreichisch besetzten Belgrad, wo Šafranek stationiert war, statt und stieß auf solch große Zustimmung, dass sich die Wiener Philharmoniker entschlossen, *Isonzo* im großen Wiener Musikvereinssaal unter der Leitung von Felix Weingartner am 21. April 1918 nachzuspielen.

Mehrfach betonten die Presse-Rezensionen dieser Aufführung die persönliche Teilnahme des Komponisten an den Kampfhandlungen,[25] wohl in der Absicht, die »Authentizität« der kompositorischen Reflexion nahezulegen. So wurde Šafraneks symphonische Dichtung auch als eine »von Aktualität dampfende Kriegskomposition«[26] bezeichnet. Da sich die reale Klangwelt des technisierten Krieges, aber auch dessen destruktive Dynamik (vgl. Abb. 6) audiovisuell kaum musikalisch imitieren noch repräsentieren ließen,[27] operierte Šafranek mit etablierten Modellen der symphonischen Literatur des 19. Jahrhunderts, um zuerst den Lauf des Isonzo von den Alpen in die Adria,

---

[22] Goss, *Sibelius* (wie Anm. 8), S. 160.
[23] »Nejden andas Böljorna sjunka« (Die Landschaft atmet. Die Wogen senken sich), Topelius, Sibelius, *Islossningen* (wie Anm, 15), S. 64.
[24] *Fremden-Blatt,* 14. April 1918, S. 11.
[25] *Fremden-Blatt,* 14. April 1918, S. 11; *Neue Freie Presse,* 9. April 1918, S. 10; *Neues Wiener Tagblatt,* 20. April 1918, S. 9.
[26] Julius Korngold, »Konzerte«, in: *Neue Freie Presse,* 22. April 1918, S. 1.
[27] Corinna Müller, »Akustik des Krieges. Der Erste Weltkrieg als akustisches Ereignis im frühen Tonfilm«, in: Rainer Rother, Karin Herbst-Meßlinger (Hg.), *Der Erste Weltkrieg im Film.* München 2009, S. 103; Stefan Schmidl, »Interpretierte Welt. Aspekte einer Musikgeschichte des Ersten Weltkriegs«, in: *Muzikološki zbornik,* XLIX/1. Ljubljana 2013, S. 72–74; Stefan Schmidl, »Der Erste Weltkrieg als musikalische Vorstellung«, in: Brigitte Mazohl (Hg.), *Translating War. Der Erste Weltkrieg und seine kulturelle Verarbeitung* (= ÖAW: Forschung und Gesellschaft 9), Wien 2016, S. 35.

dann »Krieg und Sieg«[28] zu schildern. Unschwer sind dahinter die beiden Vorbilder, Smetanas *Vltava*[29] und Richard Strauss' *Heldenleben*, zu erkennen.

Abbildung 6: *Die von den Italienern gesprengte Isonzobrücke bei Sagrado*
(Fotografie aus *Wiener Bilder*, 18. November 1917, S. 7;
ANNO/Österreichische Nationalbibliothek, Wien)

Der Attribution von Landschaft kommt hierbei, wie im Muster Smetanas, besondere Bedeutung zu. In der umfangreichen Erläuterung, die dem Klavierauszug neben einem Gedicht von Franz Xaver Kappus beigegeben war,[30] wird ausgeführt: »Die Unendlichkeit, Ruhe und Majestät machen das Meer den Alpen verwandt und beide bilden die Heimat.«[31] Hinter diesem »Heimat«-Begriff war jedoch keine nationale Imagination zu verstehen, sondern die Fiktion des österreichischen Staatspatriotismus,[32] einer übergeordneten staatlichen Instanz, die Pluralitäten befrieden konnte. Dass Šafranek mit dem musikalischen Motiv des Isonzo (Notenbeispiel 8)[33] die Anbindung der Idee an das Landschaftliche der Region Goriška/Görz gelang, bestätigte das Feuil-

---

[28] *Isonzo*. Symphonische Dichtung von Ludwig Šafranek. Klavierauszug. Belgrad 1918, [S. 18].
[29] Dieses Vorbild wurde bereits in Julius Korngolds Besprechung der Wiener Aufführung erkannt: »In der Anlage der Bilderfolge, auch im Sechsachteltaktzuschnitt des Isonzothemas erinnert das Werk vorteilhaft an Smetanas ›Moldau‹.«, Julius Korngold, »Konzerte« (wie Anm. 26), S. 1.
[30] *Isonzo* (wie Anm. 28), »Erläuterung«, [S. 1].
[31] *Isonzo* (wie Anm. 28), »Erläuterung«, [S. 3].
[32] Dazu: Werner Telesko, *Geschichtsraum Österreich. Die Habsburger und ihre Geschichte in der bildenden Kunst des 19. Jahrhunderts*. Wien, Köln, Weimar 2006, S. 56–58.
[33] *Isonzo* (wie Anm. 28), »Erläuterung«, [3].

leton, als es in ihm einen »unverkennbaren österreichischen Charakter«[34] erkannte.

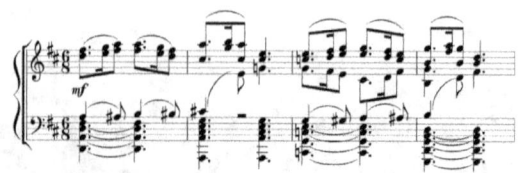

Notenbeispiel 8: Ludwig/Lujo Šafranek, *Isonzo* (1918), Motiv des Isonzo (Klavierauszug)

Damit hob sich die »Heldensymphonie«[35] *Isonzo* von früheren, weniger explizit gestalteten »patriotischen« Orchesterwerken des Ersten Weltkriegs wie Julius Bittners *Vaterland* (1915)[36] ab: Anhand der Nachverfolgung eindeutig konnotierter Motive in einem minutiös formulierten Programm, das die Beschaffenheit und die Verteidigung einer »heimatlichen« Landschaft illusionierte, konnte die »Österreich-Idee« noch einmal beschworen werden.

3.3 Der Wolga-Don-Kanal als Arbeit an Stalins Sowjetunion

Im Grundsatz, mit dem rigorosen Einsatz technischer Mittel »die Abhängigkeit des Menschen von den Naturgewalten zu überwinden«,[37] war in Stalins Sowjetunion eine Auffassung von Natur formuliert worden, die auch deren künstlerische Darstellung festlegte.[38] Sie fußte auf dem reziproken Verhältnis der Werkzeuge landschaftlicher Umgestaltung, dem Prozess der Transformation und ihrem Ergebnis. In der Repräsentation durch symphonische Musik kam dieses trianguläre Schema parallel zur stalinistischen Wende zum Tragen. Davor, im ersten Jahrzehnt der Sowjetunion, hatte sich das kompositorische Interesse, als Fortsetzung des Vorkriegs-Futurismus, auf eine instrumental vollzogene Mimesis des maschinellen Lautes (Aleksandr Mosolovs *Завод*, 1927) oder auf sein performativ inszeniertes Erklingen (Arseni Awraamows *Sirenensymphonien* [*Симфония гудков*], 1922) beschränkt. Mit dem Beginn der

---

[34] Julius Korngold, »Konzerte« (wie Anm. 26), S. 1
[35] »Safraneks [sic!] Schlachten-Tongemälde ist eigentlich eine Heldensymphonie – die Symphonie der Helden Österreichs - von einem Helden geschrieben.«, [P.], »Musikalische Novität«, in: *Wiener Neueste Nachrichten*, 22. April 1918, S. 4
[36] Zu *Vaterland*: [Kr.], »Philharmonisches Konzert«, in: *Wiener Abendpost*, Nr. 290, 20. Dezember 1915, S. 6; Hermann Ulrich, *Julius Bittner* (Österreichische Komponisten des XX. Jahrhunderts, Band 13). Wien 1968, S. 42–43
[37] [Die Herausgeber], »Vorbemerkung«, in: Michail Iljin, *Der Mensch bezwingt die Natur*. Ausgabe des Sowjetischen Informationsdienstes. Wien 1951, o. S.
[38] Katerina Clark, *The Soviet Novel. History as Ritual*. Bloomington 2000 (1981), S. 100–106.

1930er Jahre und dem Paradigmenwechsel, den die Doktrin des Sozialistischen Realismus anordnete, wurde die konstruktivistische Klanglichkeit der sowjetischen Frühzeit nicht nur der neuen Ästhetik angepasst, sondern auch in eine Erzählung integriert und an einen Ort gebunden.

Schon ein Werk der Übergangszeit, Yuliy Meitus' *Днепрострой* (Dneprostroi,[39] 1930), lässt die veränderte Ausrichtung erkennen. Wenngleich das Werk in seiner radikal antiromantischen Tonsprache, seinem Melodieverzicht und seiner abstrakten Rhythmik noch der futuristischen Ära verpflichtet ist, bezieht sich der Titel auf eine konkrete sowjetische Ingenieursleistung, das gewaltige Dnepr-Wasserkraftwerk bei Saporischja. Wenig später entstandene Symphonik zeigt die schließliche Abstimmung von Überschrift und musikalischer »Schilderung«. Dazu zählt Vladimir Ščerbačëvs 4. Symphonie (1932), die den Bau des Blockwalzwerkes *Ижорский* bei Leningrad vermitteln sollte[40] sowie die ebenfalls 4. Symphonie von Maximilian Steinberg (1933), dessen frenetische Dynamik die Fahrt der zwei Jahre zuvor eröffneten Turkestan-Sibirischen Eisenbahn vorstellte.[41]

Da die »Rekonstruktion der Wasserwege des Sowjetlandes«,[42] beginnend mit dem Bau des Weißmeer-Ostee-Kanals (1931–1933) und des Moskwa-Wolga-Kanals (1932–1937),[43] eine zentrale Stellung unter den technischen Großprojekten Stalins einnahm, wurde diese Art der Verwandlung von Landschaft ebenfalls Programmatik orchestraler Musik. Eine solche Komposition legte 1940 Rejngol'd Glièr mit *Ферганский праздник* (Urlaub in Ferghana) vor. Wohl bewusst wich Glièr allerdings einer Deskription der 1939 durch Kolchosenarbeiter verrichteten Arbeit am großen Bewässerungskanal im zentralasiatischen Ferghanakanal aus und suggerierte stattdessen den Endzustand der Bauunternehmung - die Region als neue Destinationsidylle der UdSSR.

Anders verfuhr Sergej Prokof'ev in *Встреча Волги с Доном* (Das Treffen von Wolga und Don, 1951), insofern er das Prozesshafte der »Überwindung« von Natur zum Programm machte. Die im Auftrag des Staatsradios komponierte[44] »sinfonische Festdichtung« feierte die Vollendung des Wolga-Don-Kanals, des Herzstücks von Stalins Viertem Fünfjahresplan (1946–1950).[45] Für Prokof'ev war dies Gelegenheit, sich nach den Kantaten *Зимний костёр* (Winterlagerfeuer, 1949/50) und *На страже мира* (Auf Friedenswacht, 1950) mit einem weiteren Werk (äußerlich) zu Ideologie und Ästhetik des Stalinis-

---

[39] Bezugnehmend auf das sowjetische Wasserkraftwerk am Dnepr.
[40] Michael John, *Die Anfänge des sozialistischen Realismus in der sowjetischen Musik der 20er und 30er Jahre. Historische Hintergründe, ästhetische Diskurse und musikalische Genres.* Bochum/Freiburg 2009, S. 472.
[41] John, *Die Anfänge des sozialistischen Realismus* (wie Anm. 40), S. 467.
[42] V.M. Perlin, »Architektura kanala Moskva-Volga« (1939), zit. nach: Karl Schlögel, *Terror und Traum. Moskau 1937.* München, Wien 2008, S. 368.
[43] Dazu eingehend: Schlögel, *Terror und Traum* (wie Anm. 42), S. 363–372.
[44] Simon Morrison, *The People's Artist. Prokofiev's Soviet Years.* New York 2009, S. 360.
[45] Georg von Rauch, *Geschichte der Sowjetunion.* Regensburg 8-1990, S. 458.

mus zu bekennen und dadurch seine im Zuge der »ждановщина« im Februar 1948 ausgesprochene Maßregelung zu revidieren.

Abbildung 7: *Erstes Zusammenfliessen von Wolga und* Don (1951; (Fotografie aus *Der Wolga-Don-Schiffahrtskanal „W. I. Lenin"*, Moskau 1954; Archiv Stefan Schmidl)

Dass er nunmehr demonstrativ die Normen des Sozialistischen Realismus befolgte, betonte Prokof'ev außerdem in parallel zur Komposition veröffentlichten Äußerungen:

> »Bei der Arbeit denke ich an die unendliche Welt unserer beiden großen Ströme, höre ich im Geiste die Lieder, die über sie im Volk entstanden sind, die Verse, die unsere klassischen und heutigen Dichter ihnen gewidmet haben. Ich bin bestrebt, die Musik der Dichtung sangbar und zu einem Spiegel der Schaffensfreude zu machen, von der heute unser ganzes Volk ergriffen ist.«[46]

> »Über diese Flüsse gibt es im Volke viele alte Lieder, zu denen jetzt neue hinzugetreten sind, welche die Taten des die Natur umgestaltenden Menschen besingen.«[47]

Auffällig erscheint, dass Prokof'ev dann in der tatsächlichen Ausführung zwar der doktrinären Forderung nach »Allgemeinverständlichkeit« in einer betont simplizistischen Tonsprache entsprach, jedoch eine der prinzipiellen Maximen des Sozialistischen Realismus, »народность«[48] (in etwa: Volkstümlichkeit), nicht mittels der Verwendung folkloristischer Idiomatik einlöste.

---

[46] Sergej Prokof'ev, in: *Sowjetskoje iskusstwo*, 17.11.1951, zit. nach der deutschen Übersetzung in: Sergej Prokof'ev, *Dokumente, Briefe, Erinnerungen*. Zusammenstellung, Anmerkungen und Einführungen: S.I. Schlifstein. Leipzig 1965, S. 239.

[47] Sergej Prokof'ev, in: *Nowosti*, 1951, Nr. 10, zit. nach der deutschen Übersetzung in: Sergej Prokof'ev, *Dokumente* (wie Anm. 46), S. 237.

[48] Régine Robin, *Socialist Realism: An Impossible Aesthetic*. Stanford 1992, S. 91; S. 51–53.

Ebenfalls offen beließ er die musikalische Vergegenwärtigung von »Arbeit«, sodass in Passagen des symphonischen Satzes sowohl die hydroelektrischen Turbinen des Kanals als auch das herbeigeführte (Zusammen-)fließen der Ströme als solches erkannt werden konnten.[49] Um Subordination unter Stalins Herrschaft und Ästhetik überzeugend zu demonstrieren, war diese im Februar 1952 im Radio uraufgeführte Komposition[50] damit letztlich zu uneindeutig.

3.4 Dettifoss: Island zwischen Ökonomie und Mythos

Zum ersten Mal war die Öffentlichkeit Islands 1861 durch ein Gedicht des autodidakten Poeten Kristján Jónsson auf den Wasserfall Dettifoss im Nordosten der Insel gelenkt worden.[51] In seinem Gedicht hat der frühverstorbene Jónsson das Naturphänomen als sich vokal manifestierende Entität angesprochen (»[...] kveður þú, foss, minn forni vinur«[52] [(...) singst du, Wasserfall, mein uralter Freund]). Auch in späterer isländischer Lyrik band sich die Visionierung des Dettifoss an dessen »Gesanglichkeit«: Im Gedicht des nationalromantischen Dichters Einar Benediktsson, der den Wasserfall im Sommer 1904 besucht hat,[53] wird der Dettifoss sogar aufgefordert, die Stimme zu erheben: »Syng, Dettifoss. Syng hátt mót himins sól«[54] (Sing, Dettifoss. Sing laut gegen die Sonne des Himmels; Abb. 8). Mit dem Imperativ an den Sturz des Flusses Jökulsá á Fjöllum wollte Benediktsson - metaphorisch verkleidet - auch auf dessen ökonomisches Potential hinweisen.[55]

Diese Propagierung der technischen Nutzbarmachung von Naturressourcen darf nicht als eine Utopie begriffen werden: 1904 nahm das erste hydroelektrische Kraftwerk Islands in Hafnarfjörður im Südwesten der Insel seinen Betrieb auf. Ihm sollte 1921 eines weiteres in Reykjavík[56] (über den Fluss Elliðaár[57]) folgen. Zu diesem Zeitpunkt kehrte sich aber nicht nur die Haltung vieler isländischer Schriftsteller in Opposition gegenüber der Ausbeutung der Wasserkraft um,[58] sondern es bildeten sich auch bürgerrechtliche

---

[49] Simon Morrison, *The People's Artist. Prokofiev's Soviet Years*. New York 2009, S. 376.
[50] Sergej Prokof'ev, *Dokumente* (wie Anm. 46), S. 598.
[51] Gert Kreutzer, »›Sing, Dettifoss. Sing laut ...‹ Wasserfälle in der isländischen Lyrik des 19. Jahrhunderts«, in: Annegret Heitmann, Karin Hoff (Hg.), *Ästhetik der skandinavischen Moderne* (Beiträge zur Skandinavistik, Band 14), Frankfurt am Main 1998, S. 71–72.
[52] Kristján Jónsson, *Dettifoss*, zit. und Übersetzung nach: Kreutzer, »›Sing, Dettifoss. Sing laut ...‹« (wie Anm. 51), S. 71.
[53] Stefán Einarsson, *A History of Icelandic Literature*. New York 1957, S. 268.
[54] Einar Benediktsson, *Dettifoss*, zit. und Übersetzung nach: Kreutzer, »›Sing, Dettifoss. Sing laut ...‹« (wie Anm. 51), S. 80–81.
[55] Kreutzer, »›Sing, Dettifoss. Sing laut ...‹« (wie Anm. 51), S. 84.
[56] Gunnar Karlsson, *The History of Iceland*. London 2000, S. 294.
[57] Árni Ragnarsson, Þorkell Helgason, *Energy in Iceland. Historical Perspective, Present Status, Future Outlook*. Reykjavík 2004, S. 25.
[58] Stefán Einarsson, *A History of Icelandic Literature*. New York 1957, S. 289.

Aktionen (gipfelnd im Fall der Intervention von Sigríður Tómasdóttir zur Erhaltung des Naturzustandes des Wasserfalls Gulfoss).

Hinsichtlich der 1964 erfolgten symphonischen Vertonung von Benediktssons *Dettifoss* durch Jón Leifs sind daher nicht nur diese veränderten diskursiven Umstände zu berücksichtigen, sondern auch die generelle Transformation des Lebens auf Island, die mit der britischen und US-amerikanischen Besetzung des Landes während des Zweiten Weltkrieges einhergegangen ist.

Wenn Leifs, der wohl umstrittenste nordeuropäische Komponist seiner Zeit, also auf die 60 Jahre alte Dichtung zurückgriff, verhielt sich dies diskrepant zur damaligen Gegenwart. Galt Benediktsson zwar als Teil des literarischen Kanons Islands, war die Euphorie des ökonomischen Aufbruchs, den er mit der Vision der hydroenergetischen Kraft des Dettifoss vertrat, von der nüchtern kalkulierenden Nachkriegspragmatik längst eingeholt worden. Wäre es damals zu einer Aufführung von Leifs' orchestraler Ausdeutung des Gedichts gekommen,[59] hätte aber weniger dieser Aspekt Anlass zur Ablehnung gegeben als vielmehr der kompromißlose Personalstil des Komponisten, der schon während seiner frühen Jahre in Deutschland, und das noch 1964 zur Verstörung des Publikums geführt hat.[60]

Es ist paradox, dass Leifs' lebenslängliche Ablehnung ausgerechnet im nationalromantischen Fundament seines Schaffens,[61] der Überzeugung von einer autochtonen musikalischen Paradigmatik Islands, begründet lag. Er leitete sie aus der streckenweise weitgehenden (tatsächlich aber nie vollkommenen) Isolation der Insel in der Geschichte ab. Darin, in der vermeintlichen Hermetik Islands, die als Ergebnis eines defensiven Willensaktes zum einen, der topographischen Lage zum anderen erklärt wurde, sah Leifs die Rahmenbedingungen gegeben, die die Ausbildung und den Bestand einer distinktiven nationalen Musiksprache (die sich für ihn im *tvísöngur*, dem Zwiegesang in parallelen Quinten, manifestierte) gewährleistet hätten. In den Ausführungen, die Leifs 1940/41 in Deutschland zu Papier brachte,[62] erst aber 1951 in Reykjavík unter dem Titel *Islands künstlerische Anregung* publizieren konnte, umriss er diesen Glauben:

> »Siebenhundert Jahre hindurch hat Island sich die urspüngliche Kultur und Sprache bewahrt, (...). Erst die Segnungen europäischer Zivilisation gefährdeten den kostbarsten nationalen Besitz.«[63]

---

[59] Die Uraufführung von *Dettifoss* fand erst am 31. Januar 1998, vgl. Árni Heimir Ingolfsson, *Jón Leifs. Líf í tónum*, Reykjavík 2009, S. 446.
[60] Ingolfsson, *Jón Leifs* (wie Anm. 59), S. 340.
[61] Erkki Salmenhaara, »Kunstmusik im 20. Jahrhundert«, in: Greger Andersson (Hg.), *Musikgeschichte Nordeuropas*. Stuttgart, Weimar 2001, S. 313.
[62] Jón Leifs, *Islands künstlerische Anregung. Bekenntnisse eines nordischen Musikers*. Reykjavík 1951, S. 7 (in deutscher Sprache veröffentlicht).
[63] Leifs, *Islands künstlerische Anregung* (wie Anm. 62), S. 103.

DETTIFOSS.

Syng Dettifoss. Syng hátt mót himins sól.
Skín hátign ljóss á skuggans veldisstól.
Og kný minn huga, gnýr, til ljóða er lifa
um leik þess mesta krapts er fold vor ól.
Lát snerta andann djúpt þinn mikla mátt,
sem megnar klettinn hels af ró að bifa.
Jeg veit, jeg finn við óms þíns undraslátt
má efla mannleg hjörtu. Slá þú hátt,
fosshjarta. Styrk minn hug og hönd að skrifa.

Hjer finnst, hjer skilst hve Íslands auðn er stór.
Hver ómur brims, er ris þess fljótasjór!
Þig konung vorra stoltu, sterku fossa
jeg stilla heyri forsöng í þeim kór.

Abbildung 8: Einar Benediktssons Gedicht *Dettifoss* in der Veröffentlichung von 1905
(© Landsbókasafn Íslands; mit freundlicher Genehmigung von Hið íslenska bókmenntafélag)

In der Skepsis gegenüber »exogenen« Einflüssen nahm Leifs die Haltung der isländischen Nachkriegsliteratur (die sich vor allem gegen eine »Amerikanisierung« richtete[64]) vorweg. Mit den sozialen Konsequenzen, die in der schriftstellerischen Behandlung »realistisch« festgestellt wurden, befasste sich Leifs allerdings nicht.

Im Gegenteil konzentrierte er sich in seinem Spätwerk mit einem Zyklus von großformatigen Orchesterwerken auf die Repräsentation isländischer Naturzustände, fern jeglicher zivilisatorischer Intrusion. Während die ersten zwei Teile dieser Reihe Eruptionen von Wasser und Feuer (bzw. Lava) vorführten (*Geysir* [1961] und *Hekla* [1961]), waren die späteren Kompositionen der Darstellung beständig wirkender Naturkräfte gewidmet:[65] dem Treibeis, *Hafís* (1964; ebenfalls auf der Grundlage eines Gedichtes von Benediktsson) und eben *Dettifoss*.

Innerhalb der symphonischen Tetralogie nimmt sich *Dettifoss* außergewöhnlich aus: Einzig hier kommt es dramaturgisch zu einer Konfrontation des Menschen mit der Landschaft Islands. Ausgehend von der poetischen Konstellation Benediktssons, wird ein »Gespräch zwischen dem Dichter und dem Wasserfall«[66] inszeniert: »Der Dichter« nähert sich dem Wasserfall aus der Ferne und bewegt sich schließlich auch wieder von ihm weg.«[67] Es ist das Prinzip der Gegenüberstellung von Statik und Dynamik, das zur eigentlichen klanglichen Epiphanie des Dettifoss hinführt: Als Mimesis der dröhnenden Kaskade fungiert ein sich rhythmisch multiplizierendes Staccato des ganzen Orchesters.

Leifs' *Dettifoss* war in seiner Faktur höchst individuell, das Sujet jedoch keineswegs singulär: Drei Jahre vor der Komposition hatte die *Niagara Falls Suite* von Ferde Grofé ihre Uraufführung erlebt.[68] Deren letzter Satz, *Power of Niagara*, bezog sich dabei ganz explizit auf die Gewinnung hydroelektrischer Energie. Verklanglichte dieses Beispiel später symphonischer Programmmusik aber das ökonomiegeleitete Natur-Verständnis der Vereinigten Staaten von Amerika, so vermittelte Leifs im *Dettifoss*, 20 Jahre nach Erlangung der Unabhängigkeit des Nationalstaates, das unbeeinflusste Wirken einer Kraft, die er als Spiegel kultureller wie politischer Autonomie zum endemischen Phänomen stilisierte.

---

[64] Jürg Glauser, »Nationalitätsdiskurse, Atomdichtung, modernistische Prosa: die isländische Nachkriegsliteratur«, in: Jürg Glauser (Hg.), *Skandinavische Literaturgeschichte*. Stuttgart, Weimar 2006, S. 326–327.
[65] Ingolfsson, *Jón Leifs* (wie Anm. 59), S. 341.
[66] »samtal milli skáldsins og fossins«, zit. nach: Ingolfsson, *Jón Leifs* (wie Anm. 59), S. 341.
[67] »en skáldið nálgast fossin úr fjarska og fjarlægist hann einnig að lokum«, zit. nach: Ingolfsson, *Jón Leifs* (wie Anm. 59), S. 341.
[68] Eine Auftragskomposition zum Anlass der Eröffnung des Robert Moses Niagara Power Plants (1961); vgl. Daniel M. Dumych, *Niagara Falls*. Volume 2 (Images of America), Charleston, Chicago, Portsmouth, San Francisco 1998, S. 128.

4 Berglandschaften

Unter den Tropen des Landschaftlichen bedeutet die Berg-Metapher das Erhabene. Angewandt auf das Nationale, figuriert sie eine Naturgegebenheit, die das Maß des Menschen übersteigt und von diesem deswegen unbedingte Anerkennung fordert.

4.1 Die Tatra: Die Erfahrung der slowakischen Nation als Gebirge

Smetanas *Blaník* war die Suggestion eines mythisierten Berges, in dem hussitische Krieger die höchste Not der tschechischen Nation erwarteten, um sie dann zur Erlösung zu führen.[1] Auf dieses Vorbild reagierte Vítězslav Novák in seinem 1902 uraufgeführten Orchesterwerk *V Tatrách* (In der Hohen Tatra) mit einem Konzept, das, im Unterschied zu Smetana, nicht eine Legende als Programm wählte, sondern die »Erfahrung« des Gebirges: Novák folgte darin vorderhand dem Ansatz von Franz Liszts erster symphonischer Dichtung *Ce qu'on entend sur la montagne*, der *Bergsinfonie* (1850/57). Die Entscheidung, montanes »Erleben« zum Sujet zu erheben, war nachvollziehbar, besuchte der Komponist seit 1900 doch regelmäßig die slowakische Tatra und erkundete sie sogar intensiv als Bergsteiger.[2]

Zuerst war das Werk immerhin als symphonisches Diptychon konzipiert gewesen, das einerseits die Bergwelt der Tatra als solche, andererseits die humane Beziehung zu ihr zum Gegenstand gehabt hätte (*Hory/Lidé v horách* [*Berge/Menschen in den Bergen*]).[3] Die endgültige Konzentration auf eine musikalische Deskription von Tatra-Eindrücken fasste Novák wie folgt zusammen:

>»Gedrückte Stimmung vor drohendem Gewitter. Weißgraue Nebel schleichen über zerklüftete steile Bergabhänge dahin. Der Sonne gelingt es trotzdem, durch die Wolken hindurchzudringen und diese erhaben düstere Landschaft auf kurze Zeit zu erhellen. Doch schon sind neue Wolken da, sie verdichten sich, werden drohender, und blendende Blitze flackern auf und ab. Der Sturm bricht los. Seine Wut bricht sich an den granitnen Felswänden der Tatra... Nach hartem Kampfe tritt Ruhe ein. Die untergehende Sonne vergoldet die Gipfel der Berge und von ferne her ertönt das Abendgeläute... Über der Tatra neigt sich die Nacht in einem mit Perlen besäten Schleier...«[4]

---

[1] Zu Smetanas *Blaník* siehe: Linda Maria Koldau, *Die Moldau. Smetanas Zyklus »Mein Vaterland«*. Köln, Wien, Weimar 2007, S. 129–145.
[2] Vladimír Lébl, *Vítězslav Novák. Život a dílo*. Prag 1964, S. 97.
[3] Lébl, *Vítězslav Novák* (wie Anm. 2), S. 97.
[4] Deutsche Übersetzung der Partiturausgabe der Universal Edition, Wien, Leipzig 1910 (ohne Angabe des Übersetzers); im originalen Wortlaut: »Stísněná nálada před hrozící bouří. Bělošedé mlhy plazí se po rozervaných, srázných štítech horských. Slunci podaří se ještě mračny proniknouti a na chvíli vyjasniti tento vznešeně smutný kamenný kraj. Ale již jsou tu nové mraky, stále hustší a hrozivější a klikaté, oslňující blesky v nimi. Rozpoutá se bouře. Vztek její se tříští o žulové, nepoddajné stěny Tater... Po tuhém zápase vrací se zase klid. Zapadající slunce zlatí vrcholy horských velikánů a zdaleka odkudsi zaznívá večerní

In dieser textlichen Anlage blieb eine nationale Aufladung des Gebirges unterlassen, kompositorisch vollzog sie Novák sehr wohl - in der Verwendung von rhythmischen Mustern regionaler Musik der Slowakei[5] ebenso wie im Rekurs auf deren melodische Idiomatik. So weist das Hauptthema der symphonischen Dichtung (Notenbeispiel 9) mit seiner Durchmessung einer Oktave und dem Erreichen des Zieltons durch einen Quartensprung mit Sechzehntel-Antizipation deutliche Ähnlichkeit mit dem Lied *Tečie voda* (Fließendes Wasser; Notenbeispiel 10) auf, einem Lied, das sich in der 1920 von Novák herausgegebenen Sammlung eigenhändiger Arrangements slowakischer Lieder (*Slovenské spevy*) findet.

Notenbeispiel 9: Vítězslav Novák, *V Tatrách* (1902), Hauptthema

Notenbeispiel 10: Vítězslav Nováks Fassung des Liedes *Tečie voda* in *Slovenské spevy* (1920)

Die national-slowakische Aufladung der Tatra durch den tschechischen Komponisten Novák muss vor dem Hintergrund der zweiten Welle des Tschechoslowakismus gesehen werden.[6] Seit den 1890er Jahren waren von tschechischer Seite Initiativen zur Bildung einer slowakischen Nationalbewegung vor-angetrieben worden,[7] die die Slowakei zu einem der tschechischen Hilfe bedürftigen Teil einer dualen Nation erklärte.[8] Besonders intensiv trat hierfür der tschechische Publizist Karel Kálal in zahlreichen Publikationen hervor, etwa in *Od Šumavy k Tatrám* (Vom Böhmerwald zur Tatra, 1898) oder in *Na krásném Slovensku* (In der schönen Slowakei, 1903). Der Tatra kam in den Slowakei-Stilisierungen von Kálal und anderer Proponenten des Tsche-

---

klekání. Noc v závoji, protkaném perlami, sklání se nad Tatrami...«, zit. nach: Lébl, *Vítězslav Novák* (wie Anm. 2), S. 97.
[5] Martin Majkut, *Slovak influences in 20th century music as represented in selected works of Bartók, Janáček and Novák*. Univ.-Diss, University of Arizona 2008, S. 30.
[6] Niklas Perzi, *Der Tschechoslowakismus: Nation-Building in Mitteleuropa?* Dipl.-Arbeit, Uni. Wien 1998, S. 37–71.
[7] Jörg K. Hoensch, »Tschechoslowakismus oder Autonomie. Die Auseinandersetzungen um die Eingliederung der Slowakei in die Tschechoslowakische Republik«, in: Hans Lemberg, Peter Heumos (Hg), *Das Jahr 1919 in der Tschechoslowakei und in Ostmitteleuropa*. München 1993, S. 130–131.
[8] Perzi, *Der Tschechoslowakismus* (wie Anm. 6), S. 38; Thomas D. Marzik, *Czech Relations with the Slowaks: The Slovakophile Writings and Activities of Karel Kálal, 1885–1900*. Diss., Columbia University 1976, S. 2.

choslowakismus Bedeutung als erhabene Nationallandschaft zu,[9] einer montanen Topographie, der in Böhmen keine vergleichbare gegenübergestellt werden konnte.[10]

Abbildung 9: *Scene in the Tatra Mountains*
(Fotografie, März 1920)

Die Tatsache, dass die tschechoslowakische Deutung der Slowakei, somit auch jene der Tatra, von slowakischer Seite mehrheitlich nicht anerkannt wurde,[11] bildet die nationale Umstrittenheit dieser Berglandschaft ab, die sich nicht nur, (innerhalb der österreich-ungarischen Monarchie) in der juristischen Auseinandersetzung um den Bergsee *Morskie Oko* (Meeresauge) zwischen der ungarisch beherrschten Slowakei und dem österreichischen Westgalizien entzündete,[12] sondern auch in der musikalischen Repräsentation: Nováks *V Tatrách* standen somit kleinformatige,[13] vor allem aber symphonische Werke polnischer Komponisten gegenüber: Władysław Żeleńskis

---

[9] Perzi, *Der Tschechoslowakismus* (wie Anm. 6), S. 40.
[10] Perzi, *Der Tschechoslowakismus* (wie Anm. 6), S. 40.
[11] Jan Rychlík, »Tschechoslawismus und Tschechoslowakismus«, in: Walter Koschmal, Marek Nekula, Joachim Rogall (Hg,), *Deutsche und Tschechen. Geschichte - Kultur - Politik*. München 2003, S. 94.
[12] Siehe dazu: Viktor Korn, *Der Streit um das Meerauge zwischen Österreich und Ungarn. Dargestellt auf Grundlage der Verhandlungen des internationalen Schiedsgerichtes in Graz 1902*. Wien 1908.
[13] Zygmunt Noskowski, *Eine Gebirgsphantasie über zwei Volksmelodien aus Zakopane im Tatra-Gebirge* (1885); Jan Paderewski, *Tatra-Album: Tänze und Lieder des polnischen Volkes aus Zakopane* (1888).

W Tatrach (Im Tatra-Gebirge, 1868–70) und Zygmunt Noskowskis *Morskie Oko* (1875).[14]

Mehr als diese letztgenannten Werke, die rhapsodischen Charakters ohne Programmatik waren, überhöhte Novák mit der Narrativität und der darauf abgestimmten Idiomatik seiner symphonischen Dichtung die Tatra, der generellen metaphorischen Tradition des Montanen folgend, zum »Offenbarungsort«[15] einer mit der tschechischen Nation zu unifizierenden Slowakei.

4.2 Die Schweiz als pazifizierende Alpenlandschaft

Gleichsam zwangsläufig hat sich die Gebirgsmetapher als vorrangiger Repräsentationsmodus der Schweiz aufgedrängt. In ihrer Prägung durch die Alpen, die seit dem Ende des 18. Jahrhunderts als »erhaben« wahrgenommen wurden,[16] lag eine idealtypische Entsprechung der heroisch errungenen staatlichen Souveränität des Landes. Die montane Mythisierung beruhte aber auch darauf, die Alpen als Fortifizierung eines friedenspendenden Staates zu erklären.[17]

Der Ausbruch des Ersten Weltkriegs zeigte die unmittelbare Transformation dieser imaginären Deklaration in ein Faktum. Doch selbstverständlich konnte der Staat, dessen Kriegseintritt auf Seiten der Mittelmächte zumindest bis 1916 immer gedanklich präsent war,[18] dieser topographisch gegebenen »Defension« nicht ausschließlich vertrauen. So reagierte die Schweiz mit Grenzbesetzungen, die für die nationale Selbstversicherung eine wichtige Rolle spielten.[19] Diese Identitätsbekräftigung spiegelt sich auch in Hans Hubers 1917 beim Schweizerischen Tonkünstlerfest in Basel uraufgeführter siebenter Symphonie, der *Schweizerischen*.

Huber, seit 1896 Direktor der Baseler Musikschule,[20] hat in seinem kompositorischen Werk durchgehend einen Bezug zur Identität der Schweiz gesucht:[21] Sei es in seiner *Tellsinfonie* (1882), in der *Böcklin-Symphonie* (1900) oder

---

[14] Stefan Keym, »Kulturhauptstadt des geteilten Polen? Zum Beitrag der Musik zur Stilisierung Zakopanes und der Tatra-Region zu einem nationalen Wertezentrum«, in: Detlef Altenburg, Lothar Ehrlich, Jürgen John (Hg.), *Im Herzen Europas. Nationale Identitäten und Erinnerungskulturen*. Köln, Weimar, Wien 2008, S. 314, 315.
[15] Hartmut Böhme, »Berg«, in: Ralf Konersmann (Hg.), *Wörterbuch der philosophischen Metaphern*. Darmstadt 2014, S. 54.
[16] Martina Kopf, *Alpinismus - Andinismus. Gebirgslandschaften in europäischer und lateinamerikanischer Literatur*. Stuttgart 2016, S. 89.
[17] Rainer Guldin, *Politische Landschaften. Zum Verhältnis von Raum und nationaler Identität*. Bielefeld 2014, S. 41–42.
[18] Jakob Tanner, *Geschichte der Schweiz im 20. Jahrhundert*. München 2015, S. 121.
[19] Tanner, *Geschichte der Schweiz* (wie Anm. 18), S. 124.
[20] Edgar Refandt, *Hans Huber. Leben und Werk eines Schweizer Musikers*. Zürich 1944, S. 46.
[21] Dominik Sackmann, »Hans Hubers Symphonien und die kulturelle Identität der Schweiz«, in: Detlef Altenburg, Rainer Bayreuther (Hg.), *Musik und kulturelle Identität*. Band 3: Freie Referate und Forschungsberichte. Kassel 2012, S. 487–493.

sei es in der auf der früheren Orchesterfantasie *An das Vaterland* basierenden[22] *Heroischen* Symphonie (1902). In diese Reihe fügte sich die *Schweizerische* subsumierend ein.

Der für die Schweiz etablierten Alpenmetaphorik genügte Huber hier bereits mit der Übertitelung des ersten Satzes, *Auf den Bergen.* Die dual - natürlich und national - zu verstehende Erhabenheit wird ausgedrückt durch den von der Blechbläser-Familie als Kopfmotiv angestimmten *Kuhreigen* (Notenbeispiel 12),[23] präziser gesagt den *Appenzeller Kuhreigen,* den zuvor bereits Franz Liszt im ersten, der Schweiz gewidmeten Band der *Années de pèlerinages,* dort im Satz *Le mal du pays,* verwendet hat. [24] Dieser *Appenzeller Kuhreigen* war von Liszt einer Auflage der *Sammlung von Schweizer=Kühreihen und Volksliedern* entnommen worden, die ausdrücklich auf die populärste Ausprägung der älteren Melodie hinwies, nämlich die Version aus dem Singspiel *Die Schweizer Familie* (1809)[25] von Joseph Weigl (Musik) und Ignaz Franz Castelli (Text):

> »Dies ist der Kühreihen, den Herr Kapellmeister Jos. Weigl in seiner vortrefflichen Oper: die Schweizer-Familie, so herrlich zu benutzen wußte, und dessen Anhören, wie das der Oper selbst, so manchen Schweizer mit wehmüthiger Erinnerung in sein heimathliches Vaterland versetzte.«[26]

Für Huber scheint im Zusammenhang mit der fragilen Situation des Jahres 1917 nicht nur die Konnotation des *Kuhreigens* als klanglicher Stimulator der »Schweizer Krankheit«[27] von Bedeutung gewesen zu sein,[28] sondern auch besonders die von Castelli der Melodie unterlegten Verse: »Nur in dem Land, wo wir geboren, lacht uns die Ruh', blüht uns das Glück«[29] (Notenbei-

---

[22] Refandt, *Hans Huber* (wie Anm. 20), S. 109.
[23] Refandt, *Hans Huber* (wie Anm. 20), S. 145.
[24] Michele Calella, »Musik und imaginative Geographie: Franz Liszts *Années de pèlerinage* und die kulturelle Konstruktion der Schweiz«, in: *Die Musikforschung.* 65. Jahrgang 2012/Heft 3, S. 227.
[25] Siehe dazu: Annette Landau, »Eine Erfolgsoper von 1809: *Die Schweizerfamilie* von Joseph Weigl und Ignaz Franz Castelli«, in: Anselm Gerhard, Annette Landau (Hg.), *Schweizer Töne. Die Schweiz im Spiegel der Musik.* Zürich 2000, S. 76–79.
[26] *Sammlung von Schweizer=Kühreihen und Volksliedern.* Dritte, vermehrte u. verbesserte Ausgabe. Bern 1818, S. 106.
[27] Hubert Unverricht, »Das Berg- und Gebirgsmilieu und seine musikalischen Stilmittel in der Oper des 19. Jahrhunderts«, in: Heinz Becker (Hg.), *Die ›Couleur locale‹ in der Oper des 19. Jahrhunderts* (Studien zur Musikgeschichte des 19. Jahrhunderts, Band 42), Regensburg 1976, S. 107–108; Till Gerrit Waidelich, »»diese in Tönen geschriebene Liebesgeschichte, welche wie keine mehr den Namen einer deutschen *Volksoper* verdient«. Zur Rezeptionsgeschichte von Joseph Weigls *Schweizer Familie* in Biedermeier und Vormärz«, in: *Schubert: Perspektiven,* Jahrgang 2, Heft 2 (2002), S. 190.
[28] Dies ist auch vor dem Hintergrund der nach 1900 geführten Diskussionen um das »Schweizerische« in der Musik zu bedenken, vgl.: Urs Frauchiger, »Wie tönt Identität? Die Schweiz und ihre Musik im ausgehenden 20. Jahrhundert«, in: Gerhard, Landau (Hg.), *Schweizer Töne* (wie Anm. 25), S. 20.
[29] *Die Schweizerfamilie.* Oper in drei Aufzügen in Musik gesetzt von I. Weigl. Klavierauszug. Braunschweig o. J., S. 74.

spiel 11): Die Voranstellung des *Kuhreigens* implizierte, dass nationale »Vollendung« eine territoriale Anbindung bedingen würde.

Diese Idee der nationalen Determinierung durch das Montane, im ersten Satz ausgedrückt durch die Klangchiffre des *Appenzeller Kuhreigens,* ist im dritten Satz, *Abendstimmung in den Bergen,* idyllisierender Charakter verliehen. Im zweiten Satz, *Ländlicher Hochzeitszug,* war zuvor die Bergwelt der Schweiz explizit verortet worden, indem Huber das *Rigilied,* »Vo Lozern uf Weggis zue«, paraphrasierte. Mit der Anspielung des Liedes, dessen Text davon handelte, den Vierwaldstättersee per Schiff und dadurch trockenen Fusses zu überqueren, konnte auf eine Landschaft verwiesen werden, die zentral für die künstlerische Vergegenwärtigung der Schweiz fungierte[30] und als Keimzelle des Staates, als »Urschweiz«,[31] zelebriert wurde. Die Wertschätzung, die dem *Rigilied* allgemein bekundet wurde (und die sich nicht zuletzt daran zeigte, dass ihm 1908 sogar eine eigene Studie gewidmet worden war[32]) gewährleistete die intendierte mentale Vertonung des Scherzos.

Notenbeispiel 11: Joseph Weigl, *Die Schweizer Familie* (1809), Lied der Emmeline

Notenbeispiel 12: Hans Huber, Symphonie Nr. 7 *Schweizerische* (1917),
Appenzeller Kuhreigen als Kopfmotiv

Da der Mythos der Schweiz, wie er auf die Gründungslegende des Rütlischwures zurückgeführt wurde, in einer untrennbaren ideellen Verschränkung von montaner Landschaft und eidgenössischer Gemeinschaft bestand,[33]

---

[30] Barbara Piatti, *Die Geographie der Literatur. Schauplätze, Handlungsräume, Raumphantasien.* Göttingen ²2009, S. 191–193.
[31] Sackmann, »Hans Hubers Symphonien« (wie Anm. 21), S. 491.
[32] Anton Leonz Gassmann, *Das Rigilied. «Vo Luzern uf Wäggis zue». Seine Entstehung und Verbreitung. Nebst biografischen Notizen und einem Anhange weiterer Schöpfungen des Verfassers: Musikus Johann Lüthy von Oberbuchsiten,* Luzern 1908.
[33] Valentina Anker, *Der Schweizer Symbolismus und seine Verflechtungen mit der europäischen Kunst.* Bern, Sulgen, Zürich 2009, S. 43.

nahm Huber im Finale seiner Symphonie zuletzt noch auf den »Volkskörper« des Bundestaates Bezug: Überschrieben mit einem von nationaler Zuversicht[34] getragenen Zitat des *Wegeliedes* aus der Novelle *Das verlorene Lachen* (1874) von Gottfried Keller,[35] bildet das Bild einer Festversammlung unter freiem Himmel das diesbezügliche Programm. Indem er diesen Schlußsatz mit einer variierten Rekapitulation des *Appenzeller Kuhreigens* enden ließ, bekräftigte Huber noch einmal die imaginäre Wechselwirkung von Kollektiv und erhabener Natur.

Dass die Schweiz, deren bedrängte Identität Huber 1917 noch mit symphonischen Mitteln auseinandergesetzt hat, vom Ersten Weltkrieg zwar ökonomisch, aber nicht durch Kampfhandlungen in Mitleidenschaft gezogen wurde, hat ihren Nimbus als »Friedensinsel«[36] bestätigt. Arthur Honegger, einer Schweizer Familie entstammend, aber hauptsächlich in Paris arbeitend, rekurrierte darauf im August 1920 während eines Urlaubaufenthaltes in Wengen im Lauterbrunnental (Berner Oberland) mit der Komposition der symphonischen *Pastorale d'été*.

In seiner A-B-A-Struktur und diatonischen Verfasstheit[37] ist der Höreindruck dieser Pastorale unscheinbar und markant unterschiedlich zur grundsätzlich antiromantischen Disposition der Pariser Komponistengruppe der Six,[38] der Honegger angehörig war. Wenig beachtet blieb, dass Honegger dem Stück den Beginn des Gedichts *Aube* von Arthur Rimbaud überschrieben hat: »J'ai embrassé l'aube d'été« (Ich umarmte den Sommermorgen). Das unscheinbare Zitat ist vermutlich ein wichtiges Parergon, um die Pastorale zu deuten, insofern das ganze Gedicht mitzudenken ist, das der zitierten Zeile nachfolgt, die in der Partitur aber nicht wiedergegeben ist. Dieses visioniert einen traumartigen Dialog zwischen lyrischem Ich und einer zunächst stummen, ruhenden Natur, die sich zunehmend belebt und zuletzt weibliche Körperlichkeit annimmt,[39] um sich am Ende als Traum zu entpuppen. Markant an Rimbauds *Aube* ist die Verwendung deutscher Lehnworte, insbesondere des Terminus »Wasserfall«.[40] Honegger mag mit dem abstrakten Substantiv konkret den Staubbachfall assoziiert haben, der Wengen gegenüberliegt. Goethe hatte diesen im Zuge seiner zweiten Schweizreise besucht und darüber seinen *Gesang der Geister über den Wassern* verfasst. Auch dies war dem Komponisten wahrscheinlich bewusst. Die Gleichnishaftigkeit für den ewigen Kreislauf des

---

[34] Peter Sprengel, *Geschichte der deutschsprachigen Literatur 1870–1900. Von der Reichsgründung bis zur Jahrhundertwende*. München 1998, S. 567.
[35] »Drum weilet, wo im Feierkleide / Ein rüstig Volk zum Feste geht / Und leis die feine Bannerseide / Hoch über ihm zum Himmel weht!«
[36] Guldin, *Politische Landschaften* (wie Anm. 17), S. 41–42.
[37] Harry Halbreich, *L'Œuvre d'Arthur Honegger. Chronologie - Catalogue raisonné - Analyses - Discographie*. Paris 1994, S. 292.
[38] Willy Tappolet, *Arthur Honegger*. Zürich 1954, S.52.
[39] Wallace Fowlie, *Rimbaud's Illuminations. A Study in Angelism*. London 1953, S. 55–56.
[40] Marie-Paule Berranger, *12 poèmes de Rimbaud. Analysés et commentés*. Alleur 1993, S. 280.

Lebens, die dem Staubbachfall durch Goethe verliehen worden war, müsste Honegger demnach als Anspielung in Rimbauds *Aube* erkannt und auf die Region des Berner Oberlandes rückbezogen haben.

Abgesehen von der allusiven Potenz des vorangestellten Zitats sind auch die musikalischen Referenzen der *Pastorale d'été* subtil, wenngleich eindeutiger: Neben Anspielungen an den ersten und dritten Satz von Beethovens *Pastorale*[41] und allgemeiner topischer Figuration des Ländlichen wie Stilisierungen von Vogelgezwitscher[42] ist es der Umstand, dass das Hauptthema zuerst von einem Horn vorgetragen wird, der ein schweizerisch konnotiertes Lokalkolorit, den Klang des Alphorns, in Erinnerung ruft. Honegger selbst hat sich darüber nicht geäußert, sondern nur über die Umstände, die die Entstehung der *Pastorale d'été* beeinflussten:

> »Es war die Zeit nach dem Waffenstillstand von 1918, da eine allgemeine Euphorie herrschte. Wir waren überzeugt, daß es nie wieder Krieg geben würde, daß alles Streben der Menschen auf dieser Welt die Wissenschaft, Kunst und Schönheit zum Ziel haben würde.«[43]

Das Pathos von Landschaft und Gemeinschaft, wie in Hubers *Schweizerischen* Symphonie ausgedrückt, wird bei Honegger zu einer sublimen Staatsutopie, indem er den symbolistischen Traum Rimbauds als Bild einer friedensspendenden Nation deutete, als in sich geschlossenes, natürliches System.

---

[41] Halbreich, *L'Œuvre d'Arthur Honegger* (wie Anm. 37), S. 294.
[42] Willy Tappolet, *Arthur Honegger*. Zürich 1954, S.51.
[43] Arthur Honegger, *Ich bin Komponist. Gespräche über Beruf, Handwerk und Kunst in unserer Zeit*. Zürich 1952, S. 20.

Abbildung 10: Das Lauterbrunnener Tal von Wengen gesehen, Berner Oberland, Schweiz (Postkarte, 1890/1900)

Abbildung 11: Geirangerfjord, Norwegen
(Postkarte, 1890/1900)

4.3 Lockrufe und Widerhall der Erhabenheit Norwegens

Der Sezession Norwegens von der Union mit Schweden, die der Vertrag von Karlstad 1905 besiegelte, ging ein langer, seit 1814 währender Prozess der nationalen Konstruktion voraus. Er gründete sich wesentlich auf einer Beziehung zwischen »norwegischem« Mensch und »norwegischer« Natur,[44] zu deren »Herz«[45] die ausgeprägten Berge des Landes erklärt wurden. Diese Stilisierung vollzog sich schrittweise und differenzierte sich in künstlerischen Sparten: Beginnend mit der bildnerisch-naturkundlichen Flintoe/Carplan-Expedition (1819)[46] über die poetische Überhöhung durch Henrik Ibsen (im epischen Gedicht *Paa Vidderne* [Auf den Höhen], 1859)[47] hin zum neuen Medium der Fotografie (Anders Beer Wilse).[48]

Entscheidenden Anteil an der diskursiven Konstitution hatte Musik, weil sich in ihr die Illusionierung landschaftlicher Räumlichkeit und gleichzeitig der Ausweis einer Nationaltypik verbinden ließen.[49] Ein diesbezügliches Schlüsselwerk[50] war *Et Sæterbesøg* (Ein Besuch auf der Alm, 1849) des gefeierten norwegischen Violinvirtuosen Ole Bull. Das Stück suggerierte einen »Visit to the Herd=Girls of Norway«[51] (englisch im Original) und verzahnte die Vorstellung einer Erscheinung des Weiblichen in norwegischer Berglandschaft[52] mit der Spielweise der Hardangerfiedel (Hardingfele), einem Instrument, dessen Vergegenwärtigung bereits ein Jahr zuvor im Gemälde *Brudeferd i Hardanger* (Brautfahrt in Hardanger) von Adolph Tidemand und Hans Gude nachhaltig an die Topologie Norwegens angebunden worden war.

Die »norwegische« Idiomatik, die von der Hardangerfiedel abgeleitet wurde, fand aber nicht nur Anwendung auf die Vorstellung der offenbaren Berg-

---

[44] Marte Hvam Hult, *Framing a National Narrative. The Legend Collections of Peter Christen Asbjørnsen*. Detroit 2003, S. 57.
[45] »Nu skjønner man, at man står ved Norges hjerte, at fjeldene er vor moder Norges hjerte (...).«, Jonas Dahl, »Jotunfjeldene, indberetning til Turistforeningen«, in: zit. nach: Rune Slagstad, »Da fjellet ble dannet«, in: *Den Norske Turistforening Årborg for 1870,* zit. nach: Nils Messel, *Oppdagelsen av fjellet*. Oslo 2008, S. 96.
[46] Nils Messel, »Discovering the Mountains«, in: Nils Messel, *Oppdagelsen av fjellet*. Oslo 2008, S. 104-108.
[47] Bjørn Hemmer, »Zur Perspektivbestimmung. *Auf den Höhen*«, in: (ders.), *Ibsen Handbuch*. München 2009, S. 67–92.
[48] Trond Erik Björli, Marie Fongaard Seim, *En ny kunst. Wilse - Bildet av Norge. Fotografisk og nasjonal modernisering i fotografen ca. 1900-1910*. Oslo 2015.
[49] Dazu grundlegend: Daniel M. Grimley, *Grieg. Music, Landscape and Norwegian Identity*. Woodbridge 2006.
[50] Franz Berwalds frühere *Erinnerung an die norwegischen Alpen* (1842) wies, abgesehen von ihrem Titel, keinerlei Programmatik oder idiomatische Spezifik auf.
[51] Handschriftlicher Vermerk auf dem Manuskript, Ole Bull, *Et Sæterbesøg*. Bergen Offentlige Bibliotek, Musikkarkiv, Sig. c 784.272 B, S. 1
[52] Ein Sujet, das Bull noch einmal mit dem Stück *Sæterjentens Søndag* bearbeiten sollte. Auf bildnerischem Gebiet griff später besonders der Maler Hans Dahl den Topos auf.

landschaft, sondern auch auf einen montanen nordischen Mythos,[53] jenen des Fossegrim,[54] eines vornehmlich bei Wasserfällen lebenden Geistes, der Menschen lehrt, Geige zu spielen.[55] Skulptural verkörpert wurde diese imaginäre Verknüpfung in Stephan Sindings Denkmal für Bull in Bergen (1901),[56] musikalisch repräsentiert in Johan Halvorsens Bühnenmusik zu Sigurd Eldegards Schauspiel *Fossegrimen* (1905),[57] das in der oberen Telemark angesiedelt war[58] und ebenfalls durch die prominente Verwendung einer Hardangerfiedel, von der in der Presse bereits als einem »nationalem Instrument«[59] zu lesen war, auffiel.

Mehr als die Hardanger-Idiomatik verdeutlichte andererseits die klangliche Metaphorik des Kulokk, des Rufes der Sennerinnen, um ihre Kühe zum Melken zu versammeln,[60] sowohl die mythische als auch als die spatiale (Distanz, Höhe und damit Raum anzeigende) Dimension der Vertikalität Norwegens.[61] Es ist in diesem Zusammenhang bemerkenswert, dass Edvard Grieg, der von der realen Erfahrung des Kulokk ergriffen war, von der Veröffentlichung eines Liedes, in das er einen gehörten Lokk eingearbeitet hat (ursprünglich geplant für den Zyklus *Haugtussa*), absah,[62] dass aber Frederick Delius, Grieg nahestehend, den Ruf wiederholt in Werke integrierte - im Melodram bzw. in der symphonischen Dichtung *Paa Vidderne*[63] (1890/92, nach Ibsen; Notenbeispiel 13) und danach in *The Song of the High Hills*,[64] (1911). Vor allem in

---

[53] In Schweden ein zentrales Motiv des Malers Ernst Josephson, siehe dazu: Ingrid Jacobsson, *Näckenmotivet hos Ernst Josephson. Ett tema med variationer.* Göteborg 1946.
[54] Juliane Egerer, *Von Waldtrollen und Hauszwergen. Norwegens übernatürliche Wesen als Erzählfiguren* (Skandinavistik Band 7), Münster 2010, S. 218-219.
[55] Egerer, *Von Waldtrollen und Hauszwergen* (wie Anm. 54), S. 219.
[56] Siehe dazu: Gunnar Danbolt, »Stephan Sinding I byrommet - Noen overselte monumenter I ny belysning«, in: Tone Sinding Steinsvik (Hg.), *Kunstnerbrødrene. Maleren Otto Sinding, billedhuggeren Stephan Sinding, komponisten Christian Sinding.* Åmot 2000, S. 167–170.
[57] Dazu umfassend: Øyvin Dybsand, *Johan Halvorsen (1864–1935). En undersøkelse av hans kunstneriske virke og en stilistisk gjennomgang av hans komposisjoner. Med en tematisk verkoversikt og en kronologisk fortegnelse over Halvorsens konsertvirksomhet.* Diss., Universitetet i Oslo 2016, Band 2, S. 541–591.
[58] Sigurd Eldegard, *Fossegrimen*. Trollspèl i fire vendigar. Christiania [Oslo] 1903, S. 5.
[59] »Man vil ogsaa fra Koncerttribunen saa høre vort nationale Instrument, Hardangerfelen, som Halvorsen har anvendt meget i sin Musik til Fossegrimmen, og hvilket Instrument Kapelmesteren behandler med stor Færdighed.«, *Trondhjems Adresseavis*, 23. Juni 1906, S. 2.
[60] Bjørn Aksdal, Subartikel »Norwegen: Volksmusik«, in: Ludwig Finscher (Hg.), *Die Musik in Geschichte und Gegenwart*. Sachteil 7, Kassel 1997, Spalte 262.
[61] Andrew J. Boyle, *Delius and Norway.* Woodbridge 2017, S. 256.
[62] Grimley, *Grieg. Music, Landscape and Norwegian Identity* (wie Anm. 49), S. 80–81.
[63] Dazu: Boyle, *Delius and Norway* (wie Anm. 61), S. 50.
[64] Dazu eingehend: Daniel M. Grimely, »Music, Landscape, and the Sound of Place: On Hearing Delius's Song of the High Hills«, in: *The Journal of Musicology*, 33/1 (Winter 2016), S. 28; Boyle, *Delius and Norway* (wie Anm. 61), S. 255–256. Zur Assoziation von *The Song of the High Hills* als norwegische Ladschaft siehe: Guido Heldt, »Delius' *Song of the High Hills* und die Idee einer Vokalmusik ohne Worte«, in: Ulrich Tadday (Hg.), Musik-Konzepte 141/142. Frederick Delius. München 2008, S. 67–68; Martin Lee-Browne, Paul Guinery, *Delius and his Music.* Woodbridge 2014, S. 299. Heldt sieht den Norwegen-Bezug der Kom-

letztgenannter Komposition erfüllt der Lokk die Funktion der »Eröffnung« eines imaginären Blickes auf die »wide far distances«[65] der norwegischen Bergwelt und verschmilzt darin lokale Idiomatik und Raumsuggestion.

Ebenfalls aus einer »externen« Perspektive (der norwegische Komponist lebte seit 1889, abgesehen von einer dreijährigen Unterbrechung, bis zu seinem Tod durchgehend in Deutschland) verwendete Gerhard Schjelderup einen Lokk. In seiner Zweiten Symphonie, *Til Norge*[66] (An Norwegen, 1923[67]), mit der er zwar, wie er betonte, »keine realistischen Naturschilderungen«[68] erreichen wollte, hat Schjelderup dennoch musikalische Raummetaphern eingesetzt - vor allem im dritten Satz (*Fjellvidden* [Auf der Hochebene]), der dem Finale (*Op mot de høieste Tinder!* [Auf zu den höchsten Gipfeln!]) vorausgeht und die Erlangung von Erlösung in den Bergen[69] mit einem »Hymnus an die Gottheit«[70] vorbereitet. Abgesehen von koloristischen Effekten wie den Flageolettönen der Harfe, die nach klangsemantischer Tradition »Höhe« konnotieren, ist es ein Lokk aus der Region Østerdalen, der die Gebirgsatmosphäre beschwört. Schjelderup ließ ihn unmittelbar einer Adaption des melancholischen Liedes *Je Vet en Liten Gjente* (das Grieg in op. 17 unter dem Titel *Ich weiß ein kleines Mädchen* adaptiert hat) folgen (Notenbeispiel 14), wodurch der Lokk in seiner As-Dur-Faktur eine dialektische, affirmative Rolle einnimmt.

Für das Verständnis der programmatischen Aufladung der Passage ist zudem zu berücksichtigen, in welchem Rahmen der Lokk ursprünglich publiziert worden war: Als *Kari i Mari* hatte ihn der norwegische Märchensammler Peter Christen Asbjørnsen in der Episode *Fra fjellet og seteren* (Von den Bergen und Almen) seiner *Norske Huldre-Eventyr og Folkesagn* (Norwegische Elfenmär-

---

position nicht gegeben, während die Verwendung des Kulokk, wie bei Lee-Browne/Guinery 2014 (Anm. 64), Grimley 2016 (Anm. 64) und Boyle 2017 (Anm. 61) beschrieben, eine imaginäre Identifizierung zweifellos erscheinen lässt.

[65] Frederick Delius, *Das Lied von den hohen Bergen. The song of the high hills*. Wien, New York 1923, S. 167.

[66] Dazu: Erling Guldbrandsen, »Farvel til det norske: Gerhard Schjelderups *Norgessymfoni*«, in: *Agora,* 18/1 (2000), S. 99–133.

[67] Gerik Schjelderup, *Gerhard Schjelderup. Leben und Wirken.* Tutzing 1923, S. 108.

[68] »In meiner zweiten Symphonie suche ich seelische Eindrücke darzustellen. Die Titel der Sätze bezeichnen keine realistischen Naturschilderungen. Im Großen und Ganzen halte ich mich an die symphonischen Formen, die ich in voller Freiheit entwickelt und umgebildet habe. Die religiöse Hymne, die das Werk beendet, ist schon im ersten und dritten Satz angedeutet. Die Symphonie basiert auf dem Gedanken, dass sich die Hauptmotive im letzten Satz vereinigen. Im ersten und dritten Satz wird das Ganztonskalamotiv vorbereitet, welches sich im letzten zur religiösen Hymne erweitert.«, zit. nach: *Gerhard Schjelderup. Leben und Wirken.* Tutzing 1923, S. 108-109 (Übersetzung: Gerik Schjelderup).

[69] Marius Berg, *Ideer om transcendens og forløsning i Gerhard Schjelderups verker.* Master thesis, Universität Oslo 2014, S. 63.

[70] Eintrag in deutscher Sprache in der handschriftlichen Partitur, Nasjonalbiblioteket Oslo, Mus.ms. 7593, S. 101.

chen und Volkssagen) gedruckt[71] und in eine Geschichte des plötzlichen Gewahrwerdens übernatürlicher (weiblicher) Wesenheit eingebunden:

> »Als ich erwachte, stand die Sonne hoch im Himmel und eine wunderschöne Weise wurde draussen gesungen. Ich stand auf und eilte hinaus, um das Vieh zu melken und hinauszulassen, aber gerade, als ich die Tür öffnete, sah ich den flüchtigen Anblick einer Waldnymphe unten im Wald; so war sie es, die die Lockweise gesungen hat, sodass sie widerhallte in den Bergen.«[72]

Der von Asbjørnsen beschriebene Widerhall bezeichnet einen dritten Aspekt der musikalischen Imagination Norwegens, die Mimesis des Echos: In Schjelderups orchestraler *Sommernacht im Fjord* (veröffentlicht 1904) imitiert das Englischhorn seine eigene Resonanz und stellt klanglich so die räumliche Tiefe eines Fjordtales (Notenbeispiel 15) dar, während es sich in Delius' *Song of the High Hills* um die Nachahmung eines »verzerrten« Echos handelt, da der stilisierte »Nachhall« zwar ein melodisch-metrisches Derivat der gerade erklungenen Hornfigur ist, sich zu ihr aber eigentlich als Kontrapunkt verhält (4 Takte vor Ziffer 9; Notenbeispiel 16).

Notenbeispiel 13: Frederick Delius, *Paa Vidderne* (1890/92), Kulokker
(mit freundlicher Genehmigung des Delius Trust, London)

Notenbeispiel 14: Gerhard Schjelderup, Symphonie Nr. 2 *Til Norge* (1923),
Zitate des *Je Vet en Liten Gjente* und *Kari i Mari* im Satz *Fjellvidden*

---

[71] Später erschien *Kari i Mari* auch in Agathe Backer-Grøndahls' *Norske Folkeviser*. Christiania [Oslo] 1894, S. 2.
[72] »Da jeg vaagnede, stod Solen høit paa Himlen, og ude pa Volden sang det sa vakkert. Jeg for op og ud, og skulde til at mœlke og slippe Kreaturene, men i det samme jeg kom ud af Døren, saa jeg Skimtet av Huldren nede i Skovbredden, og saa kauede hun og sang denne Lokkevisen, saa det ljomede i Aaserne: (...)«, Peter Christen Asbjørnsen, *Norske Huldre-Eventyr og Folkesagn*. Christiania [Oslo] [31]1870, S. 135.

Notenbeispiel 15: Gerhard Schjelderup, *Sommernacht auf dem Fjord* (1904), Echowirkung

Notenbeispiel 16: Frederick Delius, *The Song of the High Hills* (1911), Echowirkung

Im Diskurs symphonischer Musik entstand Norwegen als Resonanzraum, der sich durch »nationalen Klang« einerseits, andererseits durch akustische Phänomene der Bergwelt (in der Viehhaltung gebräuchliche Lockrufe, Echowirkungen) imaginieren ließ. An der Schwelle zur technischen Erschließung des Landes (1905 setzte die Nutzung hydroelektrischer Energie durch die *Norsk Hydro* in Rjukan/Telemark ein,[73] 1909 wurde die Bergensbanen eröffnet) vollzog sich die mentale Konstitution Norwegens hauptsächlich durch Komponisten, deren Faszination für dessen erhabene Landschaft sich durch Ferne von ihr speiste.

---

[73] Ivar Libæk, Øivid Stenersen, Og Asle Sveen, *The History of Norway after 1814*, Oslo 2012, S. 33.

5 Spektren

Wenn sich »Landschaft« aus der Summe unterschiedlicher Variablen ergibt, ist die Aneinandereihung von landschaftlichen Darstellungen eine Strategie, die zur Suggestion von größeren Zusammenhängen, einer Gesamtschau, hinführt. Das Bedürfnis, eine solche Totalität zu erleben, war typisch für das 19. und frühe 20. Jahrhundert.[1] Mit den Visualisierungsstrategien des Panoramas, des Dioramas und des Kaleidoskops wurde ihm genügt. Musikalische Äquivalente dieser bildlichen Vermittlung sind in den mehrsätzigen Dispositionen der Gattungen Symphonie und Suite zu sehen.

5.1 Das Elsass als Kaleidoskop des Verlorenen

Als symphonische Suite wurde das Elsass, eine der am erbittertsten umstrittenen Regionen Europas, 1881 von Jules Massenet repräsentiert.[2] Die *Scènes alsaciennes* (Elsässische Szenen), komponiert aus einer zehnjährigen Distanz zur französischen Abtretung des Gebietes an das damals neu gegründete Deutsche Kaiserreich, sind ausgesprochen reminiszenten Charakters. So trägt die gedruckte Orchesterpartitur den Untertitel *Souvenirs* und weist damit auf einen persönlichen Bezug des Komponisten zum Elsass hin: Tatsächlich stammte seine Familie väterlicherseits aus der Region. Massenet selbst hielt sich während seiner Jugend mehrfach im elsässischen Ruprechtsau auf.[3]

Das Programm der *Scènes alsaciennes* ist allerdings nicht durch persönliche Erinnerungen, sondern durch eine literarische Vorlage strukturiert - Passagen aus Alphonse Daudets *Contes du lundi* (Montagsgeschichten, 1873), die, ergänzt um Überleitungen und neue Einschübe, eine Folge von vier Sätzen ergeben und ein dörfliches Bild der Region vermitteln: *Dimanche matin* (Sonntagmorgen), *Au cabaret* (In der Schenke), *Sous les tilleuls* (Unter den Linden) und *Dimanche soir* (Sonntagabend).

Vor allem im letzten Satz bemüht sich Massenet um eine musikalische Spezifizierung des Elsass: Hier zitiert er das elsässische Lied *Hans im Schnokeloch* (Notenbeispiel 17), dessen deutscher Text erstmals 1842 publiziert worden war[4] und eine volkstümliche Figur - die eines reichen, aber fortwährend unzufriedenen Bauern - behandelte. Welchen signifizierenden Rang *Hans im Schnokeloch* einnahm, bezeugt sowohl seine erneute Veröffentlichung im zweiten Band von Jean-Baptiste Weckerlins Sammlung *Chansons populaires de*

---

[1] Wolfgang Kaschuba, *Die Überwindung der Distanz. Zeit und Raum in der europäischen Moderne*. Frankfurt am Main 2004, S. 122; Werner Telesko, *Das 19. Jahrhundert. Eine Epoche und ihre Medien*. Wien, Köln, Weimar 2010, S. 296.
[2] Anne Massenet, *Jules Massenet en toutes lettres*. Paris 2001, S. 262.
[3] Otto Baensch, »Elsässisches Musikleben von 1871–1918«, in: Georg Wolfram (Hg.), *Wissenschaft, Kunst und Literatur in Elsass-Lothringen 1871–1918* (*Das Reichsland Elsass-Lothringen 1871-1918*. Band III). Frankfurt am Main 1934, S. 427.
[4] Auguste Stoeber, *Elsässisches Sagenbuch*, Straßburg 1842, S. 491.

l'Alsace (1883, allerdings in einer abweichenden Notation, ohne den typischen Quintanstieg)[5] als auch seine nachmalige Verwendung in einer Reihe von Kompositionen elsässischer Komponisten.[6]

Im Finale der *Scènes alsaciennes* ging Massenet aber noch einen Schritt weiter. Mit der Versiertheit des erfolgreichen Opernkomponisten ließ er Daudets Szenario eines Zapfenstreichs, der eine sonntäglich-abendliche Feier unterbricht und darin zum Gleichnis der französischen Expatriierung im Elsass nach 1871, zur »retraite française«[7] (französischen Rückzug) wird, mit einem Theatereffekt gipfeln:[8] Hinter den Kulissen positionierte Trompeten blasen das Signal des Abschieds und umrahmen eine Solo-Bratsche, die das Elsass gemäß Daudets Silisierung der Region als »pays perdu«[9] (verlorenes Land) lamentiert.

Notenbeispiel 17: Jules Massenet, *Scènes alsaciennes* (1881),
Zitat des Liedes *Hans im Schnokeloch* im Schlusssatz (Klavierauszug)

Dennoch bleibt es ein indifferentes Ende, da eine Rekapitulation des Festes die Suite beschließt. Dies erklärt wohl auch, warum die Orchestersuite nach ihrer Uraufführung 1882 in Paris auch im Reichland gespielt werden konnte: Etwa durch die Société philharmonique in Hagenau und danach in Straßburg.[10]

---

[5] Jean-Baptiste Weckerlin, *Chansons populaires de l'Alsace*. Tome II. Paris 1883, S. 334.
[6] Guillaume/Wilhelm Riff, Alfred Lorentz, Marie Joseph Erb, vgl.: Baensch, »Elsässisches Musikleben von 1871-1918 (wie Anm. 3), S. 428.
[7] »Aussi le soir, sur la grand' place, que de bruit, que de mouvement ! ... tout le monde sur les portes, les bandes de petits blondins dans la rue ... et les danses que rhythmaients les chants du pays ...
Huit heures ! ... le bruit des tambours, le chant des clairons ... c'était la retraite ! ... la retraite française ! ... Alsace ! Alsace ! ... «, Jules Massenet, *Scènes alsaciennes*. Réduction pour piano seule par Henri Kaiser. Paris o. J., S. 1.
[8] »Il faut obtenir un effet très lointain d'abord, puis le crescendo et le decrescendo bien ménagés.«, Jules Massenet, *Scènes alsaciennes*. Orchesterpartitur. Paris o. J. [1882], S. 100.
[9] »Maintenant, surtout l'Alsace est murée, il me revient de ce pays perdu toutes mes impressions d'autrefois avec cette saveur d'imprévu des longues courses dans une campagne admirable (...).«, Alphonse Daudet, *Contes du lundi*. Nouvelle édition. Paris 1952, S. 143.
[10] Baensch, »Elsässisches Musikleben von 1871-1918 (wie Anm. 3), S. 427.

5.2 Die Durchmessung Lettlands

Für eine der ersten symphonischen Repräsentationen Lettlands fungierte das 1888 zum dritten Mal abgehaltene *Allgemeine Lettische Sängerfest*, an dem der Komponist Jāzeps Vītols maßgeblich beteiligt war.[11] Sein Engagement für die Veranstaltung entbehrte nicht einer gewissen Brisanz, hatte doch der aus Nordlivland gebürtige Vītols[12] nicht nur in St. Petersburg seine Ausbildung genossen, sondern unterrichtete dort seit 1886 auch als Professor (zunächst für Harmonie- und Formenlehre).[13] Da das erstarkende lettische Chorwesen der russischen Administration als Stimulation von möglichen nationalistischen Bestrebungen suspekt war und deswegen überwacht wurde,[14] lief Vītols Gefahr, der Agitation verdächtigt zu werden. Aufgrund seiner etablierten Position in St. Petersburg war jedoch bekannt, dass der Komponist, wie die Nationalbewegung Lettlands generell, mehrheitlich eine lettische Kultur-Autonomie innerhalb des Zarenreichs, aber (noch) nicht einen souveränen lettischen Nationalstaat anstrebte.[15] Deswegen zog seine Beteiligung keine Folgen nach sich.

Im Gegenteil wurde sogar im nachfolgenden Jahr sein symphonisches Tableau *Līgo svētki* (Das Fest des Lihgo) vom russischen Musikverleger Belajew veröffentlicht.[16] Es imaginierte ein heidnisches Midsommernachtsfest in »lettischer« Vorzeit am sagenhaften Zilaiskalns (Blauen Berg) in Vidzeme (Livland):

> »Der heilige Hain des blauen Berges im Mondlicht. Die Stille der Nacht wird durch Trompeten unterbrochen, die das lettische Volk zusammenrufen, um die Götter zu ehren. Das Volk grüßt Percon und Potrimpe und gruppiert sich um den Altar von Lihgo, dem Gott der Liebe und des Überflusses. Nach dem Opfer beginnen die Festlichkeiten; Spiel und Tanz wechseln sich ab mit Gesängen, die Lihgo feiern. Dann verkünden Trompeten das Ende des Festes und die Ruhe der Nacht herrscht wieder über dem heiligen Ort.«[17]

---

[11] Longīns Apkalns, *Lettische Musik*. Wiesbaden 1977, S. 251.
[12] Apkalns, *Lettische Musik* (wie Anm. 11), S. 247.
[13] Lolita Fürmane, Art. »Jāzeps Vītols«, in: Ludwig Finscher (Hg.), *Die Musik in Geschichte und Gegenwart*. Personenteil 17, Kassel 2007, Spalte 54.
[14] Apkalns, *Lettische Musik* (wie Anm. 11), S. 152.
[15] Ralph Tuchtenhagen, *Geschichte der baltischen Länder*. München 2005, S. 66; Daina Bleiere, Ilgvars Butulis, Inesis Feldmanis, Aivars Stranga, Antonijs Zunda, *Geschichte Lettlands. 20. Jahrhundert*. Riga 2007, S. 29.
[16] Apkalns, *Lettische Musik* (wie Anm. 11), S. 261.
[17] »Le saint bocage sur la crime du Mont-Bleu au clair de la lune. Le calme de la nuit est interrompu par des trompettes, qui convoquent le peuple lette, pour rendre hommage aux dieux. Le peuple salue Percon et Potrimpe et entoure l'autel de Lihgo, le dieu de l'amour et de l'abondance. Après les sacrifices commencent les réjouissances; le jeu et la danse alternent avec des chancons qui célèbrent Lihgo. Les sons des trompettes annoncent alors la fin de la fête et le calme de la nuit règne de nouveau dans le lieu sacré«, Joseph Wihtol [=Jāzeps Vītols], *La fête Lihgo. Tableau symphonique sur des thèmes populaires lettes pour orchestre*. Leipzig 1890, S. 2; im lettischen Original: »Svētā birze Zilā kalnā. Mēneša nakts. Klusumu

Die Abstimmung des Programms mit der Semantik des hinzugezogenen thematischen Materials lässt sich mithilfe von Vītols' 1906 erschienener Anthologie hundert lettischer Volkslieder rekonstruieren. So das Eingangsthema, die Nummer 73 der Sammlung, *Padseedasim nu, bahliņi* (Brüder, die wir hier versammelt sind[18]), wogegen das eigentliche Fest aus Variationen der Nummer 92, *Sit, Jahniti, wara bungas* (Laß das erz'ne Becken tönen[19]) besteht, vor allem aus der Schlussformel der Melodie, der Anrufung von Lihgo, des lettischen Frühlingsgottes. Dieser Ruf[20] bildet als viertönige Floskel ein Leitmotiv des Werkes.

Mit dem *Fest des Lihgo* projiziierte Vītols unter dem Eindruck der 1885 erfolgten Einführung des Russischen als Amtssprache in Lettland und der Russifizierung des Landes[21] die Gegenwart der lettischen Sängerfeste in eine mythische Vergangenheit. Zu dieser verdeckten Symbolisierung nutzte er die »sprachlose« orchestrale Form der symphonischen Dichtung. Sie und die von Vītols angewandte Stilistik seines Lehrers Nikolaj Rimskij-Korsakov ermöglichten den Erfolg des Werkes, selbst in St. Petersburg.[22]

Mit der staatlichen Unabhängigkeit Lettlands 1918/1920 entfiel die Notwendigkeit einer solchen Verklausulierung. Zunächst schloss zwar Jānis Mediņš noch an Vītols' *Fest des Lihgo* an, indem er eine symphonische Dichtung über den *Zilaiskalns* (1919/1924) vorlegte,[23] dabei aber auf die Aura des Ortes und nicht auf den Gesichtspunkt der nationalen Versammlung fokussierte. Es folgten Orchesterkompositionen allegorischen Charakters: *Latvija* (Lettland, 1919)[24] von Alfrēds Kalniņš und *Latvju zeme* (Lettisches Land, 1935)[25] von Jāzeps Mediņš (des Bruders von Jānis Mediņš). Beide, Kalniņš noch im Unabhängigkeitskrieg und Jāzeps Mediņš bereits unter der Diktatur von Kārlis

---

pār trauc tauru skaņas, kas sauc Latvju tautu uz upurēšanu dieviem. Tauta apsveic Pērkonu un Potrimpu. Pēc upurēšanas sākas izpriecas, spēles, un dejas mainās ar dziesmām, kurās cil dina Līgu. Taures skaņas vēstī svētku beigšanos. Nakts klusums atkal val da pār Svēto kalnu.«, zit. nach: K. Freidenfelds, »Latviešu mūzikas patriarchs Jāzeps Vītols«, in: *Sējējs*, Nr. 6, 1.6.1938, S. 571.

[18] »Padseedasim nu, bahliņi«, in: Joseph Wihtol (=Jāzeps Vītols), *100 lettische Volksweisen mit Klavierbegleitung, auch für Klavier allein spielbar*. Nachdichtung von Rudolf Blaumann. Leipzig 1906, S. 74

[19] »Sit, Jahniti, wara bungas«, in: Wihtol, *100 lettische Volksweisen* (wie Anm. 18), S. 93.

[20] Im Fin de siècle u.a. behandelt in: Leopold von Schroeder, *Lihgo. Refrain der lettischen Sonnwendlieder*. Wien 1902.

[21] Alfred Bilmanis, *A History of Latvia*. Princeton 1951, S. 248.

[22] Vgl. *Dienas Lapa*, 26.März 1891, S. 2.

[23] Dazu: Ludvigs Kārkliņš, *Simfoniskā Mūzika Latvijā. Simfoniskie orķestri, diriģenti, mūzikā, klausītāji laikabiedru skatījumā*. Riga 1990, S. 72.

[24] Dazu: Kārkliņš, *Simfoniskā Mūzika Latvijā* (wie Anm. 23), S. 63–64.

[25] Dazu: Kārkliņš, *Simfoniskā Mūzika Latvijā* (wie Anm. 23), S. 109.

Ulmanis, verfolgten hierbei das *per aspera ad astra*-Prinzip[26] in der Nachfolge von Sibelius' *Finlandia*.

Eine Ausnahme unter diesen symphonischen Repräsentationen Lettlands stellte Jānis Mediņš' dritte Orchestersuite (1933) dar, deren vier Sätze die Regionen des Landes vorstellten (Kurzeme, Vidzeme, Zemgalen, Lettgallen) und in einer Kombination impressionistischer Kompositionstechnik und dem »Tonfall« lettischer dainos charakterisierte.[27] Vorgebildet war diese Idee, die Einheit der Nation in der Verschiedenheit der Regionen vorzuführen, in Vilhelms Purvītis' Lünettengemälde für das Rigaer Kunstmuseum (1907–1908; Abb. 12), anhand derer der Maler eine ideale »lettische« Landschaft"[28] destillierte.

Abbildung 12: Fotografie von Vilhelms Purvītis' *Kurzeme* (Kurland; Lünetenmalerei im Städtischen Rigaer Kunstmuseum [heute: Lettisches Nationales Kunstmuseum], erschienen in: *Nedēļa*, 16. Oktober 1925; mit freundlicher Genehmigung der Latvijas Nacionālā bibliotēka, Rīga)

Stellte das Singen in Chören die vorrangige Praktik der Erzeugung eines national-gemeinschaftlichen Gefühls in Lettland dar, wählte Jānis Mediņš im Medium der Orchestermusik die Metaphorik des Landschaftlichen zur Repräsentation der Nation. Seine Suite war als klangliche Durchmessung der neuen, unabhängigen Republik angelegt. Die »vorherrschende Stimmung des

---

[26] Mediņš' mit dem Programm: »Bargi kungi ... Tēvzemes mīlestība ... Ilgas pēc brīvības ... Cīņu un uzvaru prieks« (Strenge Herren [bezogen auf den dominanten deutschen Bevölkerungsteil Lettlands; St.S.] ... Liebe zur Heimat ... Sehnsucht nach Freiheit ... Kampf und Sieg der Freude), J. Zālītis, »Vasaras koncerti Rīgas jūrmalā sākās vakar«, in: *Jaunākās Ziņas*, 28. Juni 1939, zit. nach: Kārkliņš, *Simfoniskā Mūzika Latvija* (wie Anm. 23), S. 109.

[27] Bezeichnend ist die Differenzierung von Lettgallen gegenüber den anderen Landschaften Lettlands, die alle in langsameren Tempi ausgeführt sind, Lettgallen jedoch als wilder, »archaischer« Tanz; vgl. Vītoliņš, »Jurmalas simfonijkoncertu sezona atklāta« (wie Anm. 23), S. 108.

[28] Eduards Kļaviņš, »Fine Art«, in: Eduards Kļaviņš (Hg.), *Art History of Latvia IV. Period of Neo-Romanticist Modernism 1890-1915*. Riga 2014, S. 250.

tiefen Ernstes, gleichsam eines melancholischen Schleiers«,[29] die die Kritik anläßlich der Uraufführung konstatierte, würde sich bald darauf prophetisch herausstellen.

5.3 Brandenburg: Facetten des Preussen-Mythos

Die Gründung des Deutschen Kaiserreichs 1871 verlieh Preussen, dessen Initiative und militärische Stärke eine unifizierende staatliche Konstitution ermöglichte, den Rang einer nationalen Kernregion. Seine Landschaft trat dabei in den Hintergrund öffentlichen Bewusstseins. Erst mit Theodor Fontanes *Wanderungen durch die Mark Brandenburg* kam es zu einer positiven Beachtung.[30]

Auch die *Märkische Suite* (1912) von Hugo Kaun ist als Versuch zu werten, die Landschaft Brandenburgs aufzuwerten und zur nationalen Metapher zu entwickeln, bemerkte Kaun doch in seinen Memoiren (1932), dass es ihm eine »besondere Herzensangelegenheit«[31] gewesen sei, diese Suite zu schreiben; sie würde seine »engere Heimat, die viel verlästerte ›Streusandbüchse des deutschen Reiches‹«[32] thematisieren.

Schon zuvor hatte sich Kaun, der zwischen 1887 und 1902 in den USA wirkte, mit orchestralen Imaginationen Deutschlands auseinandergesetzt: in der symphonischen Dichtung *Vineta* (1886), die die Legende der gleichnamigen, in der Ostsee untergegangenen Stadt vertonte, und in seiner 1. Symphonie (*An mein Vaterland*, 1888). Darüber hinaus entstand 1912, unmittelbar vor der *Märkischen Suite*, die Ouvertüre *Am Rhein*. Auch nach dem Ersten Weltkrieg wählte Kaun wiederholt »deutsche« Sujets, nun jedoch in Form von klavierbegleiteten Männerchören, darunter *Vom deutschen Rhein* (1929), eine Komposition, die - latent die politischen Umstände des Versailler Vertrages implizierend - »Eindrücke (...) vom westlichen Vaterlande -Rhein-, Mosel- und Saargebiet«[33] geben sollte.

Die *Märkische Suite* ist, den Normen der Gattung genügend, als Spektrum angelegt. Die Stationen des zunächst für zwei Klaviere komponierten Werkes halten eine Balance zwischen markanten landschaftlichen Referenzen und

---

[29] »Visu darbu vieno kāda kopēja, dominējosa noskaņa, dziļa nopietnība, it kā melanholijas plīvurs.«, Jēkabs Vītoliņš, »Jurmalas simfonijkoncertu sezona atklāta«, in: *Ziņas,* 28. Juni 1933, zit. nach: Kārkliņš, *Simfoniskā Mūzika Latvija* (wie Anm. 23), S. 108.
[30] Herfried Münkler, *Die Deutschen und ihre Mythen*. Berlin 2009, S. 224; obwohl der Dichter seine Sammlung keineswegs als Glorifizierung angelegt hat, vgl.: Edda Ziegler, Gotthart Erler, *Theodor Fontane. Lebensraum und Phantasiewelt. Eine Biographie*. Berlin 1996, S. 137.
[31] Hugo Kaun, *Aus meinem Leben. Erlebtes und Erlauschtes*. Berlin 1932, S. 92.
[32] Hugo Kaun, *Aus meinem Leben* (wie Anm. 31), S. 92.
[33] Zit. nach: Richard Schaal, *Hugo Kaun. Leben und Werk (1863–1932). Ein Beitrag zur Musik der Jahrhundertwende*. Regensburg 1946, S. 54.

historischen Gedächtnisorten Preussens.[34] Es beginnt mit einer düster-dramatischen d-moll-Evokation der Schönower Heide um den Liepnitzsee, die die Landschaft in herbstlich bewegtem Zustand repräsentiert. Die nachfolgende, »mit innigster Empfindung«[35] zu interpretierende Suggestion einer *Abendstimmung* in der Klosterkirche Chorin (einer Ruine, mit der sich Karl Friedrich Schinkels 1817 intensiv beschäftigt[36] und als Muster historistischen Bauens bezeichnet hat[37]) setzte Kaun als Fuge um.[38] Diesem Satz gegenüber ist das *Menuett*, das die Achse der Suite bildet, nicht »im alten Stil« komponiert, sondern als spätromantische Rokoko-Aneignung, wie sie von Richard Strauss im *Rosenkavalier* ein Jahr zuvor erfolgreich lanciert worden war. Motiviert scheint diese Stilwahl durch den Ort, der als Klammerausdruck angegeben ist, *Schloss Rheinsberg* - das Domizil des nachmaligen Königs Friedrich II., der es seit 1736 bewohnte[39] und dort bis zu seinem Antritt als Regent Preussens vier Jahre einen »Musenhof« unterhielt.[40] Die Unbeschwertheit dieser Zeit, die Friedrich selbst als die glücklichste seines Lebens bezeichnete,[41] wurde im 19. Jahrhundert zum Bildsujet, das den Aufenthalt des Kronprinzen als fête galante zeigte. Das Menuett in Kauns *Märkischer Suite* muss als Äquivalent dieser Art von landschaftlicher Imagination der friderizianischen Historie verstanden werden.

Die Pastorale *Rheinsberg* wird alterniert durch ein »reines« Naturbild, jenes des Schwielowsees. Danach folgt, als Finale, die klangliche Repräsentation der Residenzstadt der preussischen Könige, Potsdam. Die diesbezügliche Übertitelung lautet *Aus grosser Zeit*, womit Kaun sich wiederum auf das friderizanische 18. Jahrhundert bezog. Die unmittelbar einsetzten Formationssignale von Trommel und kleiner Flöte machen allerdings klar, dass nun nicht mehr eine Rokoko-Idylle vorgeführt wird, sondern der militärische Mythos Preussens.

---

[34] 1. *Märkische Heide (Basdorf-Liepnitzsee)* / 2. *Abendstimmung (Kloster Chorin)* / 3. *Menuett (Rheinsberg)* / 4. *Nachtgesang (Ferch-Schwielow See)* / 5. *Aus grosser Zeit (Potsdam)*, Hugo Kaun, Erste Suite (Märkische) für zwei Pianoforte zu vier Händen op. 92. Leipzig 1913, S. 1.
[35] Kaun, Erste Suite (wie Anm. 34), S. 13.
[36] Hans Kania, Hans-Herbert Möller, *Mark Brandenburg (Karl Friedrich Schinkel. Lebenswerk,* hg. von Paul Ortwin Rave). Berlin 1960, S. 232–236.
[37] Karl Friedrich Schinkel an die VI. Generalverwaltung des Finanzministeriums, 8. Januar 1817, vgl. Kania, Möller, *Mark Brandenburg* (wie Anm. 36), S. 232.
[38] Schaal, *Hugo Kaun* (wie Anm. 33), S. 114.
[39] Marina thom Suden, *Schlösser in Berlin und Brandenburg und ihre bildliche Ausstattung im 18. Jahrhundert.* Petersberg 2013, S. 41.
[40] Siehe dazu: Johannes Kunisch, *Friederich der Grosse. Der König und seine Zeit.* München 2004, S. 72–103.
[41] »Ich habe noch nie so glückliche Tage verlebt wie hier.«, Johann David Erdmann Preuß (Hg.), *Œuvres de Frédéric le Grand.* Band 16, Berlin 1857, S. 297, zit. nach: Kunisch, *Friedrich der Grosse* (wie Anm. 40), S. 75.

Die martialische Schilderung erfährt ihre Extension in Form einer Passacaglia, deren semantischer Höhepunkt bei Ziffer 16 erreicht ist (Notenbeispiel 18). Über diese Passage schrieb Kaun 1929 im Rückblick:

> »Viele Aufführungen (...) bewiesen mir, daß ich von meinen Landsleuten verstanden wurde, wenn auch der letzte Satz, „Potsdam" betitelt, gewissen Elementen eine Zeitlang Schmerzen zu bereiten schien. In diesem Satz nämlich, einer Passacaglia, habe ich das „Deutschland-Lied" kontrapunktisch einmal benutzt, Grund genug, daß die Trompeter und Posaunisten die Instrumente absetzten und sich weigerten, diese Melodie zu blasen. Und das geschah in einer norddeutschen Stadt! - Da unsere „Hohe Obrigkeit" aber - Gott sei Dank! – diesen herrlichen cantus wieder in Ehren aufgenommen hat, so kann das Werk jetzt auch wieder ohne Amputation gespielt werden. Hurra!«[42]

Der Komponist spielte hier einerseits auf den Umstand an, dass das angesprochene »Deutschlandlied«, also die Melodie der »Volkshymne« Joseph Haydns mit der Kontrafaktur Hoffmann von Fallerslebens, erst 1922 zur offiziellen Hymne Deutschlands wurde[43] (zuvor, während des Ersten Weltkriegs, hatte sich Kaun bereits bemüht, die alte deutsche bzw. preussische Hymne, das »Heil Dir im Siegerkranz«, die ihm aufgrund ihrer simultanen Verwendung in Großbritannien untragbar schien, durch eine neue, eigene Vertonung zu ersetzen[44]). Andererseits spiegelte sich im Widerwillen der Orchestermusiker, nach 1918 das »Deutschlandlied« im Verband der *Märkischen Suite* zu spielen, auch der Reputationsverlust, den das Reich durch seine Kriegsführung erlitten hat - ein Reputationsverlust, der, wie an den Vorkommnissen erkennbar war, gleichermaßen international wie national immens war. Es ist daher erstaunlich, dass an der Apotheose der ganzen Suite, dem verherrlichend adaptierten *Hohenfriedberger Marsch*[45] (Notenbeispiel 19), kein vergleichbarer Anstoß genommen wurde, repräsentierte die Friedrich II. zugeschriebene Komposition[46] doch den preus-sischen Militärmythos geradezu idealtypisch. Doch bereits der kleine Zwischenfall um das »Deutschlandlied« hat die Brüchigkeit der Legende Preussens, wie sie Kaun in der *Märkischen Suite* als Kompositum aus Historie und Landschaft verherrlichte, nach dem Ersten Weltkrieg zu Tage treten lassen.

---

[42] Hugo Kaun, *Aus meinem Leben* (wie Anm. 31), S. 92–93.
[43] Jens Christian Peitmeier, *Das musikalische Kunstwerk als Patriot und Feind. Instrumentalisierung der Musik im Ersten Weltkrieg.* Hamburg 2013, S. 115.
[44] Peitmeier, *Das musikalische Kunstwerk als Patriot* (wie Anm. 43), S. 62.
[45] Schaal, *Hugo Kaun* (wie Anm. 33), S. 116.
[46] Vgl. das Vorkommen des Marsches in der Anthologie *Marches composées par Frédéric le Grand.* Berlin o. J. [1840], S. 4.

Notenbeispiel 18: Hugo Kaun: *Märkische Suite* (1912),
das »Deutschlandlied« als cantus firmus im Satz *Potsdam* (Klavierauszug)

Notenbeispiel 19: Hugo Kaun: *Märkische Suite* (1912),
der *Hohenfriedberger Marsch* als Apotheose des Satzes *Potsdam* (Klavierauszug)

5.4 Die symphonische Metaphorisierung der Paläste Sintras

Das demütigende, aber schließlich unbedingt einzulösende Ultimatum, das Großbritannien 1890 an Portugal richtete, die Ansprüche auf eine Landverbindung seiner beiden afrikanischen Kolonien Angola und Mosambik fallen zu lassen, zog nicht nur die Abfassung und Vertonung der nachmaligen Nationalhymne *A Portuguesa* nach sich, sondern auch die Komposition einer Symphonie, José Vian(n)a da Mottas *À Pátria* (1895).[47] Sie war der Versuch, in einer wirtschaftlichen, sozialen wie politischen Krisenzeit Portugals[48] mit musikalischen Mitteln einen Beitrag zur nationale Selbstversicherung zu leisten. Dazu nutzte da Motta den Mythos des portugiesischen Imperiums, wie er in Luís de Camões' *Lusíadas* vorgeformt war und im Fin de siècle, nationalistisch interpretiert, weiterhin gepflegt wurde.[49] Aus Camões' Epos wählte er Zitate, die er den einzelnen Sätzen jeweils voranstellte.[50] Das Finale allerdings leitete er frei aus einer Passage der *Lusiaden* ab[51] und formulierte daraus:

---

[47] Alexandre Delgado, *A Sinfonia em Portugal.* Lissabon 2002, S. 71.
[48] Walther L. Bernecker, Klaus Herbers, *Geschichte Portugals.* Stuttgart 2013, S. 246.
[49] Bernecker, Herbers, *Geschichte Portugals* (wie Anm. 48), S. 247.
[50] Delgado, *A Sinfonia em Portugal* (wie Anm. 47), S. 74, 77, 82.
[51] »Pátria – que está metida / (...) na rudeza / Duma austera, apagada e vil tristeza«, zit. nach: Delgado, *A Sinfonia em Portugal* (wie Anm. 47), S. 83

»Decadência - Luta - Ressurgimento«[52] (Dekadenz - Kampf - Wiederauferstehung).

Dekadenz fungierte demnach in der »vaterländischen« Symphonie da Mottas als Verfasstheit, dessen Überwindung erst zu einer neuen nationalen Konstitution führen kann. Dass in politischer Hinsicht zunehmend das portugiesische Königtum als Verkörperung des lähmenden Verfalls des Landes öffentlich angegriffen wurde,[53] führte dazu, dass 1908 König Carlos I. einem tödlichen Attentat zum Opfer fiel, 1910 sein Sohn und Nachfolger Manuel II. gestürzt und die Republik ausgerufen wurde.

Es ist beachtenswert, dass im selben Jahr der erst 20jährige, aus einer aristokratischen Familie stammende[54] Luís de Freitas Branco die symphonische Dichtung *Paraísos artificiais* (Die künstlichen Paradiese) nach dem gleichnamigen Buch von Charles Baudelaire komponiert hat. In der musikalischen Ausdeutung einer drogenerzeugten psychischen Scheinwelt, die einer fahlen Wirklichkeit gegenübergestellt ist, griff Freitas Branco die grundlegende Disparität der décadence auf. Anders als da Motta sah der junge Komponist darin keinen Widerspruch zu nationaler Gesinnung. 1911 erklärte er der Presse: »Glauben Sie mir, ich habe das größte Interesse, meinem Land zu beweisen, dass ich in meiner Kunst grundsätzlich portugiesisch bin.«[55]

Eingedenk dieses Postulats müssen auch seine weiteren Werke aus dieser Zeit verstanden werden: Das unvollendet gebliebene Oratorium über die Versuchungen des Hl. Ägidius von Santarém (1911/12)[56] und *Vathek* (1913). Letztere Orchesterkomposition legte Freitas Branco als »Poema Sinfónico em Forma de Variações sobre um Tema Oriental«[57] (symphonische Dichtung in Form von Variationen über ein orientalisches Thema) an. Vorbild dürfte *Istar* (1896) von Vincent d'Indy gewesen sein, in dem ebenfalls ein exotisch-orientalistisches Programm (in diesem Fall die allmähliche Entkleidung der assyrischen Göttin Istar) mit dem Gestaltungsschema der zyklischen Variationen verbunden wurde.

Die entsprechende literarische Grundlage für Freitas Branco war die 1786 erstmals erschienene Novelle *Vathek* des englischen Exzentrikers William Beckford. In ihr erzählte Beckford die (fiktionalisierte) Geschichte eines Kali-

---

[52] Delgado, *A Sinfonia em Portugal* (wie Anm. 47), S. 83
[53] Bernecker, Herbers, *Geschichte Portugals* (wie Anm. 48), S. 249.
[54] Ana Telles, »Luís de Freitas Branco - Esboço biográfico«, in: Alexandre Delgado, Ana Telles, Nuno Bettencourt Mendes, *Luís de Freitas Branco*. Lissabon 2007, S. 27.
[55] Luís de Freitas Branco in: Novidades, 17. März 1911, S. 2, zit. nach der englischen Übersetzung von Ivan Moody in: (ders.), »*Mensagens*: Portuguese Music in the 20th Century, in: *Tempo*. New Series, No. 198 (Oktober 1996), S. 2.
[56] Alexandre Delgado, » Três Fragmentos Sinfónicos das «Tentações de São Frei Gil» (1911–12)«, in: Delgado, Telles, Mendes, *Luís de Freitas Branco* (wie Anm. 54), S. 223–228.
[57] Nuno Bettencourt Mendes, »Obra Musical de Luís de Freitas Branco - 1904–1923«, in: Delgado, Telles, Mendes, *Luís de Freitas Branco* (wie Anm. 54), S. 248.

fen aus dem Volk der Abbasiden, der sich infolge einer unstillbaren Sucht nach Erlangung übernatürlicher Kräfte am Ende in der Hölle wiederfindet. Die symphonische Dichtung vollzieht aber nicht die Handlung der Novelle nach, sondern charakterisiert die fünf Paläste, die sich Vathek errichten lässt und die jeweils einen der fünf Sinne allegorisieren:[58]

> »The palace of Alkoremmi, which his father, Motassem, had erected on the hill of Pied Horses, and which commanded the whole city of Samarah, was, in his idea far too scanty: he added, therefore, five wings, or rather other palaces, which he destined for the particular gratification of each of the senses.«[59]

Stellen die Variationen von *Vathek* die Paläste des Kalifen vor, ist die thematische Grundlage der Variationen zweifellos auf Vathek, den Urheber seiner Architekturen, zu beziehen. Variiert werden aber nicht ein, sondern zwei musikalische Themen. Das erste entnahm Freitas Branco der *Geschichte der Musik* (1862) von August Wilhelm Ambros (Notenbeispiel 20). Dort war es als Beispiel arabischer Musik der Antike angeführt und mit folgender Erläuterung versehen:

> »Gegen das einfach Ausdrucksvolle dieser Weisen [persischer Liebeslieder; St.S.] contrastiren die Gesänge der den Persern tiefverhassten »Teufelsanbeter« der Jezidi im benachbarten Kurdenlande, welche in ihren Schnörkeleien und ihrem langathmigen Halten arabischen Einfluss erkennen lassen, z.B. nachstehender Gesang der Priester (…).«[60]

Diesem Thema, das den Kalifen gemäß der Beschreibung von Ambros als »Teufelsanbeter« ausweist, steht eine eigene melodische Erfindung Freitas Brancos gegenüber (Notenbeispiel 21), die mit dem siebenmal[61] eingesetzen »diabolus in musica«, dem Intervall der übermäßigen Quint, das teuflische Wesen Vatheks musikalisch-semantisch weiter determiniert.

Notenbeispiel 20: Das von Freitas Branco für *Vathek* als erstes Variations-Thema notengetreu übernommene »arabische Thema« in der von August Wilhelm Ambros (nach Austen Henry Layard) in der *Geschichte der Musik* (1862) wiedergegebenen Fassung

---

[58] Norbert Miller, *Fonthill Abbey. Die dunkle Welt des William Beckford.* München 2012, S. 140.
[59] Williams Beckford, *Vathek.* Translated from the Original French. London 1816 [1787], S. 2.
[60] August Wilhelm Ambros, *Geschichte der Musik.* Erster Band. Breslau 1862, S. 109.
[61] Eventuell ist die siebenfache Anwendung eine versteckte Anspielung auf ein »faustisches« Ringen des Kalifen.

Notenbeispiel 21: Luís de Freitas Branco, *Vathek* (1913),
Variations-Thema II

Beide Themen werden nach einer Einleitung durch eine antiphonische Fanfare der Blechbläser vorgestellt: Das erste unbegleitet von einem Fagott, das zweite von einer Oboe, die nach acht Takten Englisch-Horn und Fagott mit einem synkopischen Kontrapunkt begleiten, in dem sich wiederum das Tritonus-Intervall fortsetzt. Daraufhin folgen die Variationen: *Festim Eterno*[62] (Ewiges Fest), *Templo da Melodia*[63] (Tempel der Melodie), *Delícias dos Olhos*[64] (Freuden der Augen), *Aguilhão dos Sentidos*[65] (Reiz der Sinne) und *O Reduto da Felicidade*[66] (Das Refugium des Glücks). In der kompositorischen Gestaltung zeigte sich Freitas Branco vertraut mit der Orchestertechnik sowie den neuesten stilistischen Tendenzen seiner Zeit (nicht zuletzt hatte er 1911 die Pariser Urauf-führung von Strawinskis *Pétrouchka* persönlich erlebt[67]). Er ging jedoch auch darüber hinaus: Die dritte Variation, die weniger die Lust des Sehens als vielmehr den todbringenden Blick des Kalifen bedeuten soll[68] (in der Partitur steht als Anmerkung »… do ôlho!!! …«[69] [… das Auge!!! …]), ist der experimentellste Teil des Werkes - ein Fugato über das zweite Variationsthema, das die Violinen, 29fach geteilt, entspinnen. Mit ihm erreichte Freitas Branco für den Beginn des 20. Jahrhunderts unerhörte mikrotonale Wirkungen. Dass er *Delícias dos Olhos* noch im Zuge der späten Welt-Premiere von *Vathek* am 2.

---

[62] Bei Beckford: »The Eternal or Unsatiating Banquet«, Maria Laura Bettencourt Pires, »*Vathek* and Portugal«, in: Kenneth W. Graham (Hg.), *Vathek & the Escape from Time*. New York 1990, S. 235.
[63] Bei Beckford: »The Temple of Melody or Nectar of the Soul«, Pires, »*Vathek* and Portugal« (wie Anm. 62), S. 235.
[64] Bei Beckford: »The Delight of the Eyes or the Support of Memory«, Pires, »*Vathek* and Portugal« (wie Anm. 62), S. 235.
[65] Bei Beckford: »The Palace of Perfumes or the Incentive of Pleasure«, Pires, »*Vathek* and Portugal« (wie Anm. 62), S. 235.
[66] Bei Beckford: »The Retreat of Mirth, or the Dangerous«, Pires, »*Vathek* and Portugal« (wie Anm. 62), S. 235.
[67] Nuno Bettencourt Mendes, »Obra Musical de Luís de Freitas Branco - 1904–1923«, in: Delgado, Telles, Mendes, *Luís de Freitas Branco* (wie Anm. 54), S. 255, Fn. 3.
[68] Mendes, »Obra Musical de Luís de Freitas Branco« (wie Anm. 11), S. 253; vgl. Beckfords Beschreibung: »His figure was pleasing and majestic; but when he was angry, one of his eyes became so terrible, that no person could bear to behold it; and the wretch upon whom it was fixed, instantly fell backward, and sometimes expired.«, Williams Beckford, *Vathek*. Translated from the Original French. London 1816, [1787], S. 1.
[69] Biblioteca Nacional de Portugal, MHF/NB 109, S. 67.

August 1950 im Lissabonner Estufa Fria nicht aufführen ließ,[70] beweist, dass sich der Komponist des provokativen Aspekts dieses Satzes durchaus bewusst gewesen ist.

So progressiv sich die symphonische Dichtung auch ausnahm, so eng war ihr Programm imaginär mit Portugal verbunden. Weder aber hatte Beckford *Vathek* hier geschrieben, noch enthielt das Buch Indizien, die auf portugiesische Landschaft verwiesen. Doch war es Beckford selbst, der während seiner ersten Reise in das Land 1787 Verbindungen zu Portugal herstellte, wenn er Vertreter des portugiesischen Adels mit Charakteren der Novelle verglich.[71] Zur gedanklichen Verortung von *Vathek* in Portugal trug aber vor allem die Einmietung des Autors in die Quinta Monserrate in Sintra bei, deren Garten er mit einer Anlage von Wasserfällen und einem Tor aus unbehauenen Steinblöcken (dem sogenannten »Arco de Vathek« [Bogen des Vathek]; Abb. 14) spektakulär gestaltete.[72] Diese Erschaffung eines »künstlichen Paradieses« griff Lord Byron in *Childe Harold's Pilgrimage* auf, um Beckford mit seinem literarischen Protagonisten Vathek zu identifizieren und im portugiesischen Sintra anzusiedeln:

> »On sloping mounds, or in the vale beneath, / Are domes where whilome kings did make repair: / But now the wild flowers round them only breathe; / Yet ruin'd splendour still is lingering there. / And yonder towers the Prince's palace fair: / There thou too, Vathek! England's wealthiest son, / Once form'd thy Paradise (…).«[73]

---

[70] Nuno Bettencourt Mendes, »Obra Musical de Luís de Freitas Branco - 1904–1923«, in: Delgado, Telles, Mendes, *Luís de Freitas Branco* (wie Anm. 54), S. 256.
[71] Maria Laura Bettencourt Pires, »*Vathek* and Portugal«, in: Kenneth W. Graham (Hg.), *Vathek & the Escape from Time*. New York 1990, S. 226–227.
[72] Freitas Branco selbst wies auf Monserrate als »Schöpfung« Beckfords hin: »William Beckford (…), amigo de Portugal, onde fez o palácio e a quinta de Monserrate, em Sintra (…)«, zit. nach: Delgado, Telles, Mendes, *Luís de Freitas Branco* (wie Anm. 54), S. 250; Timothy Mowel, *William Beckford: Composing for Mozart*. London 1998, S. 219.
[73] Lord Byron, *Childe Harold's Pilgrimage*. Chicago 1900 [1812/1818], S. 29.

Abbildung 13: Der sogenannte »Bogen des Vathek« *(Arco de Vathek)*, ein im Auftrag von William Beckford künstlich angelegtes Steinensemble, vermutlich der ursprüngliche Eingang zur Anlage Monserrate in Sintra (© Stefan Schmidl).

Aus der zeitlichen Perspektive Freitas Brancos konnte die Assoziation eines portugiesischen »Schauplatzes« von *Vathek* sich sogar auf ganz Sintra erstrecken, war doch dessen Ensemble an architektonischen Sensationen im Laufe des 19. Jahrhunderts mit dem Bau des Nationalpalastes von Pena durch König Ferdinand II. und mit der Orientalisierung von Monserrate (im Auftrag des englischen Unternehmers Francis Cook) entscheidend erweitert worden. Es offerierte Besuchern nun ein Wechselspiel aus wildwuchernder Natur und fünf besonders herausragenden Bauten: dem Castelo dos Mouros, dem Paço Real, dem Palácio Nacional da Pena, der Quinta da Regaleira und dem Palácio de Monserrate.

Wie die Erzählung von *Vathek* war Sintra - die Landschaft der Könige und Aristokraten - ein Gleichnis für die Ambivalenz jener Hybris, die unweigerlich zum Untergang führt, dabei aber »künstliche Paradiese« hinterlassen kann. Freitas Brancos Phantasmagorie vollzog diese Parabel musikalisch und erprobte dabei radikale neue Reize.

6 Couleur locale

Die Suggestion von Landschaft über die Klangfarbe eines Ortes, einer Region, ist ein auditives Spezifikum. In besonderer Weise wird hierbei Differenz über determinierte Musikinstrumente und Idiomatik erreicht.

6.1 Die Harfe als sinnliche Symbolisierung Irlands

Im europäischen Vergleich hat kein musikalisches Instrument einen ähnlichen Rang einnehmen können wie die Harfe als Repräsentation Irlands.[1] Dass diese Tradition auf die älteste in Irland erhaltene Harfe, die *Trinity College Harp*, zurückgeführt und vor allem im 19. Jahrhundert (fälschlicherweise) in Zusammenhang mit der Figur des irischen Hochkönigs Brian Boru († 1014) gebracht wurde,[2] legte ihre symbolische Wirkweise fest: als »Erinnerung« an eine mythisch-heroische Vergangenheit Irlands.

In symphonischen Kompositionen spielte die klangliche Dimension des Symbols dabei zunächst keine Rolle (wohl aufgrund der Tatsache, dass sich die Irish Harp wegen ihrer Bauweise, die das Spielen des gesamten Tonrepertoires bzw. häufige Modulationen nicht ermöglichte, kaum in Orchester integrieren ließ[3] und die Verwendung der Konzertharfe anscheinend noch nicht erwogen wurde). So verzichtete Arthur Sullivan in seiner Symphonie in E-Dur (*The Irish*, 1866) überhaupt auf eine Harfe.

Wenngleich Augusta Holmès in der symphonischen Dichtung *Irelande* (1882) bereits eine Konzertharfe verwendete, gab diese nur einen marginalen, keinesfalls herausgehobenen Part innerhalb des Orchesterapparats. Erst in der 1887 unter Hans Richter in der Londoner St. James's Hall uraufgeführten[4] und ebenfalls *The Irish* betitelten dritten Symphonie des in Dublin geborenen und im Jahr seiner *Irish Symphony* zum Professor für Musik in Cambridge berufenen Charles Villiers Stanford wurde dem Instrument als Stellvertretung der Irish Harp und damit als »irische« Klangfarbe in symphonischer Musik nachhaltig Gewicht gegeben.

---

[1] Dazu umfassend: *Emily Cullen, Meanings and Cultural Functions of the Irish Harp as Trope, Icon and Instrument: The Construction of an Irish Self-Image. Dissertation*, National University of Ireland Galway; Emily Cullen, »Functions of the Harper Bard Trope and Icon in Constructions of Irish and Scottish Identity«, in: Shane Alcobia-Murphy, Margret Maxwell (Hg.), *The Enclave of My Nation: Cross-currents in Irish and Scottish Studies*. Aberdeen 2008. 75–92; Mary Louise O'Donnell, *Ireland's Harp. The Shaping of Irish Identity, c.1770–1880*. Dublin 2014.
[2] O'Donnell, *Ireland's Harp* (wie Anm. 1), S. 112.
[3] Der Autor dankt Mirjam Kluger für diesen Hinweis.
[4] Jeremy Dibble, *Charles Villiers Stanford. Man and Musician*. Oxford, New York 2002, S. 182.

Schon das Motto der Symphonie, eine Anrufung des Musengottes Apollo, antizipiert diesen Einsatz: »IPSE FAVE CLEMENS PATRIAE PATRIAMQUE CANENTI, / PHOEBE, CORONATA QUI CANIS IPSE LYRA«[5] (Schau mit Wohlwollen und Gnade auf das Land und des Landes Sänger, Phoebus, der Du selbst zur gekrönten Lyra singst). Instrumental eingelöst wird die Prämisse im dritten Satz, den das unbegleitete, dadurch vollends ins Zentrum der Aufmerksamkeit gerückte Präludieren der Harfe eröffnet und zweifellos die *Harp of Erin* konnotieren soll,[6] jene Darstellungskonvention, die die weibliche Personifizierung Irlands beim deplorativen Spielen des Instruments zeigt (vgl. etwa die entsprechende Darstellung durch den US-amerikanischen Maler Thomas Buchanan Read [1867], Abb. 14).[7]

Klanglich reichern Arpeggios der Harfe danach im vierten Satz die Intonationen von *Remember the glories of Brian the Brave*, jenes Liedes, das auf Brian Boru, den vermeintlichen Besitzer der »ersten Harfe Irlands« verwies, und von *The Little Red Fox*, der Melodie, die mit dem Text »Let Erin remember the days of old« bis 1926 als inoffizielle Hymne Irlands diente,[8] an. Stanford verschränkte also den metaphorischen Klang der Harfe mit signifikanten *Irish melodies*, wie sie durch die Editionen und Neutextierungen von Thomas Moore und von George Petrie populär waren.

Seine symphonische Repräsentation entsprach damit der temporären Hinwendung von Irlands Öffentlichkeit zu einer der Realpolitik enthobenen Mythisierung der Nation - eine Tendenz, die auf die Zurückweisung der Home-Rule-Gesetzesvorlage von Premierminister William Ewart Gladstone im britischen Parlament (1886) zurückzuführen war.[9] Für das englische Publikum wiederum bedeutete die Kombination aus »alten« irischen Melodien und Harfenkolorit die Vorstellung Irlands als unterworfenes, gleichwohl heldenhaftes Volk, das auf eine glorreiche, jedoch lange entschwundene Vergangenheit zurückblicken konnte.[10]

---

[5] Charles Villiers Stanford, *Symphony in F Minor, The Irish, for full orchestra*. London, New York 1890, o. S.
[6] Aaron C. Keebaugh, *Irish Music and Home-Rule Politics, 1800–1922*, Diss., University of Florida 2011, S. 130.
[7] Fintan Cullan, *Visual Politics. The Represntation of Ireland 1750–1930*. Cork 1997, S. 47.
[8] Kommentar zu Peadar Kearney, *The Soldier's Song*, in: Declan Kiberd, P.J. Mathews (Hg.), *Handbook of the Irish Revival. An Anthology of Irish Cultural and Political Writings 1891–1922*, S. 396; als »Nationallied« der Home Rulers diente *God save Ireland*, vgl. Peter Alter, *Die irische Nationalbewegung zwischen Parlament und Revolution. Der konstitutionelle Nationalismus in Irland 1880-1918*. München, Wien 1971, S. 172.
[9] Jürgen Elvert, *Geschichte Irlands*. München ²1996, S. 375.
[10] Vgl. das von Tom Dunne beschriebene Rezeptionsverhalten: Tom Dunne, »The Marriage of Strongbow and Aoife: Entertaining History in the Interests of the State«, in: Brendan Rooney (Hg.), *Creating History. Stories of Ireland in Art*. Newbridge 2016, S. 148.

Abbildung 14: Thomas Buchanan Read, *The harp of Erin* (1867;
© Cincinnati Art Museum, Ohio,
Gift of Mrs. Michael M. Shoemaker, 1934.44)

Eine andere Art von »Rückblick« auf Irland, den Rückblick aus der Emigration, ist in der *Irish Rhapsody* (1892) von Victor Herbert gestaltet worden. In diesem, für das jährliche *Feis Ceoil* (Musikfest) der *Gaelic Society* in New York komponierten Orchesterwerk[11] erfüllt die bedeutungstragende Klangfarbe der Harfe zwei Agenden: Einerseits repräsentiert sie, wie in Stanfords Symphonie, Irland im Sinne der *Harp of Erin*-Ikonographie, wenn unmittelbar an die Paraphrase von *Erin! Oh Erin!* eine Harfenkadenz anschließt (Notenbeispiel 22), andererseits begleitet sie im weiteren Verlauf *Come O'er the Sea* (nach der Melodie *Cuishlih ma chree,* [12] Notenbeispiel 23), die Aufforderung des lyrischen Subjekts an seine Geliebte, gemeinsam in die Emigration zu gehen. Die Vorstellung Irlands wird somit, die Bedürfnisse des lokalen Publikums berücksichtigend, um den Affekt des Nostalgischen erweitert.

---

[11] Edward N. Waters, *Victor Herbert. A Life in Music.* New York 1955, S. 66.
[12] Thérèse Tessier, *The Bard of Erin. A Study of Thomas Moore's* Irish Melodies *(1808–1834)* (Romantic Reassessment, Band 110). Salzburg 1981, S. 177.

Die große Resonanz von Herberts Komposition mag Einfluss auf Stanfords eigene *Irish Rhapsody* (die erste einer Reihe von sechs) gehabt haben, die 1902 im Auftrag des Norwich Festivals entstand.[13] Denn auch hier unterstützt die Harfe sowohl eine mythische als auch emotionale Suggestion des »Irischen«. Der Unterschied von Stanfords und Herberts Rhapsodien liegt darin, dass bei Stanford diese zwei Kategorien nicht linear gestaffelt sind, sondern deckungsgleich erscheinen, womit eine intensivierte Sinnstruktur erreicht wird.

Ihre absteigenden Sextolen-Läufe bilden nach dem eröffnenden »battle song«[14] *Leather bags Donnel* eine mediatorische Klangfläche, vor der ein Violoncello jene Melodie (Notenbeispiel 24) vorträgt, die von George Petrie 1855 in seiner *Collection of the Ancient Music of Ireland* noch ohne Text und nähere Bezeichnung veröffentlicht worden war,[15] von Alfred Perceval Graves in Stanfords Sammlung *Songs of Old Ireland* (1882) hingegen betitelt und mit Versen unterlegt worden war:[16] Diese Interpretation als *Emer's farewell to Cucullain* stellte Graves' Versuch dar, das im 19. Jahrhundert immer populärer werdende Lied mit dem legendären irischen Helden Cucullain, einen im Fin de siècle intensiv publizistisch behandelten Mythos,[17] zu verbinden.

Emer's farewell bot für Stanford die idealtypische Gelegenheit einer Zusammenführung des »Legendären« und des »Gefühlvollen«, weil Graves in seiner Texturierung gezielt den Moment des Abschieds von Emer, Cucullains Gattin, von ihrem heldischen Gefährten schilderte. Durch die neuerliche und allgemein akzeptierte Texturierung der Melodie als *Danny Boy* durch Frederick Edward Weatherly (1910),[18] die den Charakter der Melodie ausschließlich sentimental deutete, sollte wiederum die verschmelzende Semantik von Stanfords *Irish Rhapsody* undeutlicher werden.

---

[13] Dibble, *Charles Villiers Stanford* (wie Anm. 4), S. 344.
[14] Dibble, *Charles Villiers Stanford* (wie Anm. 4), S. 344.
[15] »Song«, in: George Petrie (Hg.), *The Petrie Collection of the Ancient Music of Ireland*. Arranged for the Pianforte. Dublin 1855, S. 57
[16] »Emer's Farewell to Cucullain«, in: Charles Villiers Stanford, Alfred Perceval Graves, *Songs of Old Ireland: A Collection of Fifty Irish Melodies*. London, New York, Toronto 1882, S. 3–4.
[17] *The Cuchullin Saga in Irish Literature. Being a Collection of Stories relating the Hero Cuchullin*. Translated from the Irish by various Scholars: Compiled and Edited with Introduction and Notes, by Eleanor Hull. London 1898.
[18] Dazu: Malachy McCourt, *Danny Boy. The Legend of the Beloved Irish Ballad*. Philadelphia, London 2013, S. 34-50.

Notenbeispiel 22: Victor Herbert, *Irish Rhapsody* (1892), Intonation von *Erin! Oh Erin!* und anschließende Harfenkadenz

Notenbeispiel 23: Victor Herbert, *Irish Rhapsody* (1892), *Come O'er the Sea*

Notenbeispiel 24: Charles Villiers Stanford, *Irish Rhapsody No.1* (1902), *Emer's farewell to Cucullain*

Die Anerkennung, die der Harfe als Symbol Irlands sowohl von Befürwortern als auch Gegnern einer irischen Unabhängigkeit entgegenbracht wurde,[19] eröffnete Komponisten beider Parteiungen die Möglichkeit, den Klang dieses Symbols einzusetzen. So inkorporierte sowohl der in Oxford wirkende Unionist[20] Charles Villiers Stanford als auch der in den USA tätige, später als Präsident der dortigen Gesellschaft *Friends of Irish Freedom* offen für die irische Unabhängigkeit eintretende[21] Victor Herbert das Instrument in symphonische Repräsentationen Irlands. Das Kolorit der Harfe ist in beider Kompositionen von allegorischem Sinn und ergänzt die paraphrasierende Anwendung kodifizierter »irischer Melodien«. Ihre Perspektive richtet sich auf eine Vergangenheit, die ein nostalgisches wie mythisches Gedächtnis wachrufen sollte.

6.2 Belgien als »Land of chimes«

An der Repräsentation Belgiens kann die Eigenart festgestellt werden, dass sie sich kaum an Topologien und -graphien des 1830 formierten Staatsgebietes band,[22] sondern vornehmlich an das Städtische in seiner Geschichtlichkeit.[23] Prägend hierfür waren zuerst die Historienmalerei,[24] später die Künste des Symbolismus (vor allem Georges Rodenbach und Fernand Khnopff), die sich auf die Stadt Brügge konzentrierten.[25] Die internationale Aufmerksamkeit, die 1914 der deutsche Überfall auf das neutrale Belgien erregte und es

---

[19] Tom Dunne, »Ireland's ›Wild Harp‹: A Contested Symbol«, in: William Laffan, Christopher Monkhouse (Hg.), *Ireland. Crossroads of Art and Design, 1690-1840*. New Haven, London 2015, S. 119; Peter Alter, *Die irische Nationalbewegung zwischen Parlament und Revolution. Der konstitutionelle Nationalismus in Irland 1880-1918*. München, Wien 1971, S. 170–171.

[20] Zur unionistischen Überzeugung Stanfords siehe: Christopher Scheer, »For the Sake of the Union: The Nation in Stanford's *Fourth Irish Rhapsody*«, in: Rachel Cowgill, Julian Rushton (Hg.), *Europe, Empire, and Spectacle in Nineteenth-century British Music*, London, New York 2006, S. 159–170.

[21] Waters, *Victor Herbert* (wie Anm. 11), S. 480.

[22] Eine Ausnahme wie die symphonischen *Impressions d'Ardennes* (Eindrücke von den Ardennen, 1913) des belgischen Komponisten Joseph Jongen bestätigt diese Regel.

[23] Paul Gorceix, »Le symbolisme et l'esthétique du reflet. De S. Mallarmé à G. Rodenbach quelques jalons«, in: Paul Gorceix, *Le symbolisme en Belgique ou l'éveil à une identité culturelle*. Tome II. Paris 2008, S. 79.

[24] Serge le Bailly de Tilleghem, »Zur Geschichte der Historienmalerei in Belgien im 19. Jahrhundert«, in: Hermann Fillitz (Hg.), *Der Traum vom Glück: Die Kunst des Historismus in Europa*. Wien 1996, S. 61-65; Angelika Wesenberg, »Geschichte als Vorbild - Belgien«, in: Staatliche Museen zu Berlin, Staaliche Kunstsammlungen Dresden, Bayerische Staatsgemäldesammlung München (Hg.), *Blicke auf Europa. Europa und die deutsche Malerei des 19. Jahrhunderts*. Ostfildern 2007, S. 255–257.

[25] Dazu: Dominique Marechal, »»Verging nicht diese Stadt?‹ - Brügge als Treffpunkt europäischer Symbolisten«, in: BA-CA Kunstforum (Hg.), *Der Kuss der Sphinx. Symbolismus in Belgien*. Ostfildern 2007, S. 31–43.

als Symbol des moralisch-humanistischen Kampfes im Ersten Weltkrieg[26] zu einem der zentralen Themen alliierter Propaganda werden ließ,[27] machte eine synekdochische Verdichtung seiner Repräsentationstradition notwendig - auch, um dadurch, vor dem Hintergrund der flandrisch-wallonischen Binarität, die nationale Eigenständigkeit Belgiens nachzuweisen.[28]

Diese Synekdoche wurde in Glocken und Glockenspielen gefunden, die in den Belfrieden, den markanten Glockentürmen flandrischer Städte, hingen und schon im 19. Jahrhundert als Charakteristikum der Region akzentuiert worden waren (etwa in Albert Grisars Oper *Le Carillonneur de Bruges* [1852]). 1914 griff Thomas Hardy die Synekdoche in seinem *Sonnet of the Belgian Expatriation* auf, in dem er Belgien als »Land of Chimes«[29] definierte. Veröffentlicht wurde das *Sonnet* in der Anthologie *King Alberts Book*, das der Schriftsteller Hall Caine als Solidaritäts- und Wohltätigkeitsgeste zugunsten belgischer Flüchtlinge initiiert hatte.[30] Im selben Buch erschien auch Edward Elgars Melodram *Carillon*,[31] das die Glocken-Trope musikalisch ausarbeitete und sich nach seiner Uraufführung im Dezember 1914 zu einem weithin positiv aufgenommenen Werk entwickelte.[32]

Abbildung 15: Grande Place Beffroi, Brügge
(Postkarte, 1890/1906)

---

[26] Sophie de Schaepdrijver, »Occupation, Propaganda and the Idea of Belgium«, in: Aviel Roshwald, Richard Stites (Hg.), *European Culture in the Great War. The Arts, Entertainment, and Propaganda, 1914-1918*. Cambridge 1999, S. 268.
[27] Klaus-Jürgen Bremm, *Propaganda im Ersten Weltkrieg*. Darmstadt 2013, S. 41–44.
[28] Glenn Watkins, *Proof through the Night. Music and the Great War*. Berkeley, Los Angeles 2003, S. 38.
[29] Thomas Hardy, »Sonnet of the Belgian Expatriation«, in: Hall Caine (Hg.), *King Albert's Book. A Tribute to the Belgian King and People from Representative Men and Women throughout in World*. New York 1915, S. 21.
[30] Lewis Foreman, »A Voice in the Desert. Elgar's War Music«, in: Lewis Foreman (Hg.), *Oh, My Horses! Elgar and the Great War*. Herts 2001, S. 274.
[31] Edward Elgar, »Carillon«, in: Caine, *King Albert's Book* (wie Anm. 29), S. 84–91.
[32] Foreman, »A Voice in the Desert« (wie Anm. 30), S. 271.

Die Lyrik von *Carillon*, die Übersetzung eines Gedichts des belgischen Dichters Émile Cammaerts, adressiert die nationale Gemeinschaft Belgiens und verheisst ihr die unaufhaltsame Rückeroberung und schließlich sogar den Einmarsch in Berlin.[33] Das titulare Glockenspiel wird dabei textlich nicht angesprochen (im Gegensatz zu den »kriegerischen« Instrumenten Signalhorn und Trommel[34]), jedoch musikalisch: in einer absteigenden Triolenbewegung, die den Klangeindruck schnell geläuteter Glocken imitiert (Notenbeispiel 25)[35] und die Ankündigung eines kommenden Sieges konnotiert.[36]

Die Analogiebildung durch die Synekdoche der Glocke findet sich auch in den *Impressions de Belgique* (Eindrücke von Belgien, 1915) des finnischen Symphonikers Erkki Melartin. Hier bildet sie, überschrieben mit *Les Cloches* (Die Glocken) und nachgeahmt durch parallele Quinten, den fünften Satz einer Suite von klanglichen »Atmosphären« belgischer Städte: der Liebfrauenkirche in Antwerpen,[37] dem nächtlichen Brügge[38] und dem Sinnesreiz einer *Anbetung der Hirten* in einem Brüsseler Museum[39] (gemeint ist wohl das Musée royal d'art ancien). Wenn die *Impressions de Belgique* mit *(Matin sur la côte) Hymne*[40] ([Morgen an der Küste] Hymne) schließen - einem Finale, das bei der Erstaufführung 1916 nicht anders als Metapher der »wiedererwachenden« belgischen Nation verstanden werden konnte, ähnelte der Aufbau der Suite Melartins dem Titelblatt der Orgeladaption von Elgars *Carillon*, das sowohl die Glocken Belgiens als auch einen Sonnenaufgang zeigte.

Notenbeispiel 25: Edward Elgar, *Carillon* (1914), Glockenspiel-Imitation (Klavierauszug)

---

[33] »We'll ask the earth they loved so well, / To rock them in her great arms, / To warm them on her mighty breast, / And send them dreams of other fights, / Retaking Liège, Malines, / Brussels, Louvain, and Namur, / And of their triumphant entry, at last, / In Berlin!«, *Carillon. "Chantons, Belges, Chantons"*. Poem by Emile Cammaerts. Music by Edward Elgar. London 1914, S. 10–11.

[34] »To the sound of the bugle, the sound of the drum (…)«, *Carillon* (wie Anm. 37), S. 5.

[35] Watkins, *Proof through the Night* (wie Anm. 28), S. 39.

[36] Watkins, *Proof through the Night* (wie Anm. 28), S. 40.

[37] »La Cathédrale (Anvers ›Onze lieve Vrouwe Kork‹)«, Erkki Melartin, Lyrisk Svit III *Impressions de Belgique*. Reproduktion der autographen Partitur. Music Finland 14535, Helsinki 2017, o. S.

[38] »(Bruges) Nocturne«, Melartin, Lyrisk Svit III (wie Anm. 37), o. S.

[39] »Pastorale (›Adoration des Bergers‹ en Musée de Bruxelles)«, Melartin, Lyrisk Svit III (wie Anm. 37), o. S.

[40] Melartin, Lyrisk Svit III (wie Anm. 37), o. S.

In der zuversichtlichen Vorausahnung eines bevorstehenden Sieges und der Wiederherstellung des belgischen Staates eröffneten somit sowohl die *Impressions de Belgique* des Finnen Melartin als auch *Carillon* des Briten Elgar eine Zukunftsperspektive und erweiterten dadurch das Repräsentationssparadigma Belgiens, das bislang ausschließlich auf die Vergangenheit gerichtet war. Beide Komponisten gaben hierbei couleur locale, dem Klang »belgischer« Glocken, synekdochische Funktion.

6.3 Das Singen Siziliens, das Klagen Sardiniens

Wenngleich italienische Regionen vom Fin de siècle bis in die 1940er in einer großen Anzahl von orchestralen Werken repräsentiert wurden,[41] stieß diese Art von symphonischem »descrittivismo«,[42] abgesehen von Ottorino Respighis »Römischer Trilogie« (1916–1928), beim italienischen Publikum auf keine maßgebliche Resonanz. Ungeachtet ihres mangelnden Anklangs lässt sich an der orchestralen Programmmusik über Landschaften Italiens die Disparität des 1861 geschaffenen Nationalstaates ablesen: Besonders dessen Nord-Süd-Gegensatz, wenn etwa Franco Alfanos *Suite romantica* (1906; zuerst *Suite Italica*[43] benannt) die Reise eines jungen Paares durch Italien nachvollziehen lassen wollte[44] und dabei lediglich nord- und mittelitalienische Szenerien auswählte[45] oder Alfredo Casella in seiner symphonischen Rhapsodie *Italia* (1909) in entgegengesetzter Weise verfuhr:

> »Der Komponist wollte in diesem Werk zwei der charakteristischsten Aspekte des südlichen Italien evozieren: das Tragische Siziliens, jener vulkanischen Insel mit ihren ausgedehnten Ödzonen, verbrannt von der sengenden Sonne, mit ihrem abergläubischen, fiebrigen Leben, und andererseits Neapel und seinen Golf, voll der überschwänglichen Lebenskraft und der sorglosen Freude.«[46]

---

[41] U.a.: Bruno Mugellini: *Alle fonti del Clitumno* (1896), Franceso Balilla Pratella: *Romagna* (1903-04), Franco Alfano: *Echi dell'Appeninno* (1909), Gino Marinuzzi: *Sicania* (1912), Francesco Santoliquido: *Le grotte di Capri* (1925), Vincenzo Tommasini: *Paesaggi toscani* (1926), Riccardo Zandonai: *Fra gli alberghi delle Dolomiti* (1929), Carlo Alberto Pizzini: *Il poema delle Dolomiti* (1931), Mario Cantù: *Poema Ligure* (1932), Carlo Alberto Pizzini: *Al Piemonte* (1940); siehe dazu auch: Christoph Flamm, *Ottorino Respighi und die italienische Instrumentalmusik von der Jahrhundertwende bis zum Faschismus* (Analecta Musicologica. Veröffentlichungen der musikgeschichtlichen Abteilung des deutschen Historischen Instituts in Rom, Band 42/II), Laaber 2008, S. 598-600.

[42] Siehe dazu: Flamm, *Ottorino Respighi und die italienische Instrumentalmusik* (wie Anm. 41), S. 595–808.

[43] Konrad Dryden, *Franco Alfano, Transcending Turandot*. Lanham 2010, S. 23.

[44] Dryden, *Franco Alfano* (wie Anm. 43), S. 23–24.

[45] *Notte Adriatica - Echi dell'Appeninno - Al chiostro abbandonato - Natale compano* (Adriatische Nacht - Echos des Appenin - Im verlassenen Kloster - Weihnacht in der Kampagna), Franco Alfano, *Suite romantica*. Mailand 1914.

[46] »Il compositore ha voluto evocare in quest'opera due degli aspetti più caratteristici dell'Italia meridionale: quello tragico della Sicilia, dell'isola vulcanica dale vaste zone desertiche arse da un sole torrido, e dalla vita superstiziosa e febrile, l'altro, quello di Napoli e

In orchestralen Vorstellungen Süditaliens wurde, wie das Programm von Casellas *Italia* zeigt, die ökonomische Situation der Regionen durchaus berücksichtigt. Es ist außergewöhnlich, dass in einer Komposition, Gino Marinuzzis *Suite siciliana* (1909), sogar auf die Auswanderungen, von denen das Mezzogiorno betroffen war, Bezug genommen wurde (mit dem Satz *Canzone dell'emigrante*[47]).[48] Solche »realistischen« Elemente finden sich in symphonischen Werken der Zwischenkriegszeit, die Süditalien, vor allem Sizilien und Sardinien, vorstellen, allerdings nicht mehr.

Giuseppe Mulès Suite *Sicilia canora* (Sizilien singt; publiziert 1920) entstand noch vor dem (gescheiterten) Versuch Mussolinis, der Emigration aus der Insel durch die Gründung der »Gartenstadt«[49] Mussolinia di Sicilia (Gemeinde Caltagirone, Grundsteinlegung Mai 1924), entgegenzuwirken. In die Repräsentation Siziliens, die der aus Termini Imerese stammende Mulè, der später zum Generalsekretär des 1933 eingerichteten faschistischen *Sindicato dei Musicisti* aufsteigen sollte,[50] mit *Sicilia canora* zur Disposition stellte, floss daher keine utopische Perspektive ein. Vielmehr griff Mulè zurück auf die Darstellung Siziliens als Schauplatz der Dualität von Tragik und Glück, wie sie in Pietro Mascagnis Erfolgsoper *Cavalleria rusticana* (1890), dem Initialwerk des musikalischen Verismo, etabliert worden war.

Folglich besteht die Suite aus nur zwei Sätzen: *Una notte a Taormina* (Eine Nacht in Taormina[51]) und *Fioriscono gli aranci* (Das Blühen der Orangenbäume), ersterer »Ernst«, letzterer, scherzhaften Charakters, »Freude«, bedeutend. Der Einfluss Mascagnis, dem Mulè grundsätzlich unterlag,[52] wird in beiden Sätzen deutlich, besonders aber im ersten, in dem ein Tenor (»lontano«[53]/in der Fer-ne) singt: »Vorrei morire in questa notte[,] gridando il nome

---

del suo golfo, pieno invece della più esuberante forza di vita e della più spensierata allegria.« zit. nach: Fedele d'Amico, Guido M. Gatti (Hg.), *Alfredo Casella,* Mailand 1958, S. 34.
[47] Christoph Flamm, *Ottorino Respighi und die italienische Instrumentalmusik* (wie Anm. 41), S. 598.
[48] Noch 1924 wurden etwa 21.903 Sizilianern Pässe für Übersee ausgestellt, vgl.: *L'emigrazione italiana negli anni 1924 e 1925*. Prefazione di S.E. Mussolini. Relazione sui servizi dell'emigrazione presentata dal commissario generale. Rom 1926, S. 688.
[49] Harald Bodenschatz, »Städtebau im übrigen Italien und im „italienischen Ausland" - ein Überblick«, in: Harald Bodenschatz (Hg.), *Städtebau für Mussolini: Auf der Suche nach der neuen Stadt im faschistischen Italien* (Schriften des Architekturmuseums der Technischen Universität Berlin 4). Berlin 2011, S. 323.
[50] Orazio Maione, *I conservatori di musica durante il fascismo: la riforma del 1930. Storia e documenti*. Turin 2005, S. 68.
[51] Unweigerlich musste die Nennung Taorminas dessen antikes Theater und seine Zuschauerperspektive, die einen idealen Ausblick auf den Ätna eröffnete, in Erinnerung rufen (eine Perspektive, die bereits das Titelblatt der symphonischen Dichtung *Taormina* [1906] von Ernst Boehe geziert hatte).
[52] Alfredo Casella, John C. G. Waterhouse, Art. »Mulè, Giuseppe«, in: Stanley Sadie (Hg.), *The New Grove Dictionary of Music and Musicians*. Second Edition. Volume 17. London 2001, S. 370.
[53] Giuseppe Mulè, *Sicilia canora. No 1 - Una note a Taormina*. Mailand 1920, S. 7.

tuo vorrei morire«[54] (In dieser Nacht möchte ich sterben, deinen Namen schreiend möchte ich sterben). Vorbild ist offensichtlich das Singen der Opernfigur Turridu hinter der Bühne während des Vorspiels der *Cavalleria rusticana*. Das »Singen« Siziliens verdeutlichte Mulè mit der Rhetorik des Musiktheatralischen, die sich nicht allein in der generellen Integration einer Singstimme mit Gesangstext in den Verband des Orchesters erschöpfte, sondern auch Stimmführung und Instrumentierung betraf.

Im Unterschied zu Mulè und dessen *Sicilia canora* hat der sardische Komponist Ennio Porrino sein Orchesterwerk *Sardegna* (1933) explizit als symphonische Dichtung deklariert und dabei auf opernhafte Stilistik verzichtet. In einer Weiterentwicklung der spezifischen Art von Programmmusik seines Lehrers Respighi repräsentierte Porrino jenes Sardinien, das 1925 zum Objekt der von Mussolini proklamierten »Reagrarisierung« Italiens geworden war,[55] - einer Kampagne zur Urbarmachung brachliegender und unbewirtschafteter Landstriche in Italien.[56] Das Programm von *Sardegna* thematisierte zwar nicht diese agrarischen Aktionen, nutzte aber archetypische Figuren und Genresituationen für die Imagination des italienischen Südens:

> »Nacht auf den sardinischen Weiden: Liebesgesänge, Gitarrenklänge, ein mit finsterem, verschlossenem Gesicht gemachter Tanz ... Sie haben den ermordeten Sohn auf den Grundbesitz getragen ... Die Mutter ist im Schmerz erstarrt, das Jammern der Klageweiber ist wie ein melancholisches Wiegenlied ... In der mythischen Klarheit der Morgendämmerung wird der Schmerz zum Gebet, alles ist wie neubelebt in der Freude an der Sonne, im Frieden der Natur ...«[57]

Im Mittelteil zeigte sich Porrino inspiriert von Francesco Ciusas Skulptur *La madre dell'ucciso* (Die Mutter des Ermordeten, 1907; Abb. 16),[58] einer Plastik, die im gleichen Jahr wie *Sardegna* von Remo Branco zur künstlerischen Verkörperung Sardiniens schlechthin stilisiert wurde:

> »Die *Mutter des Ermordeten* hat in ihrem Herzen die große dunkle Tragödie eines ganzen Volkes versammelt: in diesen knöchernen und müden Händen, alles Adern und Sehnen, in eine endgültige Andacht verschlossen; man sieht das Ende der Arbeit und des menschlichen Lebens, nun verwahrt in einem Schrein, wie ein Schatz, den Kommenden zu übergeben.«[59]

---

[54] Mulè, *Sicilia canora* (wie Anm. 53), S. 7–8.
[55] Hans Woller, *Geschichte Italiens im 20. Jahrhundert*. München 2010, S. 110.
[56] Wolfgang Schieder, *Der italienische Faschismus 1919-1945*. München 2010, S. 50.
[57] »Notte nei pascoli sardi: canti d'amore, accordi di chitarra, un ballo fatto a viso chiuso e cupo ... Nello stazzo hanno portato il figlio ucciso ... La madre è irrigidita nel suo dolore, il lamento delle attittadoras (prefiche) è come una lugubre ninna-nanna .... Nella mistica serenità dell' alba il dolore si fa preghiera, ogni cosa rivive nella gioia del sole, nella pace della Nature...«, *Sardegna,* Poema sinfonica per orchestra di Ennio Porrino. Milano 1934, o. S. (Autor und deutscher Übersetzer nicht angegeben).
[58] Myriam Quaquero, *Ennio Porrino*. Sassari 2010, S. 98.
[59] »La ›Madre dell'Ucciso‹ ha raccolto nel suo cuore la grande tragedia oscura di tutto un popolo: in quelle mani ossute e stanche, tutte vene e tendini, serrate in un raccoglimento

Der visuellen Personifikation Ciusas entsprach Porrino mit musikalischen Inbegriffen des Sardischen: der Gesangsformel der Totenklage *S'attittu* und dem Klang und der Spielweise der Launeddas, dem typischen auf der Insel verbreiteten Einfachrohrblattinstrument (imitiert durch eine Kombination aus Oboen, Englisch-Horn und Klarinetten).

Die suggestive Qualität, die Porrino dadurch erreichte, trug ohne Zweifel dazu bei, dass *Sardegna* 1936 in das Repertoire der faschistischen *Concerti di Propaganda* aufgenommen wurde.[60] Dies erweiterte die Lesart der symphonischen Dichtung um die Möglichkeit, das Finale des Werkes, die Transformation des Tragischen in einen Tagesanbruch, weniger als nostalgische Verklärung einer unweigerlich entschwindenden Welt zu deuten,[61] denn als Metapher der kommenden, durch den Faschismus ermöglichten »Wiedergeburt« einer archaischen Landschaft.

Abbildung 16: Francesco Ciusa, *La madre dell'ucciso*
(1906; © Davide Mauro)

---

definitivo, c'è il termine del lavoro e della vita umana tutta chiusa ora in uno scrigno, come un tesoro da tramandare ai vegnenti.«, Remo Branca, *Arte in Sardegna*. Mailand 1933, S. 54.
[60] Vgl.: Confederazione fascista dei professionisti e degli artisti (Hg.), *Diorama della musica in Sardegna*. Cagliari 1937, S. 169.
[61] So die Interpretation des Finales in: Quaquero, *Ennio Porrino* (wie Anm. 58), S. 100

6.4 Malta: Das Kolorit des Mediterranen als Gegenrealität

Wegen ihrer strategischen Lage war der britischen Kronkolonie Malta im Zweiten Weltkrieg eine Schlüsselrolle zugefallen. Die Behauptung der Insel gegenüber den massiven deutschen und italienischen Bombardements machte sie zum Symbol des Widerstands und stärkte seit 1944 die maltesischen Bestrebungen nach einer konstitutionellen Selbstverwaltung innerhalb des britischen Empires,[62] die schon einmal, 1921, gewährt, dann aber 1933 widerrufen worden war.[63] Sie sollte schließlich 1947 erlangt werden.[64]

Im Jahr davor komponierte der fünfzehnjährige Charles Camilleri eine *Malta* betitelte Orchestersuite.[65] Camilleri, der während der Kriegszeit in Club Bands Akkordeon spielte[66] und sich dann in der frühen Nachkriegszeit im Rahmen des unterhaltenden Theaters auf Malta als zwischen Sketchen auftretender Akkordeonist einen Namen machen konnte, legte damit ein imaginationsgeschichtlich berücksichtenswertes symphonisches Werk vor.

Insofern es sich auf eine »problemlose«, auf die Schilderung von dörflicher bzw. kleinstädtischer Atmosphäre beschränkte und darin alle anderen möglichen landschaftlichen, mythischen oder historischen Sujets beiseite ließ, war der Aufbau der *Malta Suite* der Tradition der britischen *Light music*, aber auch anderen Vorbildern populärer instrumentaler Musik, die in Malta präsent waren,[67] verpflichtet.

In ihrer Konzentration auf die couleur locale ist die Suite jedoch auch Ausdruck eines Bewusstseins regionaler Attraktion: Bereits in den 1930er Jahren war erkannt worden, welchen Effekt populäre Musik, die sich an der Folklore Maltas orientierte und international distribuiert wurde, als Werbeträger der Insel hatte[68] (immerhin betrug die Steigerungsrate des Tourismus in Malta im Jahrzehnt bis 1932 über 10%[69]). Eine Orchesterkomposition in maltesischer Idiomatik und mit Situationsangaben stellte in dieser Hinsicht allerdings eher eine Ausnahme dar und hatte nur mit Carmelo Paces *Maltesina* (1931) einen Vorläufer.

---

[62] Carmel Cassar, *A Concise History of Malta*. Msida ²2002, S. 225.
[63] Cassar, *History of Malta* (wie Anm. 62), S. 210.
[64] Cassar, *History of Malta* (wie Anm. 62), S. 225.
[65] Christopher Palmer, *The Music of Charles Camilleri. An Introduction*. Valletta 1975, S. 7.
[66] Edwige Sapienza, Joe Attard (Hg.), *Charles Camilleri. Portrait of a Composer*. Valletta 1988, o.S.
[67] Henry Frendo, »Life during the 'British' period: Strains of Maltese Europeanity«, in: Kenneth Gambin (Hg.), *Malta - Roots of a Nation. The development of Malta from an island people to an island nation*. Gudja 2004, S. 103.
[68] Noel d'Anastas, *Pop Music in Malta from the Fifties to the Seventies: In Search of a Formula for National Identity*. Diss., University of Malta 2011, S. 17.
[69] D'Anastas, *Pop Music in Malta* (wie Anm. 68), S. 18.

Den maltesischen Klang-Charakter verwirklichte Camilleri in allen vier Sätzen der Suite: Im *Country Dance* als »Nationaltanz« *Il-Maltija*,[70] in der kadenzierenden Eröffnung des *Waltz* durch eine Soloklarinette als Stilisierung einer improvisatorischen maltesischen Einleitungsformel,[71] im Thema des *Nocturne*, das zuerst für Violine und Klavier entstand,[72] als Ableitung einer Form des għana-Singens[73] und im letzten Satz (*Village-Festa*) als Imitation paradierender Bandas[74] auf den für Malta typischen Patronatsfesten.

Camilleris Werk entsprach somit dem folkloristischen Bild der Insel, das in der ersten Hälfte des 20. Jahrhunderts vor allem vom Maler Edward Caruana Dingli geprägt worden war.[75] Die *Malta Suite* zeigte insofern den Prozess der Wiederherstellung, zugleich der Neuformulierung eines Phantasmas vor der physischen Gegebenheit der Zerstörungen des Zweiten Weltkriegs.

---

[70] Vgl. das Beispiel wiedergegeben in: Ġużè Cassar Pullicino, Charles Camilleri, *Maltese Oral Poetry and Folk Music*. Valletta 1998, S. 105.
[71] Vgl. die Beispiele wiedergegeben in: Pullicino, Camilleri, *Maltese Oral Poetry and Folk Music* (wie Anm. 70), S. 67 und 70.
[72] Michael Bonello (Hg.), *The Piano Music of Charles Camilleri*. Valletta 1990, S. 5.
[73] Vgl. ein ähnlich strukturiertes Beispiel, wiedergegeben in: Pullicino, Camilleri, *Maltese Oral Poetry and Folk Music* (wie Anm. 70), S. 80.
[74] Joseph C. Camilleri, *Maltese Folklore. Tradition and heritage*. Tarxien 2015, S. 141.
[75] Dazu: Natalino Fenech, »A longing for days gone by, to the times that never were«, in: Paul Xuereb (Hg.), *Edward Caruana Dingli (1876–1950). Portraits, Views and Folkloristic Scenes*. Valletta, Tarxien 2010, S. 93-108.

7 Nationale Landschaft und Geschichte

Die Legitimation durch Geschichte, durch eine »große Erzählung«, ist eine der zentralen Strategien des 19. Jahrhunderts.[1] In der Vorstellung von Landschaft wird diese »nationale« Vergangenheit in Korrespondenz gebracht zum Topographischen/Topologischen.

7.1 Die Zuiderzee: Evokation der wehrhaften Niederlande

Ihrer wirtschaftlichen Stagnation während des 19. Jahrhunderts[2] konnte die Republik der Niederlande erst durch eine um das Jahr 1890 einsetzende, grundlegende Industrialisierung begegnen.[3] Parallel zur neuen Strukturierung des Landes entstand mit Bernard Zweers' 3. Symphonie *Aan mijn vaderland* (An mein Vaterland, 1886–88) ein orchestrales Werk, dem als Programm die niederländische Landschaft zugrunde gelegt war.[4] Zweers eignete sich demnach einen Gegenstand an, der als Domäne der bildenden Künste des 16. und 17. Jahrhunderts galt und im Fin de siècle durch die Haager Schule wieder Interesse auf sich zog.[5]

Die musikalische Repräsentation von Landschaft vollzog er weniger mit den Mitteln klanglich-gestischer Mittel als über Titulaturen.[6] Vielmehr war es Zweers' kompositorische Ambition, der Symphonie nach dem Prinzip von César Franck mittels zyklischer Monothematik Kohärenz zu verleihen.[7] Doch selbst in dieser anscheinend rein-musikalischen Konstruktion konnte (und sollte wohl auch) eine nationale Metaphorik erkannt werden, in der die Omnipräsenz des Themas (Notenbeispiel 26) gleichnishaft für die vielgestaltige Einheit der Niederlande stand: Die Erinnerung an den Abfall Belgiens 1830 und das Scheitern des Staaten-Experiments der Vereinigten Niederlande machte eine solche Beschwörung von nationaler Homogenität besonders relevant. Wenn die textliche Programmatik der Symphonie die niederländische Landschaft durchmaß, korrelierte dies mit der Anhörbarkeit

---

[1] Werner Telesko, *Das 19. Jahrhundert. Eine Epoche und ihre Medien.* Wien, Köln, Weimar 2010, S. 102–104.

[2] Joel Mokyr, *Industrialization in the Low Countries 1795–1850.* New Haven, London 1976, S. 83.

[3] Mokyr, *Industrialization in the Low Countries* (wie Anm. 2), S. 83; J. A. de Jonge, *De industrialisatie in Nederland tussen 1850 en 1914.* Amsterdam 1968, S. 343ff.

[4] Zur *Aan mijn vaderland* siehe: Eduard Reeser, *Eeen eeuw Nederlandse muziek 1815–1915.* Amsterdam 1986, S. 160–164.

[5] Wesel Krul, »Die niederländische Kunst im 19. Jahrhundert und die Entstehung der Haager Schule«, in: Jenny Reynaerts (Hg.), *Der weite Blick. Landschaften der Haager Schule aus dem Rijksmuseum.* Ostfildern 2008, S. 23.

[6] I. *In neerlands wouden* (In niederländischen Wäldern/ II. *Op het land* (Auf dem Land) /III. *Aan het strand en op zee* (Am Strand und auf der See) / IV. *Ter hoofdstad* (Der Hauptstadt entgegen), Bernard Zweers, 3ᵉ Symphonie *Aan mijn vaderland*. Bewerking voor klavier 4handig (van Jacques Presburg). Leipzig o. J., S. 1.

[7] Reeser, *Eeen eeuw Nederlandse muziek* (wie Anm. 4), S. 160.

des Leitthemas, das zwar unterschiedlichste Charakterisierungen erfuhr, aber immer erkennbar und daher »einheitsstiftend« blieb.

Eine Entsprechung von Zweers' *Aan mijn vaderland* war Cornelis Doppers 7. Symphonie.[8] Hatte Zweers die Niederlande während der Jahre ihrer technischen Reformierung mit einer Instrumentalkomposition bedacht, fand Doppers Auseinandersetzung vor der Krisenzeit des Ersten Weltkriegs statt, die den Staat in größte Zwangslagen brachte. Denn obwohl die Niederlande schon 1914 Neutralität verkündet hatten,[9] führte ihre geographische Lage dazu, dass sie in die Einflusssphären der Kriegsparteien gerieten und Kollateralschäden ertragen mussten. Ihr Höhepunkt war im Zeitraum von Februar bis April 1917 erreicht,[10] als es aufgrund des uneingeschränkten U-Bootkrieges des Deutschen Reiches nicht nur zur Beeinträchtigung des Schiffsverkehrs kam, sondern sogar sechs niederländische Schiffe versenkt wurden.[11] Erst die Garantie Erich von Ludendorffs, die Neutralität der Niederlande in Zukunft zu achten, konnte die Situation einigermaßen kalmieren.[12] Doppers Symphonie, die im Sommer 1917 im Zuge eines Segeltörns auf der Zuiderzee, der ausgedehnten Meeresbucht im Norden der Republik, entstand[13] und den Namen eben dieser Seelandschaft als Beinamen erhielt, war daher von höchster Aktualität.

Das Terrain, das der Komponist in das Zentrum seiner symphonischen Ausführungen rückte, war für die Vorstellung der Niederlande von herausragender Bedeutung. So betonte Rudolf Mengelberg, der Dirigent der Uraufführung (April 1918), im Programmheft: »De Zuiderzee! Er is wel geen naam, die zo volkomen het wezen van Holland in zich sluit!«[14] (Die Zuiderzee! Es gibt wohl keinen Namen, der so vollkommen das Wesen Hollands in sich schließt). Mit der landschaftlich-metonymischen Auffassung des Gewässers waren überdies konkrete wirtschaftliche Interessen verbunden: Eine teilweise bis vollkommene Trockenlegung der Zuiderzee zum Zwecke der Landgewinnung befand sich lange in Planung[15] und wurde als Prestigeprojekt

---

[8] Reeser, *Eeen eeuw Nederlandse muziek* (wie Anm. 4), S. 187.
[9] Marc Frey, *Der Erste Weltkrieg und die Niederlande. Ein neutrales Land im politischen und wirtschaftlichen Kalkül der Kriegsgegner.* Berlin 1998, S. 70.
[10] Siehe dazu: Frey, *Der Erste Weltkrieg und die Niederlande* (wie Anm. 9), S. 87–95.
[11] Frey, *Der Erste Weltkrieg und die Niederlande* (wie Anm. 9), S. 91.
[12] Frey, *Der Erste Weltkrieg und die Niederlande* (wie Anm. 9), S. 94.
[13] Joop Stam, *Schitteren op de tweede rang. Biografie Cornelis Dopper 1870–1939.* Bedum 2009, S. 158
[14] Zit. nach: Staam, *Schitteren op de tweede rang* (wie Anm. 13), S. 159.
[15] Dazu ausführlich: Ben de Pater, »'De verovering eener nieuwe provincie'. Plannen voor afsluiting en droogmaking van de Zuiderzee«, in: Erik Walsmit, Hans Kloosterboer, Nils Persson, Rinus Ostermann (Hg.), *Spiegel van de Zuiderzee. Geschiedenis en cartobibliografie van de Zuiderzee en het Hollands Waddengebied.* Houten 2009, S. 120–141.

angepriesen, das sich mit dem Bau des Suez- und Panamakanals und sogar der Transsibirischen Eisenbahn vergleichen ließe.[16]

Entscheidend für die Konzeption von Doppers Symphonie war jedoch, dass die Zuiderzee auch einen geschichtlichen Gedächtnisort der Niederlande darstellte, da auf ihr 1573 ein Sieg in einer Seeschlacht gegen die spanische Flotte errungen werden konnte. Auf letzteren, kriegerischen Umstand wird in der Symphonie deshalb sehr deutlich Gewicht gelegt, wenngleich die Binnensätze als Folklore- und Naturidyllen angelegt sind (II. Humoreske [*Bauernhochzeit*], III. Andante rubato [*Sonnenuntergang. Glockenspiel der Türme*][17]). Aber gerade dadurch wird die Aufmerksamkeit auf das eröffnende Allegro und das Finale und die dort auseinandergesetzte Visionierung der kämpferischen Niederlande gelenkt. Diese »Wehrhaftigkeit« war der grundlegende Mythos der Republik. Er speiste sich aus der dem Königreich Spanien im Achtzigjährigen Krieg abgerungenen staatlichen Sezession der nördlichen Niederlande.[18]

Der Historizität des Mythos trug Dopper damit Rechnung, dass er sein thematisches Material hauptsächlich der Sammlung *Nederlandtsche gedenck-clanck* (1626) des Adriaen Valerius entnahm,[19] der wichtigen Edition von Geusen-Liedern aus der Zeit des Unabhängigkeitskampfes, die Ende des 19. Jahrhunderts, unter Gesichtspunkten der Propagierung nationaler Kultur, in Auszügen und mehreren Bearbeitungen wiederveröffentlicht wurde (darunter eine Ausgabe des in Amsterdam tätigen Komponisten Julius Röntgen[20]). Dopper konnte also die Bekanntheit der alten Melodien voraussetzen.

Neben *O Nederland! let op u saeck*[21] sind es vor allem zwei Lieder, die Dopper im ersten und letzten Satz der Symponie wiederholt paraphrasiert. Ihr Symbolwert liegt darin, dass sich beide auf Admiräle des Achtzigjährigen Krieges beziehen. Mit *Maximilianus de Bossu* (Notenbeispiel 27) wird Maximilian de Hennin (1542–1579), der ehemalige spanische Statthalter in Holland, Zeeland und Utrecht, spöttisch besungen. Er war in der Schlacht am Zuiderzee besiegt worden und hatte danach die Seiten gewechselt. In Ich-Form gehalten, erzählt der Text des Liedes den Hergang der Geschichte, wobei die Niederlage in der siebten Strophe als eine dem Grafen von Bossu erteilte Lektion formuliert ist:

---

[16] De Pater, »'De verovering eener nieuwe provincie' (wie Anm. 15), S. 134.
[17] Cornelis Dopper, 7. Symphonie *(Zuiderzee-Symphonie)* für grosses Orchester. Leipzig 1932, o. S.
[18] Friso Wielenga, *Geschichte der Niederlande*. Stuttgart 2016, S. 130.
[19] Staam, *Schitteren op de tweede rang* (wie Anm. 13), S. 158.
[20] *XIV Altniederländische Volkslieder nach Adrianus Valerius (1626)*. Für eine Singstimme mit Klavierbegleitung bearbeitet von Julius Röntgen. Deutsche Übertragung von Karl Budde. Leipzig, Brüssel, London, New York 1901.
[21] Staam, *Schitteren op de tweede rang* (wie Anm. 13), S. 159.

»Maer doen ic quam voor't Hoorner hop, / Ick werd wel anders ware / Dat sal noch steken in myn krop, / Al leefd' ick vijftig jaren. / Geux leerde my op't selve pas, / Wat een genuchte dattet was / Op de Zuy'r-zee te varen.«[22]

(»Doch als ich kam vors Hoorner Hop sollt' anders ichs erfahren, das wird mir stecken noch im Kropf wie heut nach fünfzig Jahren. Der Geus gab mir die gute Lehr, welch schöner Zeitvertreib es wär, die Zuider=See befahren«[23] [Übersetzung: Karl Budde, 1901])

Die andere zitierte Melodie *O Heemskerck! noyt u kloecke daet* verherrlicht Admiral Jacob van Heemskerck (1567–1607), den Sieger der Seeschlacht von Gibraltar (1607) und ersten Befehlshaber der Republik der Niederlande, der mit einem Staatsbegräbnis[24] und einem Grab samt Epitaph geehrt wurde.[25]

Diese Vergegenwärtigung von Prota- und Antagonisten des Achtzigjährigen Krieges, die über die verwendeten Lieder geschieht, unterstrich Dopper durch eine Harmonisierung »im alten Stil«: etwa der Mittelteil des *O Heemskerck!*, der in Röntgens früherem Arrangement des Liedes vorgebildet war (Notenbeispiel 28).[26] Dopper verlieh ihm durch imitatorische Stimmführungen eine zusätzliche historisierende Note (Notenbeispiel 29).[27]

Der »authentische« Klang niederländischer Geschichte vervollkommnete somit die spätromantische, mit Fernwirkungen arbeitende Landschafts-Suggestion des dritten Satzes und fügte sich zur Glorifizierung niederländischer Wehrhaftigkeit: Trotzdem es bei der zweiten Aufführung der *Zuiderzee*-Symphonie im November 1918 zu einer Störaktion durch den Komponisten Matthijs Vermeulen gekommen ist,[28] hat sie sich folgerichtig zum meistgespielten orchestralen Werk Doppers entwickelt[29] und übertraf damit seine anderen Symphonien mit »nationalen« Programmen.[30]

---

[22] Pieter Jacobus Meertens, Nicolaas Bernardus Tenhaeff, Aafke Komter-Kuipers (Hg.), Adriaen Valerius, *Nederlandtsche gedenck-clanck*. Amsterdam 1942, S. 72.
[23] *XIV Altniederländische Volkslieder* (wie Anm. 20), S. 26–27.
[24] Anton van der Lem, *Die Entstehung der Niederlande aus der Revolte. Staatenbildung im Westen Europas*. Berlin 2016 (2014), S. 164.
[25] Peter Sigmond, »Die Maler der Seestücke und die Republik«, in: Martina Sitt, Hubertus Gaßner (Hg.), *Segeln, was das Zeug hält. Niederländische Gemälde des Goldenen Zeitalters*. München 2010, S. 29.
[26] *XIV Altniederländische Volkslieder* (wie Anm. 20), S. 30-31.
[27] Als entsprechende stilistische Vorausformung kann Doppers *Altniederländische Suite nach Tanzstücken aus dem 17. Jahrhundert* (1915) gelten; siehe: Staam, *Schitteren op de tweede rang* (wie Anm. 13), S. 152–153.
[28] Dazu eingehend in: Staam, *Schitteren op de tweede rang* (wie Anm. 13), S. 185ff
[29] Staam, *Schitteren op de tweede rang* (wie Anm. 13), S. 162.
[30] Symphonie Nr. 3 (*Rembrandt'symfonie*, 1904) und Symphonie Nr. 6 (*Amsterdamse*, 1912).

Abbildung 17: Abraham de Verwer, *Slag op de Zuiderzee, 6 oktober 1573* (1621; © Rijksmuseum Amsterdam)

Notenbeispiel 26: Bernard Zweers, *An mijn vaderland* (1890), Kernmotiv

Notenbeispiel 27: Cornelis Dopper, 7. Symphonie *Zuiderzee* (1917), Zitat des *Maximiliaan van Bossu* im ersten Satz

Notenbeispiel 28: Harmonisierung des Mittelteils von *O Heemskerck! noyt u kloecke daet* in Julius Röntgens *XIV Altniederländische Volkslieder* (1901)

Notenbeispiel 29: Cornelis Dopper, 7. Symphonie *Zuiderzee* (1917), Harmonisierung des Mittelteils von *O Heemskerck! noyt u kloecke daet* (»Met menich kloecken Held / Die u te schepe was besteld«) im Finalsatz

7.2 Hjortholm: Die Ruinenromantik Dänemarks

Der Prägung durch Kriege, in die Dänemark im Laufe des 19. Jahrhunderts verwickelt wurde (1801, 1807–10, 1848–51, 1864) und infolge derer es seiner Großmachtstellung verlustig ging, begegneten die bildlichen Repräsentationen der Nation durchgehend diametral. Grundlage des imaginären Gegenentwurfes war die Metapher des Arkadischen, vornehmlich festgelegt durch seine Darstellung im sommerlichen Zustand (Dankvart Dreyer, Johan Thomas Lundbye, Laurits Andersen Ring, Harald Slott-Møller). Die Fruchtbarkeit des Landes hervorzustreichen spielte hierbei ebenso eine Rolle[31] wie das Erkennen von steinernen Artefakten dänischer »Vorgeschichte« in der Landschaft.[32]

Zunächst ist dieser Vergegenwärtigungstradition auch der dänische Symphoniker Niels Gade in seiner 1. Symphonie (1843) gefolgt, in der er ein eigenes Lied, *Paa Sjølunds fagre Sletter* (Auf Seelands holden Ebenen) inkludierte,[33] dessen Text die Landschaft Seelands in Beziehung setzte zur Legende des Kö-

---

[31] Patricia G. Bergman, *In Another Light. Danish Painting in the Nineteenth Century*, London 2007, S. 207.
[32] Bergman, *In Another Light* (wie Anm. 31), S. 117.
[33] Michael Matter, *Niels W. Gade und der ›nordische Ton‹. Ein musikalischer Präzendenzfall*. Kassel 2015, S. 170.

nigs Waldemar IV. aus dem 14. Jahrhundert.[34] Mit späteren symphonischen Werken wie *En sommerdag paa landet* (Ein Sommertag auf dem Lande, 1879) desselben Komponisten oder Louis Glass' *Sommerliv* (Sommerleben; um 1899) entstanden Suiten aus atmophärischen Miniaturen mit programmatischen Überschriften, die Ingredienzien der dänischen Landschaftsmalerei aufriefen, dabei aber das historische Moment gänzlich vermieden.

Erst die Entwicklungen um das Jahr 1920 - die Wiedereingliederung von Nordschleswig einerseits, andererseits die Osterkrise, die König Christian X. provozierte, aber durch sein Bekenntnis zur konstitutionellen Monarchie abwenden konnte[35] - haben »Geschichte« für die orchestrale Repräsentation Dänemarks wieder berücksichtigenswert gemacht. Die Verherrlichung der königlichen Stadtresidenz in Kopenhagen, die der Symphoniker Rued Langgaard in seiner 1926 begonnenen Symphonie *Minder ved Amalienborg* (Erinnerung an Amalienburg) betrieben hat, spiegelt die neue Relevanz dänischer Vergangenheit ebenso wieder wie Ludolf Nielsens Kantate *Dronning Margrethe* (Königin Margarethe, 1919), einer Feier der Gründerin der Kalmarer Union (des Reichsverbandes der Königreiche Dänemark, Norwegen und Schweden von 1397).

Eine Engführung von Landschaft und Historie vollzog Nielsen in dem vier Jahre danach komponierten »Tonebillede« (Tonbild) *Hjortholm* (1923).[36] Programmatische Grundlage des Werkes bilden die kaum mehr vorhandenen Ruinen der Burg Hjortholm Volsted aus der Mitte des 13. Jahrhunderts in Lyngby am Furesø-See. Ursprünglich im Besitz des Bistums Roskilde, war der Bau 1535 fast vollkommen zerstört worden und eignete sich daher in seiner Ruinenhaftigkeit als romantische Landschaft. So beschreibt Sophus Bauditz das Gelände in der Herrenhaus-Novelle *Hjortholm* (1896) folgendermaßen: »Auf der einen Seite liegt weit unten am Fuße des Sees Hjortholm, vom Wald umrahmt, und man kann gerade noch das entschwundene [wörtlich: eingesunkene] Volsted draussen auf der Landspitze erkennen.«[37]

Hjortholm verkörperte eine absente, aber gleichzeitig durch Relikte erahnbare Geschichte. Dementsprechend gestaltete Nielsen die Komposition als Vision des Gewesenen. Deutlich sind zu diesem Zweck die Ebenen von Gegenwart und Vergangenheit stilistisch mithilfe des A-B-A-Schemas voneinander abgesetzt. Sehr leise, in dreifachem piano, und unbegleitet wird das klangliche Schattenbild von einem Dialog der beiden Violin-Gruppen vorbereitet (Notenbeispiel 30), den ab Takt 11 die Bratschen vermehren. Die

---

[34] Siegfried Oechsle, *Symphonik nach Beethoven. Studien zu Schubert, Schumann, Mendelssohn und Gade* (Kieler Schrifter zur Musikwissenscjaft, Band 40), Kassel 1992, S. 65.
[35] Siehe dazu umfassend: Thorkil Thaulow, *Kong Christian X og det danske folk 1912–1937*, Kopenhagen 1937.
[36] Der Autor dankt Christian Biskup für die Transkription der Partitur von *Hjortholm*.
[37] »Til den ene Side ligger ved Foden Hjortholm Sø dybt nede, indrammet af Skov, og man kan lige skimte det sunken Voldsted ude paa Næsset (...).«, Sophus Bauditz, *Hjortholm*. Kopenhagen, Oslo [5]1905, S. 129

Expressivität der Eröffnung mit ihrem nachschlagenden Tritonus *as1-d2* und den chromatischen Schleifern der zweiten Geigen ist zugleich Irritation und Meditation, die sich nach und nach diatonisch klärt.

Die eigentliche Erscheinung wird daraufhin von einer Intrada in punktiertem Rhythmus der Hörner und Posaunen signalisiert (Ziffer 2, wahrscheinlich das Leitmotiv der Burg Hjortholm). Eine lyrisch-bewegte Episode mit einem Wechselspiel von Flöten- und Violinarabesken (Ziffer 4), eine Marcia energico (Ziffer 5) und ein kirchenliedartiges Thema in Klarinetten und Fagotten (Ziffer 7) samt anschließender Fuge in Holzbläsern und Streichern (9 Takte nach Ziffer 7) sollen in weiterer Folge womöglich die mittelalterliche Ambivalenz von verfeinerter höfischer Kultur, kriegerischer Gewalt, religiöser Spiritualität und artifizieller Kunst darstellen. Die eingangs eingeführte Wechselnoten-Figur d^2-e^2-d^2 taucht dabei, eventuell als Symbol des impliziten Autors, durchgehend auf.

Mit Ziffer 10 weitet sich das Marsch-Motiv zum Furioso und mündet, das Hjortholm-Thema fragmentierend, in ein Crescendo, das zweifellos die Zerstörung der Burg bedeuten soll. Nach dessen Höhepunkt wird noch einmal die Kirchenlied-Allusion in geteilten Celli aufgenommen (Notenbeispiel 31), bevor eine Rekapitulation des Anfangs die Vision beschließt und in die »Gegenwart« zurückführt.

Notenbeispiel 30: Ludolf Nielsen, *Hjortholm* (1923), Anfang

Notenbeispiel 31: Ludolf Nielsen, *Hjortholm* (1923), Rekapitulation des »Kirchenliedes«

Anhand von Hjortholm Volsted, einer fast vollkommenen Leerstelle in der Landschaft, hat Ludolf Nielsen ein Kapitel der Geschichte Dänemarks mit seinem »Tonbild« imaginiert. Seine immateriell-klangliche Vergegenwärtigung stand in Analogie zur materiellen Vorführung dänischer Vergangenheit im 1897 eröffneten Freilandmuseum in Lyngby, jener Kommune, in der auch die spärlichen Überreste Hjortholms zu finden waren. In Nielsens Rückblick floss allerdings auch die Verunsicherung durch den Ersten Weltkrieg mit ein:[38] Sie ist in der Schilderung des gewaltsamen historischen Endes von Hjortholm zu erkennen wie im Tritonus-Intervall der Ein- und Ausleitung.

7.3. Die Wachau als »Nibelungengau«

Die Wachau, die Uferzone, die das Tal der Donau zwischen den Ortschaften Melk und Krems bildet, ist seit der ersten Hälfte des 19. Jahrhunderts, besonders aber seit ihrer verkehrstechnischen Erschließung durch die Donauuferbahn (1909),[39] zum Gegenstand künstlerischer Darstellungen und damit zur »Landschaft« geraten. In den verschiedenen Formulierungen der Wachau, die auch eine maßgebliche Basis ihrer touristischen Erschließung bildeten,[40] sind ideologische Besetzungen und atmosphärische Aspekte in einer außerordentlich intensiven Weise miteinander verzahnt. Die Voraussetzungen hierfür liegen in der gleichzeitig historisch-mythischen wie pittoresken Aufladung der Region begründet, in der Beschreibung ihrer Topographie und der Beschwörung der ihr eingeschriebenen Verortung von Geschichte mit dem vornehmlichen Sujet der Gefangenschaft Richard Lionhearts in Dürnstein bzw. dem legendären Geschehen, das hier lokalisiert wurde (gilt die Wachau doch als einer der Schauplätze des Nibelungenliedes. Seit dem 19. Jahrhundert dominiert jedoch die Darstellung des Naturschönen die Repräsentationen der Wachau.[41]

Literatur und Bilder waren die vorrangigen Medien der Distribution dieser Vorstellung, weniger die Musik. Auch waren es lediglich kleinere musikalische Formen, mit denen das Image der Wachau repräsentiert wurde. Erst in der Zeit vor und nach der Angliederung Österreichs an Hitler-Deutschland im März 1938 finden sich großformatigere Werke wie die noch im austrofaschistischen Ständestaat uraufgeführte Operette *Gruß und Kuß aus der Wachau* (1938, Musik: Jara Benes) oder der »Kreis symphonischer Tonbilder für großes Orchester« *Die Wachau* des österreichischen Komponisten Franz Reinl.

---

[38] Der Autor dankt Christian Biskup für die Einsicht in unveröffentlichte Transkriptionen von Nielsens Tagebuch.
[39] Wolfgang Krug, *Wachau. Bilder aus dem Lande der Romantik aus der Sammlung des Niederösterreichischen Landesmuseums und der Topographischen Sammlung der Niederösterreichischen Landesbibliothek.* Wien 2003, S. 53.
[40] Krug, *Wachau* (wie Anm. 39), S. 42.
[41] Werner Telesko, *Kulturraum Österreich. Die Identität der Regionen in der bildenden Kunst des 19. Jahrhunderts.* Wien, Köln, Weimar 2008, S. 210.

Letzteres Werk war ebenfalls vor dem »Anschluss«, am 8. Januar 1938 fertig gestellt worden,[42] erfuhr seine Uraufführung dann im »Großdeutschen Reich«, am 19. August 1939 in Bad Kissingen durch die Münchener Philharmoniker.[43]

Die Wachau ist einem symphonischen Genre zuzurechnen, auf das sich Reinl, der bis zum »Anschluss« als Bandleader gearbeitet hatte,[44] spezialisiert hatte: Großinstrumentale Werke, die einerseits mit Suggestionen des Territorialen arbeiteten, andererseits dezidiert unartifiziell gesetzt und dadurch für massenhaft-populären Gebrauch geeignet waren. Erste diesbezügliche Werke Reinls entstanden 1937 mit *Das Land*,[45] das von der Universal Edition herausgegeben wurde, und 1938 mit der im »Reichssender Wien« ausgestrahlten symphonischen Dichtung *Aus deutschen Kolonien*.[46] In der *Wachau* setzte Reinl das so begonnene Konzept fort.

Mehr als die vorangegangenen Stücke wurde die *Wachau* durch den Zeitpunkt von Erstaufführung und Drucklegung semantisiert. Dazu trug vor allem der Umstand bei, dass die Wachau bald nach dem »Anschluss« dem Katalog an Ausflugs- und Erlebnisfahren von *Kraft durch Freude* hinzugefügt worden war und als Destination eines staatlich geförderten Binnentourismus diente, der die Gebiete einer erweiterten »Heimat« erfahrbar machen sollte.[47] Die topographischen wie mythischen Voraussetzungen der Wachau kamen dieser Zielsetzung entgegen und wurden entsprechend beworben, etwa mit den schon einen Monat nach dem »Anschluss« veranstalteten Festwochen *Deutscher Frühling in der Wachau 1938* oder dem Kurzfilm *Die Deutsche Wachau* (1938/39, Regie: Heinz Wilzek). Dass dieser Film auf *Wach auf, deutsche Wachau* von Heinrich Strecker rekurrierte, ein Lied aus dem Jahr 1934 mit deutschnationaler Ausrichtung,[48] zeigt die für den Nationalsozialismus typische Strategie einer Ideologisierung touristischer Landschaften.[49]

Die Adjektivierung der Wachau als »deutsche« Landschaft, ihre Anrufung als »Nibelungengau«,[50] wird auch im Vorwort von Reinls *Wachau*, das von einem

---

[42] Margareta Saary, *Franz Josef Reinl. Komponist zwischen den Zeiten*. Purkersdorf 1999, S. 262.
[43] Saary, *Franz Josef Reinl* (wie Anm. 42), S. 78.
[44] Saary, *Franz Josef Reinl* (wie Anm. 42), S. 61.
[45] Saary, *Franz Josef Reinl* (wie Anm. 42), S. 75.
[46] Saary, *Franz Josef Reinl* (wie Anm. 42), S. 64.
[47] Shelley Baranowski, *Strength through Joy. Consumerism and Mass Tourism in the Third Reich*. Cambridge University Press 2004, S. 129.
[48] Ernst Weber, »Schene Liada - Harbe Tanz: Die instrumentale Volksmusik und das Wienerlied«, in: Elisabeth Th. Fritz, Helmut Kretschmer (Hg), *Wien Musikgeschichte. Teil 1: Volksmusik und Wienerlied*. Wien 2006, S. 397.
[49] Kristin Semmens, *Seeing Hitler's Germany. Tourism in the Third Reich*. Hampshire, New York 2005, S. 72.
[50] »Wach' auf, deutsche Wachau! Heil dir, Nibelungengau!«, zit. nach: Ernst Weber, »Schene Liada – Harbe Tanz: Die instrumentale Volksmusik und das Wienerlied«, in: Elisabeth Th. Fritz, Helmut Kretschmer (Hg), *Wien Musikgeschichte. Teil 1: Volksmusik und Wienerlied*. Wien 2006, S. 397.

namentlich nicht angeführten Autor erst bei Drucklegung des Werkes verfasst wurde, aufgegriffen:

> »Das Donau-Durchbruchstal zwischen Melk und Krems in Niederdonau ist mit seinen rosenbekränzten Hängen, den trutzigen Burgruinen auf steilen Felsen und dem Blütenzauber an den Ufer des Nibelungenstromes uraltes, sagenumwobenes deutsches Land. (...) Das ist die Wachau, Erde, Volk und Strom.«[51]

Die pragmatisch »offen« komponierte klangliche Repräsentation der *Wachau* geriet durch das beigegebene Programm unmissverständlich, demgemäß auch die Subskriptionen der Module, deren Abfolge nun als Alternation von Orten einer nationalen »Heilsgeschichte« mit pittoresken Naturansichten erschien und damit dem touristischen Landschaftskonzept des Nationalsozialismus entsprach: »Auf der Burg« - »Blütenwunder« - »Donaustrudel« - »Alte Ruine« [angespielt wird auf die Ruine der Burg Aggstein, die auch auf dem Titelblatt der Partitur dargestellt ist, Abb. 18] - »Blondels Lied« - »Jahrmarkt« - »Sonnwendfeuer«. Als überstimmend mit nationalsozialistischer Ideologie muss darüber hinaus wahrgenommen werden, dass die Wachau in Reinls Werk im Ritual des Bergfeuers verklärt wird, einem typischen Brauchtum der Region, das auch als heidnische Tradition interpretiert werden konnte. Dieses Darstellungskalkül fällt mit der auffälligen Aussparung des christlichen Klosters Melk zusammen, das ansonsten zum Standard-Repertoire an Ansichten der Wachau zählte.

Strukturell bemühte sich Reinl, dem Werk zyklische Einheit zu verleihen. So beginnt und schließt die *Wachau* mit demselben Fanfaren-Motiv, im ersten Satz geblasen von Trompeten, im letzten Satz von Hörnern. Ein kleines Detail weist indes auf Reinls Vergangenheit als Bandleader hin, wenn im 5. Satz des Zyklus *Blondels Lied* einem Alt-Saxophon anvertraut wird.

Im Kontext symphonischer Wachau-Repräsentationen im Dritten Reich ist auch die 1941 begonnene, mit Orchester, Chor und Orgel ehrgeizig dimensionierte symphonische Dichtung *Die Donau* von Richard Strauss beachtenswert, eine Komposition, die jedoch nicht zum Abschluss gebracht wurde. Immerhin blieben Skizzen erhalten, die der Komponist 1942 den Wiener Philharmonikern mit den Worten »ein paar Tropfen aus der versiegten Donauquelle«[52] schenkte.

Als Programm des Werkes, das wohl als Versuch von Strauss zu verstehen ist, ein »deutsches« Äquivalent zu Smetanas *Vltava* zu schaffen, war der Lauf der Donau vorgesehen, von der Quelle über die Stationen Ingolstadt, Walhalla, Regensburg, Passau, Wachau bis nach Wien (das durch eine

---

[51] Franz Reinl, *Die Wachau. Ein Kreis symphonischer Tonbilder für großes Orchester*. Partitur. Wien 1939, o. S.
[52] Franz Grasberger, Franz Hadamowsky, *Richard-Strauss-Ausstellung zum 100. Geburtstag*. Wien 1964, S. 144.

Vertonung von Versen Josef Weinhebers gepriesen werden sollte).[53] Die Wachau wäre in diesem Szenario mit den Episoden *Weinlese* (als tänzerische 6/8-Allusion) und *Kloster in Melk* (in »schlichter« E-Dur-Melodik) vertreten gewesen.

Reinls und Strauss' Konzepte zeigen die wesentliche Bedeutung auf, die der Metaphorik des Saisonalen in symphonischen Repräsentationen der Region zukommt: In Reinls Beitrag können Frühling und Sommer auf das politische »Erblühen« nach dem März 1938 bezogen werden, bei Strauss dient der Herbst - als Gleichnis der Reife - dem Zweck der Verklärung. Während die klimatischen Eigenschaften des Winters in der bildlichen Repräsentation der Wachau schon im Fin de siècle Anwendung fanden (etwa in Emilie Mediz-Pelikans Gemälde-Serie *Winter in Stein an der Donau*, 1893[54]), spielte diese Jahreszeit in orchestraler Programmmusik, die die Region als ihr Signifikat auswies, hingegen keine Rolle.

Abbildung 18: *Die Wachau*, Titelblatt der Partitur
(Wien 1939, ohne Angabe des Künstlers;
© Österreichische Nationalbibliothek, Musiksammlung, MS 99.491-4°)

---

[53] Grasberger, Hadamowsky, *Richard-Strauss-Ausstellung* (wie Anm. 51), S. 143–145.
[54] Therese Backhausen, Aufbruch zu Licht und Farbe. Emilie Mediz-Pelikan, in: Agnes Husslein-Arco, Stephan Koja (Hg.), *Im Lichte Monets. Österreichische Künstler und das Werk des großen Impressionisten*. München 2014, S. 219 u. 220.

Eine einzige Ausnahme stellt die im März 1948 abgeschlossene und 1953 im Wiener Konzerthaus uraufgeführte[55] symphonische Dichtung *Schnee* (1948) des Gymnasiallehrers Richard Maux dar. Mit *Schnee* hat Maux, dessen favorisierter Urlaubsaufenthalt Dürnstein war,[56] eine symphonische Repräsentation der Wachau vorgelegt, die anders angelegt ist als das vorausgegangene Werk von Reinl.

Der Komponist erklärte Form und Gehalt von *Schnee* als individuelle Imagination:

> »[Die] Idee [der symphonischen Dichtung Schnee; St.S.] besteht in der traumhaften Vorstellung, mit der geliebten Frau im „Schloß" so tief eingeschneit zu sein, daß alle Wege verweht sind und – und dem andern verwehrt. In der Nacht zum 4. Jänner 1948 wurde dieser Traum in Dürnstein zunächst als Gedicht gestaltet:
>
>> Laß immer tiefer fallen Schnee, / o guter Gott, laß schneien, / bis alles Leid verweht im Schnee, / bis alles Glück uns birgt der Schnee, / daß keiner uns je findet. / Laß schneien - schneien - schneien!«[57]

Das »Schloss« (womit wohl auf die gleichnamige, zum Hotel adaptierte Anlage in Dürnstein angespielt wird) erscheint als hermetischer Ort der totalen Weltabgewandtheit, die rahmende Wachauer Winterlandschaft als Gleichnis einer Gefühls-Erstarrung, die auch auf die Erfahrung des Zweiten Weltkriegs zurückgeführt werden muss. Stilistisch zeichnet *Schnee* der Einsatz etablierter instrumentaler Klangfarben der Kälte (Celesta, Harfe) aus, vor allem aber die Verwendung impressionistischer Harmonik, ein in der Kompositionsgeschichte Österreichs sehr selten anzutreffendes Stilmittel. Von zentralem Ausdruck ist das thematische Material der symphonischen Dichtung, ein Wechselnotenmotiv mit Fortspinnungen und sich sukzessive erweiterndem Ambitus. Sein wiegender Gestus entspricht dem beschriebenen Zustand des Eingeschneit-Werdens.

Schnee von Maux markiert einen Einzelfall in der musikalischen Repräsentation der Region. Demgegenüber steht die nahezu ausschließlich idyllische Zeichnung der Wachau als einer Landschaft, der im Gegensatz zum zerstörten Wien die Folgen der unmittelbaren politischen Vergangenheit Österreichs nicht abzulesen war und die deswegen von den Medien der Nachkriegszeit zum Sehnsuchtsort stilisiert werden konnte. Etabliert wurde dieses Image durch *Der Hofrat Geiger* (1947) und konsolidiert durch eine Reihe weiterer Filme des »Neuen Österreich«: *Gruß und Kuss aus der Wachau* (1950), *Kind der Donau* (1950), *Dort in der Wachau* (1957), *Vier Mädels aus der Wachau* (1957),

---

[55] Roman Roćek, *Tonal gegen den Zeitgeist. Leben und Werk des Tondichters Richard Maux in Dokumenten.* Perchtoldsdorf 2010, S. 249.

[56] Roćek, *Tonal gegen den Zeitgeist* (wie Anm. 55), S. 16–17.

[57] Richard Maux, »Zur Konzeption der Symphonischen Dichtung „Schnee". Interpretation anhand des ihr zugrunde liegenden Gedichts von RM«, in: *Beilage zum Programmheft der Aufführung der Symphonischen Dichtung im Schubertsaal des Wiener Konzerthauses am 16.3.1958,* zit. nach: Roćek, *Tonal gegen den Zeitgeist* (wie Anm. 55), S. 248–249.

Mariandl (1961) und *Mariandls Heimkehr* (1962). Es ist bezeichnend, dass auch der größte Filmerfolg der Zweiten Republik, Ernst Marischkas *Sissi* (1955), eine Donaureise durch die Wachau, die Brautfahrt der Titelheldin, enthält. In der Dissemination der »Landschaft« Wachau, wie sie im Bewegungs-Bild von *Sissi* und den anderen Beispielen von Wachau-Filmen der Nachkriegszeit vollzogen wurde, perpetuierte sich so die kurze Tradition symphonischer Repräsentation der Region.

8 Fantasien über die »Anderen«

»Innere« Gemeinschaftsbildung vollzieht sich über die imaginäre Konstruktion und Repräsentation eines »Anderen«. Diese kann exkludierend sein, aber auch eine Beziehung behaupten, wie die Beispiele symphonischer Formulierungen von Serbien (Kap. 8.1) und von Griechenland (Kap. 8.2) zeigen, mit denen russische Komponisten in der zweiten Hälfte des 19. Jahrhunderts an die Öffentlichkeit traten. Eine weitere Ausprägung zeigt zuletzt das Exempel von *Vardar* (Kap. 8.3), in dem metaphorisch das »Eigene« in einem nunmehr von den »Anderen« beherrschten Land identifiziert wird.

8.1 Serbien als panslawistische Imagination

Auch der Ausgangspunkt des Panslawismus war ein »Anderer«, dem, wie in kollektiver Identitätsbildung üblich, Differenz zugeschrieben wurde, an dem aber zugleich eine ethnische und/oder religiöse Relation zum »Selbst«, eine »Verwandtschaft« erkannt werden wollte. Nikolai Rimskij-Korsakovs und Pëtr Il'ič Čajkovskijs orchestrale Repräsentationen Serbiens zeigen die Herausforderungen, ein solch komplexes Fremdbild zu musikalisieren.

In der Saison 1866/67 war die Aufrüstung des Fürstentums Serbien, seit 1860 erneut von Mihailo Obrenović III. regiert, auch in Russland ein Thema öffentlichen Interesses. Mit dem Ziel eines Krieges gegen das Osmanische Reich und der dadurch ermöglichten Schaffung eines vereinten südslawischen Staates hatte Mihailo Russland um Unterstützung gebeten. Von St. Petersburg war daraufhin im Mai 1867 eine Militärmission nach Belgrad entsandt worden, die jedoch bald von einem vorzeitigen Schlag gegen die Hohe Pforte abriet[1] - ein Rat, der von Mihailo beherzigt wurde. Seine nun vorsichtige Außenpolitik des folgenden Jahres provozierte allerdings radikale Kräfte, die 1868 seine Ermordung betrieben.

Angesichts dieser Entwicklungen und der permanent schwelenden Kriegsgefahr dürften Rimskij-Korsakov wohl kaum die Implikationen entgangen sein, die eine Komposition über serbische Folklore mit sich bringen musste, als er von seinem Mentor Mili Balakirew dazu eingeladen wurde, sich mit einem ebensolchen Werk an einem panslawistischen Konzert zu beteiligen[2] - auch, wenn er später seine damalige unpolitische Herangehensweise betonen soll-

---

[1] David MacKenzie, *Serbs and Russian Pan-Slavism 1875–1878*. Ithaca 1967, S. 12.
[2] »Für das Frühjahr wurden alle möglichen slawischen Gäste erwartet, zu deren Ehren ein Konzert unter Balakirews Leitung vorgesehen war. (...) Auch ich nahm, auf Balakirews Anregung, eine einschlägige Komposition in Angriff: die Fantasie über serbische Themen für Orchester.«, Nikolai Andrejewtitsch Rimski-Korsakow, *Chronik meines musikalischen Lebens*. Herausgegeben und aus dem Russischen übertragen von Lothar Fahlbusch, Leipzig 1967,
S. 95,

te:³ »Mich begeisterten nicht etwa die allslawischen Ideen, sondern nur die entzückenden Melodien, die Balakirew für mich ausgewählt hatte.«⁴

Jedenfalls ließ Rimskij-Korsakov die konkrete Quelle der Themen, die Balakirev herangezogen hatte, unerwähnt. Sehr wahrscheinlich war es aber die 1862 von Kornelije Stanković in Wien herausgegebene Sammlung *Србске народне песме* (Serbische Nationallieder), die ihm als motivischer Ausgangspunkt diente. In dieser prächtigen, in blauem Samt gebundenen und Fürst Obrenović gewidmeten Luxusausgabe finden sich die von Rimskij-Korsakov paraphrasierten Lieder. Es sind deren zwei. In der Wahl dieser beiden Themen (langsames Liebeslied und schneller Kolo) suggerierte Balakirev eine grundsätzliche Zweiteiligkeit. In seinem Aufbau folgte Rimskij-Korsakov diesem Schema: Andantino mit Thema a und a´ (T. 1–38,), Vivo mit Thema b (T. 39–78,), Thema a´ (T. 79–88), Thema b (T. 89–128), Andantino mit Thema a und a´ (T. 129–137), Tempo I mit Thema b (T. 138–168), Thema a (T. 169–198) und schließlich die Verzahnung der Themen b und a (T. 199–318).

Beim ersten Thema handelt es sich um die Nummer 12 des ersten Teiles der Sammlung, *Ти Момо, Ти девојко* (Du Liebe, du Mädchen) aus Stanković' Anthologie (Notenbeispiel 32), dessen a-Teil Rimskij-Korsakov unverändert übernahm. Auffällig modifiziert ist allerdings der Mittelteil des Liedes. Während im Original die Melodie des Themas a durch einen Doppelvorschlag, eine halbtönige Wechselnote und Triolen lediglich variiert wird, emanzipiert Rimskij-Korsakov in seiner Adaption die zweite Phrase. Zwar behält er die Elemente der Figuration bei, vermeidet aber einen melodischen Bezug zum ersten Thema, an dessen Stelle eine ostinate Sixte-ajoutée-Dominant-Folge tritt. Prägnant ist auch die viermalige Wiederholung des aus der Vorlage übernommenen Doppelvorschlags, durch die die ornamentale Qualität des thematischen Ausgangsmaterials betont und, wie in Balakirevs Kreis üblich,⁵ als exotischer Reiz präsentiert wird (Notenbeispiel 33). Ein Kolo aus den *Serbischen Nationalliedern*, ein Hochzeitstanz (*Сватовац*), bildet das zweite Thema der *Fantaisie* (Notenbeispiele 34–37). Auch hier fallen gegenüber dem Original die verzierenden, exotisierenden Ausschmückungen auf.

---

³ »Während der Spielzeit 1866/67 war Balakirew intensiv mit der Durchsicht von Volksliedern, vor allem slawischen und ungarischen Liedern, beschäftigt. (…) Er begann damals, sich stark für allslawische Fragen zu interessieren. (…) Häufig empfing Balakirew in seiner Wohnung Tschechen und andere slawische Brüder. Ich hörte ihren Gesprächen zu, aber ich muß gestehen, daß ich nicht viel davon verstand und mich überhaupt für diese Strömung kaum interessierte.«, Nikolai Andrejewtisch Rimski-Korsakow, *Chronik meines musikalischen Lebens*. Herausgegeben und aus dem Russischen übertragen von Lothar Fahlbusch, Leipzig 1967, S. 95.

⁴ Nikolai Andrejewtisch Rimski-Korsakow, *Chronik meines musikalischen Lebens*. Herausgegeben und aus dem Russischen übertragen von Lothar Fahlbusch, Leipzig 1967, S. 95.

⁵ Zu dieser Praxis siehe ausführlicher: Orlando Figes, *Nataschas Tanz. Eine Kulturgeschichte Russlands,* Berlin 2011, S. 410–449.

Das Aufgreifen eines Kolo lag nahe, hatte diese charakteristische Form des Reigens doch Geltung als musikalische Kollektivformel des Südslawischen schlechthin. Trotz dieses Indikators warf ein Rezensent der Moskauer Zeitung *Антракт* anlässlich der Erstaufführung im Dezember 1867 Rimskij-Korsakov bezüglich der nationalen Qualitäten seiner Komposition Beliebigkeit vor: »Die *Serbische Phantasie* des Herren Rimsky-Korsakow könnte mit demselben Rechte eine ungarisch, polnische oder tarabarische[⁶] Phantasie genannt werden, so farblos und unpersönlich ist sie«.[7] Diesem Kommentar entgegnete Čajkovskij im März 1868 in seiner eigenen, als *По поводу ›Сербской фантазии‹ г. Римского-Корсакова* (Über die Serbische Fantasie von Rimskij-Korsakov) in der Beilage des Moskauer Journals *Московские Ведомости* publizierten Kritik des Werkes:

> »Bei diesem Stück stellt sich mir tatasächlich die Frage, inwiefern Rimskiy-Korsakow das Recht hatte, es als *serbisch* zu bezeichnen. Sollten die Motive, auf denen das Werk aufgebaut ist, wirklich serbischen Ursprungs sein, so wäre interessant zu erfahren, warum diese angeblich südslawischen Melodien ein so deutliches Zeichen des Einflusses der Musik östlicher Völker aufweisen. Überlassen wir jedoch diese Frage den Orientalisten und Slawisten (...).«[8]

Čajkovskij fielen also besonders die charakteristischen Betonungen, verzierenden Ergänzungen und Umstellungen auf, die Rimskij-Korsakov an seinem thematischen Material vorgenommen hatte. Offensichtlich ohne einen Vergleich mit den Quellen vorgenommen zu haben, erkannte er mit dieser Beobachtung dennoch den Kern der Strategie seines jüngeren Kollegen, der russischen Musiköffentlichkeit das »Serbische«, das als Element der Ideologie eines hegemonialen russischen Panslawismus zunehmend zu einem öffentlichen Diskussionsgegenstand wurde, als wildromantisch-exotische Attraktion zu evozieren.

---

[6] Eine Geheimsprache russischer Zöglinge; vgl. Hermann Laroche, »Vorwort zur russischen Erstausgabe der Gesammelten Musikalischen Feuilletons von Peter Tschaikowsky«, in: Peter Tschaikowsky, *Musikalische Essays und Erinnerungen*. Mit Hermann Laroches Vorwort zur ersten russischen Ausgabe von 1898 und einem Originalbeitrag von Andreas Wehmeyer. Unter Verwendung einer Teilübersetzung von Heinrich Stümcke aus dem Russischen übertragen und herausgegeben von Ernst Kuhn (= musik konkret. Quellentexte und Abhandlungen zur russischen Musik des 19. und 20. Jahrhunderts. Band 10). Berlin 2000, S. XII.
[7] Alexej Sergejewitsch Suworin in: *Antrakt*, Nr. 8, 25. Ferbuar 1868, zit. nach: *Tschaikowsky, Musikalische Essays* (wie Anm. 6), S. 2.
[8] Zit. nach: Tschaikowsky, *Musikalische Essays* (wie Anm. 6), S. 4.

Notenbeispiele 32 und 33: *Ти Момо, Ти девојко*, Thema a und a´ im Notat von Kornelije Stanković (1862) und in Rimskij-Korsakovs *Fantaisie sur des thèmes serbes* (1867)

Notenbeispiele 34 und 35: *Сватовац*, Thema b (Kolo) im Notat von Kornelije Stanković (1862) und in Rimskij-Korsakovs *Fantaisie sur des thèmes serbes* (1867)

Notenbeispiele 36 und 37: *Сватовац*, Thema b´ (Mittelteil des Kolo) im Notat von Kornelije Stanković (1862) und in Rimskij-Korsakovs *Fantaisie sur des thèmes serbes* (1867)

Neun Jahre nach der *Fantaisie sur des thèmes serbes* hatte nicht nur die panslawistische Vorstellung Serbiens an Kontur gewonnen. Auch die reale politische Beziehung Russlands zum aufstrebende Fürstentum hatte sich intensiviert. Der Krieg, den Milan Obrenović IV. mit dem Osmanischen Reich 1876 um die Erlangung der vollen Souveränität Serbiens begann, erweckte in Russland große Anteilnahme. Getragen von Gefühlen ethnischer und religiöser Verbundenheit, solidarisierte sich ein Großteil der St. Petersburger und Moskauer Öffentlichkeit mit dem serbischen Kampf. Die breite Empathie führte sogar zur Aufstellung von Freiwilligen-Bataillonen. Čajkovskij wohnte dem Abschied eines solchen Volontärs persönlich bei und äußerte sich darüber bewegt.[9] Der Politik Zar Alexanders II. kam diese Welle an Sympathie- und Solidaritätsbekundungen nur entgegen, sollte doch die so breit unterstützte serbische Sache für Russland bald die Gelegenheit bieten, selbst gegen das Osmanische Reich in einen Krieg einzutreten und dadurch seinen Einfluss auf den Balkan und die Schwarzmeerregion zu erweitern.

Diesen Umständen verdankt die zweite symphonische Komposition eines russischen Komponisten über einen Teil Südosteuropas seine Entstehung. In seinem innerhalb einer Woche komponierten und orchestrierten Werk, das er zunächst Славянский Марш на народно Славянские темы (Serbisch-Russischer Marsch über slawische Volksthemen), bei der Drucklegung etwas weiter gefasst *Marche slave* nannte, ging Čajkovskij entsprechend der intensivierten politischen und ideologischen Lage über Rimskij-Korsakovs Dramaturgie hinaus. Bereits die Wahl der Tonart weist den Marsch programmatisch aus: In b-moll steht auch der bekannte Trauermarsch aus Chopins zweiter Klaviersonate: ein Verweis, den im *Marche slave* die Tempo- bzw. Gattungsangabe *Marcia funebre* unterstrich. Schließlich waren es die sehr kalkulierte Auswahl seiner Themen wie auch ihre Präsentation, durch die es Čajkovskij gelang, einen großen narrativen Spannungsbogen mit durchaus agitatorischer Qualität zu schlagen.

Wie bei Rimskij-Korsakov ist nicht nachweisbar, woraus Čajkovskij sein thematisches Material schöpfte.[10] Er identifizierte die Titel der Lieder allerdings im Manuskript.[11] Die Ähnlichkeit der Arrangements legt indessen nahe, dass auch Čajkovskij eine der Stanković-Sammlungen genutzt hat, dieses Mal höchstwahrscheinlich dessen 1863 im Folioformat unter dem französischem Titel *Chants nationaux Serbes pour le Chant Vocal avec Accompagnement de Piano* publizierte Sammlung.

---

[9] David Brown, *Tchaikovsky: A Biographical and Critical Study. Volume II: The Crisis Years (1874–1878)*. London 1982, S. 100.
[10] Boleslav Rabinovič, »Čajkovskij und das Volkslied« [1963], in: Tschaikowsky-Gesellschaft. Mitteilungen 8 (2001) S. 170; in neueren Untersuchungen konnten keine Quellen Čajkovskijs ausfinding gemacht werden, vgl. Polina Vajdman, Ljudmila Korbel'nikova, Valentina Rubcova (Hg.), *Thematic and Bibliographical Catalogue of P.I. Čajkovskij's Works*. Moskau 2006, S. 362–363.
[11] Rabinovič, »Čajkovskij und das Volkslied« (wie Anm. 10), S. 170.

Dort findet sich als Nummer 40 *Сунце јарко, не сијаш једнако* (O Sonne, du scheinst nicht immer gleich hell), das dominierende Thema des *Marche slave* (Notenbeispiel 38). Die Ähnlichkeit der ersten Phrase dieses Hauptmotivs mit jenem, das Rimskij-Korsakov für seine *Fantaisie* verwendete, ist frappant: Auch Čajkovskijs erstes Thema zeichnet sich ja durch einen Quintfall mit charakteristischer Sekund aus. Abgesehen davon zeigt ein Vergleich mit der Stanković-Fassung die subtilen Veränderungen, die Čajkovskij an diesem Thema vornahm. Zwar behielt er dessen grundsätzliche 8-Taktigkeit bei, verschob jedoch die Gewichtungen der Binnengliederung, indem er die Schlusspartie der ersten Phrase zum Beginn der zweiten transformierte (Notenbeispiel 39). Auch verzieren zwei neue Doppelvorschlagfiguren nun das Thema »orientalisierend«, obwohl diese Ornamente weniger hervorgehoben sind als bei Rimskij-Korsakov. Darüber hinaus nahm Čajkovskij feine Modifikationen in der Harmonisierung der Melodie vor. Stanković hatte das Thema mit einer sehr typischen serbischen Harmonie-Wendung ausgesetzt,[12] dem Pendeln zwischen Tonika und Subdominantparallele als vermindertem Septakkord. Da die Möglichkeit besteht, letzteren entweder in die Tonika oder aber in die Dominantparallele aufzulösen, ergibt sich ein charakteristisch »schwebender« Klangeindruck. Eben diesen Effekt vermied Čajkovskij: Mit dem Kunstgriff einer minimalen Änderung in der Harmonik des zweiten Akkordes, G statt Ges, dem nun die übermäßige Tonikaparallele folgt, die in die Tonika aufgelöst wird und dem Thema auf diese Weise einen sozusagen »fatalistischeren« Ausdruck gibt (Notenbeispiel 40) - eine Wirkung, die ab der dritten Wiederholung von begleitenden Seufzer- und Suspiratio-Figuren noch unterstrichen wird. In solch expressivem Arrangement konnte die Einleitungspassage als musikalisches Bild der serbischen Unterdrückung durch die Osmanen, aber auch als Bekundung ungebrochenen »slawischen« Widerstandswillens gelesen werden.

Der sich anschließende Mittelteil basiert auf dem Refrain des Liedes *Праг је ово милог Срба* (Des lieben Serben [Haus-]Schwelle), der Nummer 1 der Stanković-Sammlung von 1863. Der Text dieser Passage lautet »Ти с нама, ми с тобом и у ватру и у воду брат с братом« (Du bist mit uns und wir sind mit Dir, als Bruder mit Bruder gehen wir durchs Feuer und durchs Wasser). Die Lyrik legt nahe, dass Čajkovskij diesen Teil wegen seiner Tauglichkeit ausgewählt hat, als Anspielung auf die russische Solidarität mit Serbien zu fungieren, wenngleich das Lied und sein Text in Russland kaum bekannt gewesen sein dürften und daher eher eine »heimliche« semantische Ebene gebildet hätten.

---

[12] Die Formel findet sich etwa auch prominent im zweiten Teil der Mokranjac'schen *Руковети*.

Abbildung 19: *The War in the East - Big Russia and Little Serbia*
(Illustration aus: *The Graphic: An Illustrated Weekly Magazine*, 30. September 1876)

Eindeutig stellt sich hingegen die Motivation dar, das dritte Lied heranzuziehen. Es ist *Радо иде Србин у војнике* (Gerne zieht der Serbe in den Krieg) des Josip Runjanin. Wieder verwendete Čajkovskij aus dieser Vorlage den Refrain, hier den Teil »Јер пушчани прах, Не задаје њему страх« (Denn es macht ihm das Schießpulver keine Angst). Das programmatische Zentrum des *Marche slave* markiert endlich die Interpolation der Zarenhymne *Боже, Царя храни!* als kunstvoller Kontrapunkt, der den russischen Beistand im Kampf gegen das Osmanische Reich symbolisiert und zugleich den zaristischen Hegemonialanspruch in dieser panslawistischen Phantasmagorie Čajkovskijs indiziert.

Das Echo, das der *Marche slave* bei seiner Erstaufführung im November 1876 unter Nikolai Rubinstein hervorrief, war dementsprechend gewaltig.[13] Ein Jahr später erklärte Russland dem Osmanischen Reich den Krieg, besiegte es und ermöglichte die Unabhängigkeit Bulgariens, Rumäniens und Serbiens. Erst der Berliner Kongress 1878 sollte den keineswegs uneigennützigen Einfluss des Zaren auf den Balkan dämpfen. Trotz der dadurch weiterhin ange-

---

[13] Brown, *Tchaikovsky* (wie Anm. 9), S. 101.

spannten Lage in Südosteuropa betätigte sich Čajkovskij nicht erneut als musikalischer Propagandist des Panslawismus.

Notenbeispiel 38: *Сунце јарко, не сијаш једнако* im Notat von Kornelije Stanković (1862)

Notenbeispiel 39: *Сунце јарко, не сијаш једнако* (1) im Notat von Kornelije Stanković (1862) und (2) in Čajkovskijs *Marche slave* (1876, transponiert)

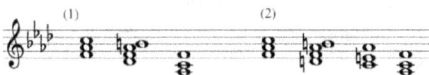

Notenbeispiel 40: Schema der harmonischen Progression von *Сунце јарко* im (1) Notat von Kornelije Stanković (1862) und in (2) Čajkovskijs *Marche slave* (1876, transponiert)

8.2 Eine russische Perspektive Griechenlands

Der Prozess der Sezession Griechenlands vom Osmanischen Reich wurde durch den europäischen Philhellenismus mit künstlerischen Mitteln distribuiert.[14] Einen späten Nachhall dieser Griechenland-Begeisterung und zugleich eine spezifisch russische Perspektive auf das Land stellte die *1re Ouverture sur trois thèmes grecs* (Erste Ouvertüre über griechische Themen) dar, die Aleksandr Glazunov 1882, noch als Schüler, nach nur einem Jahr des Studiums bei Rimskij-Korsakov,[15] schrieb.

Sich in einem derartigen Stück auf den südlichsten Staat des Balkans zu beziehen, war für Glazunov aus mehreren Gründen interessant. Zum einen war der Topos Griechenland bis dato kaum Gegenstand musikalischer Auseinan-

---

[14] Marie-Janine Calic, *Südosteuropa. Weltgeschichte einer Region.* München 2016, S. 256–257.
[15] Detlef Gojowy, *Alexander Glasunow. Sein Leben in Bildern und Dokumenten unter Einbeziehung des biographischen Fragments von Glasunows Schwiegersohn Herbert Günther,* München 1986, S. 23.

dersetzung in der russischen Instrumentalmusik gewesen, besaß also Neuheitswert. Zum anderen existierten zwischen Russland und Griechenland sehr enge ideologische und politische Bindungen, nicht zuletzt aufgrund der Rolle von Russland als Interventionsmacht bei der Erlangung der griechischen Unabhängigkeit.[16] Zudem hatte 1867 Olga Konstantinowna Romanowa, Tochter des Großfürsten Konstantin Nikolajewitsch, des Bruders von Zar Alexander II., König Georg I. von Griechenland geheiratet. Georg hatte die Wahl zum König maßgeblich der Unterstützung des Zaren zu verdanken, die Heirat mit Großfürstin Olga (die dadurch zur Königin der Hellenen wurde) festigte die Verbundenheit Griechenlands mit Russland, das sich traditionell als Schutzmacht der dortigen Orthodoxie verstand. Wie im Falle von Čajkovskijs *Marche slave* war Glazunovs *Ouverture* aber auch ein aktuelles politisches Ereignis vorausgegangen: In Folge des Russisch-Osmanischen Krieg und des Berliner Kongresses war 1881 Thessalien an das Königreich Griechenland abgetreten worden, das dadurch einen beträchtlichen territorialen Zugewinn erzielen konnte.

In der von Beljajev als Glazunovs Opus 3 veröffentlichten Ouverture erscheint »Griechenland« nicht als Evokation seiner antiken Vergangenheit und Mythologien (wie es Sergej Taneev in seiner 1895 uraufgeführten, monumentalen *Орестея* [Oresteia] handhaben würde), sondern als eine Reihe von Situierungen auf der Grundlage der *Mélodies populaires de Grèce et d'Orient,* die der französische Komponist und Ethnograph Louis-Albert Bourgault-Ducoudray (ihm ist die erste Ouvertüre auch gewidmet) 1877 herausgegeben hat. Ihr entnahm Glazunov die Nummern 1, 20 und 25, wobei die ersten beiden aus Smyrna (Izmir) stammten, letztere aus Athen (ursprünglich jedoch aus Lefkada[17]).

Eröffnet wird das Stück durch das Schlaflied Ἄϊντε κοιμήσου, κόρη μου (»Schlaf, Tochter, und ich werde Dir Alexandria als Zucker, Kairo als Reis und Konstantinopel, über das Du drei Jahre lang herrschen magst, geben«):[18] Die Versprechungen einer Mutter, die ihr Kind in den Schlaf singt und ihm zum Lohn Städte des Nahen Ostens verheißt. Dass das Lied als letzte versprochene Stadt Konstantinopel/Istanbul anführt, entbehrte nicht einer ideologischen Komponente, wurde im Griechenland des 19. Jahrhunderts der Mythos der Metropole am Bosporus als 1453 an die Osmanen verlorene Stadt im Zuge der aufkeimenden »Μεγάλη Ιδέα«, der Idee der »Wiederverei-

---

[16] Pavlos Tzermias, *Die Identitätssuche des neuen Griechentums. Eine Studie zur Nationalfrage mit besonderer Berücksichtigung des Makedonienproblems.* Freiburg 1994, S. 36.

[17] L[ouis] A[lbert] Bourgault-Ducoudray, *Mélodies populaires de Grèce et d'Orient.* Paris ²1885, S. 75.

[18] »Ἄϊντε κοιμήσου, κόρη μου, κ'ἐγώ νὰ σοῦ χαρίσω τὴν Ἀλεξάνδρα [sic!] ζάχαρι καὶ τὸ Μισῆρι ῥίζι, καὶ τὴν Κωνσταντινούπολι [sic!], τρεῖς χρόνους νὰ τὴν [ʾ]ρίζῃς.«, Bourgault-Ducoudray, *Mélodies populaires de Grèce et d'Orient* (wie Anm. 17), S. 3.

nigung« aller antiken griechischen Besitzungen, genährt.[19] Für Russland, dessen städtisches Zentrum Moskau einst durch den Fall Konstantinopels zum »dritten Rom« aufsteigen konnte, war die Stadt in ihrer strategischen Bedeutung ebenfalls durchwegs interessant.

Glazunov übernahm vom Original des Liedes die Tonart (g-moll) und den Takt (³⁄₄). Auch die Gestalt der Melodie änderte er nur geringfügig (lediglich den Doppelvorschlag der Melodie versetzte er von der zweiten unbetonten Schlagzeit auf die erste betonte). Hingegen fällt die schon im zweiten Takt einsetzende ungewöhnliche kanonisch-imitatorische Verarbeitung des Themas auf, die ihm einen zunehmend tragischen Charakter verleiht. Als wilder Allegro-Kontrast hierzu folgt das Liebeslied, *Τὰ ματάκια σου τὰ μαῦρα 'ναι σὰν τὴν ἐλιά* (Deine Äugelein sind schwarz wie Oliven[20]). Abgesehen von einer Transposition von e-moll nach a-moll modifizierte Glazunov auch diese Vorlage nicht wesentlich.

Καράβιν' ἕν' ἀπὸ τῆ Χιό (Ein Boot aus Chios; Notenbeispiel 41) ist das dritte, zuerst von einer Solo-Oboe angestimmte Thema der Ouvertüre (Notenbeispiel 42). Sein Text schildert die Diskussion von Schiffsmännern, wie viel Küsse im Okzident und im Orient wert seien: nämlich derjenige einer verheirateten Frau vier Goldmünzen, der der Witwe vierzehn, der heimliche und der gestohlene Kuss jeweils vierundvierzig und jener eines armen Mädchens schließlich aber tausend venezianische Goldmünzen.[21]

Notenbeispiel 41: *Καράβιν Εν Από Τη Χίο* in Louis-Albert Bourgault-Ducoudrays *30 Mélodies populaires de Grèce et d'Orient* (1877)

---

[19] Hans Rall, »Griechenland zwischen Russland und dem übrigen Europa. Die ›Große Idee‹ der Griechen zwischen 1847 und 1859«, in: *Saeculum* 18 (1967), S. 164–180.

[20] »Tes yeux noirs sont noirs comme l'olive, et celui qui les baise avec douceur ne craint plus Caron«, Bourgault-Ducoudray, *Mélodies populaires de Grèce et d'Orient* (wie Anm. 17), S. 57.

[21] »Un navire de Chio avec ses chaloupes arriva à la plage et mouilla. On s'assit et on compta ce que vaut le baiser en Occident et en Orient. Celui de la marie, quatre ‹ florins ›, celui de la veuve, quatorze; le baiser ravi furtivement et le baiser pris au vol, chacun quarante-quatre; et celui de la pauvre fillette, mille florins venitiens«, Bourgault-Ducoudray, *Mélodies populaires de Grèce et d'Orient* (wie Anm. 17), S. 75.

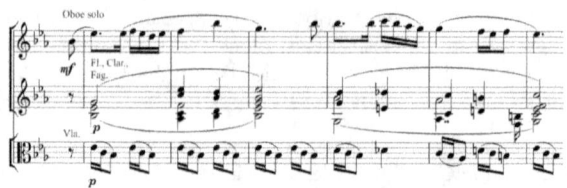

Notenbeispiel 42: Aleksandr Glazunov, *1re Ouverture sur trois thèmes grecs* (1880), Paraphrase des *Καράβιν Εν Από Τη Χίο*

Die Art und Weise, in der diese drei Themen, das Schlaflied, das Liebeslied und das Kusslied, sowohl thematisch-motivischer Entwicklung als auch ständig wechselnden orchestralen Kolorierungen und Dynamiken unterworfen werden, zeigt, wie der junge Glazunov das Vorbild von Rimskij-Korsakovs früherer *Увертюра на русские тему* (Ouvertüre über russische Themen, 1866) weiterentwickelte.

Nur Connaisseuren der Sammlung Bourgault-Ducoudrays konnte allerdings bekannt gewesen sein, woher einige die verwendeten Lieder stammten (Smyrna) oder auf welche Städte sie Bezug nahmen (Konstantinopel, Chios). So waren aber dadurch imstande, in der mit großer Resonanz aufgenommenen[22] Ouvertüre Glazunovs eine subtile Repräsentation der - von Russland wohlwollend berücksichtigten - territorialen Ansprüche Griechenlands an das Osmanische Reich erkennen.

8.3 Vardar-Mazedonien: Das Begehren Bulgariens

Anregung der 1922 zunächst für Violine und Klavier verfassten, dann 1928 für Orchester arrangierten[23] Rhapsodie *Vardar* von Pančo Vladigerov sei, so erinnerte sich der Komponist, ein Abend bulgarischer Musiker im Berliner Pschorr-Bräu gewesen, in dessen Zuge dem Komponisten ein »Volkslied« vorgesungen worden sei,[24] das ein Freund (Grigor Vasilov) als Volkslied der Bulgaren aus der mazedonischen Hauptstadt Skopje identifiziert habe.[25] Diese Annahme habe die spätere Namensgebung der Komposition, *Vardar* (nach

---

[22] Zit. nach: Gojowy, *Glasunow* (wie Anm. 15), S. 30.
[23] Evgenij Pavlov, *Pantscho Vladigerov*. Sofia 1972, S. 23, 25.
[24] »На моя приятел Григор Василев рапсодията "Вардар", замислена от мен и пожелана от него в Pschor-Bräu срещу Keiser-Gedächtnis Kirche в Berlin през октомври 1922 и вдъхновена от македонските мотиви, които пееше Кочо Щъркелов. София 30/IX 1934. Панчо Владигеров«, handschriftliche Widmung auf dem Titelblatt der Orchesterversion von Vardar, Universal Edition, Wien 1934, im Besitz der Bibliothek der Musik und Kunst Privatuniversität der Stadt Wien, Sign. KM.NT Vlad.
[25] Deniza Popova, »Pančo Vladigerov in Berlin«, in: Dietmar Endler (Hg.), *Deutsch-bulgarische Begegnungen in Kunst und Literatur während des 19. und 20 Jahrhunderts*. München 2006, S. 95; Cameron M. Smith, *Folk and Western Influences in Pancho Vladigerov's Rhapsody Vardar*, Diss., Rice University, Houston, Texas 2007, S. 48.

dem Fluss, der diese Stadt durchfließt), angeregt.[26] Dass es sich eigentlich um das 1917 veröffentlichte Lied *Edničŭk chuĭ se vik*[27] (Eine einsame Stimme ist zu hören) seines Kompositionslehrers Dobri Christov mit dem Text von Ljubomir Bobevski handelte,[28] wollte Vladigerov erst danach erfahren haben.

Mit der vorgegebenen Annahme, eine spezifisch regionale, zugleich bulgarische Melodie aufzugreifen, konnte die Titelgestaltung legitimiert werden: Einerseits die Überschrift, die auf eine konkrete Landschaft Bezug nahm, andererseits die Genre-Klassifizierung des Werkes und deren Adjektivierung (»Bulgarische Rhapsodie«[29]). Damit drückte Vladigerovs Referenz den Anspruch Bulgariens auf Mazedonien aus, der ihm in den Friedensvereinbarungen von San Stefano (1878) gewährt, jedoch durch den Berliner Kongress im selben Jahr wieder verwehrt worden war. Die Region war deshalb auch das Angebot gewesen, das die Mittelmächte Bulgarien im Ersten Weltkrieg für einen Kriegseintritt auf ihren Seiten unterbreitet hatten[30] - ein Angebot, das schließlich auch zu seinem Eingreifen führte.

Nachdem Vardar-Makedonien 1915 tatsächlich eingegliedert werden konnte und einer radikalen »Bulgarisierung«[31] ausgesetzt wurde, ging die Region für Bulgarien 1918 wieder verloren. Dies führte zu Aktionen der *Inneren Mazedonischen Revolutionären Organisation* (IMRO), Freischärlern, die von Bulgarien aus operierten,[32] um eine Destabilisierung Makedoniens zu erreichen und es dadurch aus dem Staatsverband Jugoslawiens herauszulösen.[33] 1923, im Jahr, in dem es zu besonders schweren Ausschreitungen kam,[34] verständigten sich Bulgarien und Jugoslawien schließlich im Vertrag von Niš auf die Ausschaltung der IMRO und die Absicht einer friedlichen Koexistenz. Dass damit keineswegs eine Deeskalation erreicht wurde, zeigten die Reaktionen auf die Aussage des Ministerpräsidenten Aleksandar Stambolijski, Bulgarien hege keinerlei Ansprüche auf Makedonien.[35] Sie lösten im Juni 1923 einen Rechts-Putsch gegen Stambolijski aus, der daraufhin durch ein autoritäres Regime unter Aleksandar Zankow ersetzt wurde.

---

[26] Popova, »Pančo Vladigerov in Berlin« (wie Anm. 25), S. 96.
[27] Smith, *Folk and Western Influences* (wie Anm. 25), S. 51.
[28] Popova, »Pančo Vladigerov in Berlin« (wie Anm. 25), S. 96.
[29] Smith, *Folk and Western Influences* (wie Anm. 25), S. 49.
[30] Björn Opfer, *Im Schatten des Krieges. Besatzung oder Anschluss – Befreiung oder Unterdrückung. Eine komparative Untersuchung über die bulgarische Herrschaft in Vardar-Makedonien 1915-1918 und 1941-1944*. Münster 2005, S. 56.
[31] Opfer, *Im Schatten des Krieges* (wie Anm. 30), S. 105.
[32] Nada Boškovska, *Das jugoslawische Makedonien 1918–1941. Eine Randregion zwischen Repression und Integration*. Wien, Köln, Weimar 2009, S. 23.
[33] Boškovska, *Das jugoslawische Makedonien 1918–1941* (wie Anm. 32), S. 64.
[34] Boškovska, *Das jugoslawische Makedonien 1918–1941* (wie Anm. 32), S. 51.
[35] Opfer, *Im Schatten des Krieges* (wie Anm. 30), S. 169–170.

Abbildung 20: Serbischer Soldat vor dem Tal der Vardar
(Fotografie, 1919)

Vladigerovs ein Jahr zuvor komponierte Rhapsodie mit ihrer Widmung »(...) der kämpfenden bulgarischen Jugend in Mazedonien«[36] (eine Dedikation, die später wieder gestrichen wurde), ist eine künstlerische Überhöhung der Situation. Das Begehren Bulgariens artikulierte der Komponist hier dadurch, dass unter dem Namen *Vardar*, der nunmehrigen Region der »Anderen«, eine »eigene« musikalische Idiomatik entfaltet wird.

Vladigerov verfolgte damit allerdings eine wesentlich subtilere Agitatorik als Christov, der den motivischen Nukleus der Rhapsodie geliefert hatte und noch 1931 im Vorwort seiner Edition *66 Chansons populaires des Bulgares macédoniens* vor der Bedrohung einer nationalen Kultur in Bulgariens »verlorenen« Gebieten warnte:

> »Wir haben das Beispiel der Region von Niš und Pirot vor Augen, die noch vor kurzem ein rein bulgarisches Gebiet war und heute endgültig seine nationale bulgarische Physiognomie verloren hat. Unsere Landsleute in den unterjochten Gegenden – in Makedonien, in der Dobrudscha und in Thrakien – sind gegenwärtig auch in dieser Gefahr: Ihre Sprache, ihre Gebräuche, ihre Trachten und ihre Lieder sind in Todesgefahr.«[37]

---

[36] Popova, »Pančo Vladigerov in Berlin« (wie Anm. 25), S. 96.
[37] »Devant nous est l'exemple de la region de Nich et Pirot qui tout récemment encore était une region purement bulgare et qui aujourd'hui a définitivement perdu sa physionomie nationale bulgare. Nos compatriotes des contrées asservies - la Macédoine, la Dobroudja et la Thrace - sont actuellement menacés du même sort: leur langue, leurs mœurs, leurs costumes et leurs chansons sont en danger de mort.«, Dobri Christov, »Les chansons populaires bulgares de la Macédoine«, in: Dobri Christov (Hg.), *66 Chansons populaires des Bulgares Macédoniens*. Sofia 1931, S. 1.

9 Geschlechter in nationaler Landschaft

In den bildlichen Künsten der frühen Neuzeit dient Landschaft vorrangig als Hintergrund.[1] Auch die programmatische symphonische Musik des späten 19. und frühen 20. Jahrhunderts verwendet die Vorstellungskategorie in solcher Weise. Einen Aspekt dieses Gebrauchs bildet die Funktion, mit klanglichen Mitteln evozierte Landschaftlichkeit in Beziehung zu menschlichen »Gefühlen« zu setzen oder als deren Spiegelung erscheinen zu lassen. Sie kann letztlich auf die Strategie einer Nachbardisziplin zurückführen werden: die in Rousseaus Roman *Julie ou la Nouvelle Héloïse* (1761) angewandte Designation von Natur. Indiziert durch vorangestellte Topo- und Choronyme und korrespondierende musikalische Signifikanten, werden die Prospekte europäischer Regionen dabei insbesondere Träger von männlichen Phantasien über das »Weibliche« einerseits und über die Begegnung der Geschlechter andererseits. Die Verortung dieser Imaginationen verschränkt damit Geschlechts-, Landschafts- und Nationsdiskurs. Drei autobiographisch aufgeladene Werke, Vincent d'Indys *Souvenirs,* Hugo Alfvéns *Från Havsbandet* und Arnold Bax' *Tintagel* exemplifizieren Ausprägungen.

9.1 Erinnerung in den Bergen der Ardèche

Unmittelbar nach der Rückkehr von einer Konzert-Tournee durch die Vereinigten Staaten von Amerika wurde Vincent d'Indy, Direktor der von ihm mit-begründeten Pariser Schola Cantorum, mit dem Tod seiner Gattin konfrontiert.[2] Mit Isabelle, seiner Cousine, die am 29. Dezember 1905 einer Hirnblutung erlegen war, verband den Komponisten eine fast dreißigjährige Beziehung, die einst turbulent begonnen hatte: Erst nach langen Auseinander-setzungen mit seiner Familie war es dem Paar 1875 gelungen, eine Hochzeit durchzusetzen.[3] D'Indys Biograph Léon Vallas stand Isabelle kein künstlerisches Empfinden zu[4] und zitierte sogar eine ihrer Enkelinnen, die sich daran erinnern wollte, dass die Großmutter ihren Mann wohl angebetet, dessen Musik jedoch gehasst habe.[5] Immerhin billigte er ihr zu, in den darauffolgenden drei Dezennien das materielle und gesellschaftliche Leben ihres Gatten straff und erfolgreich organisiert zu haben.[6] D'Indy hätte sich, so Vallas, dieser »ehelichen Autorität«[7] sehr gerne unterworfen, wäre er doch durch

---

[1] Irene Nierhaus, »Landschaftlichkeiten. Grundierungen von Beziehungsräumen«, in: Irene Nierhaus, Josch Hoenes, Annette Urban (Hg.), *Landschaftlichkeit zwischen Kunst, Architektur und Theorie.* Berlin 2010, S. 33.
[2] Léon Vallas, *Vincent d'Indy.* II. La maturité, la vieillesse (1886–1931). Paris 1950, S. 63.
[3] Léon Vallas, *Vincent d'Indy.* I. La jeunesse (1851–1886). Paris 1946, S. 53.
[4] Vallas, *Vincent d'Indy.* II. (wie Anm. 2), S. 65.
[5] »Ma grand'mère adorait son mari, mais elle détestait sa musique«, zit. nach: Vallas, *Vincent d'Indy.* II. (wie Anm. 2), S. 65.
[6] Vallas, *Vincent d'Indy.* II. (wie Anm. 2), S. 65.
[7] Vallas, *Vincent d'Indy.* I. (wie Anm. 3), S. 207.

seine strenge Erziehung an nichts anderes gewöhnt gewesen.[8] Er selbst beschrieb die Beziehung anlässlich des Todes seinem Freund Charles Langrand gegenüber auf folgende Weise:

> »Du warst ein wenig Zeuge dieses Romans meiner Jugend und weißt, welchen Platz diese Jugendliebe in meinem Leben eingenommen hat ... und dass seit dreißig Jahren ein intimes Glück zwischen uns herrschte, das so innig war, dass ich mir nie vorstellen konnte, dass es einmal enden könnte...«[9]

D'Indy bezeichnete seine Frau hier als »amour d'enfance« (Jugendliebe), erinnerte sich der Zeit des Beginns ihrer Beziehung als »Roman« - in der Form einer literarischen Gattung also, der konventionalisierte narrative Gesetzmäßigkeiten zugrunde liegen. In solcher Anwendung war d'Indy nicht allein: 1900 hatte bereits Gustave Charpentier seine autobiographische Oper *Louise* als »roman musical« ausgewiesen und mit diesem neuartigen Konzept eines Musiktheaters, das dem Kolportage-Bedürfnis eines Publikums an der Schwelle zum massenmedialen Zeitalters Genüge tat, einen immensen Erfolg erringen können. Ohne a priori daran zu denken, mit der artifiziellen Inszenierung seiner Jugenderinnerungen an die Öffentlichkeit zu treten,[10] so wie es Charpentier getan hatte, unternahm d'Indy zunächst nur für sich eine Retrospektive subjektiver Erlebnisse nach medialen Gesichtspunkten.

Dabei spielte die Ardèche für d'Indy als landschaftliche Projektionsfläche eine besondere Rolle, war es doch diese Region, der seine gräfliche Familie entstammte[11] und in der er Isabelle (die ja auch zu seiner Verwandtschaft zählte) kennengelernt hatte. Seine Faszination angesichts der dramatischen Szenerien der Rhône-Alpes manifestierte sich nicht zuletzt im unweit des Familienstammsitzes in Boffres-en-Vivarais von ihm errichteten herrschaftlichen Domizil Château des Faugs.[12] Eine dominante Inspirationsquelle war die Berglandschaft der Ardèche jedoch vor allem für eine Reihe von Werken d'Indys: den Klavier-Zyklus *Poème des Montagnes* (1881), die *Symphonie sur un chant montagnard français* (1886) und schließlich das sechs Wochen nach dem Begräbnis seiner Frau uraufgeführte symphonische Triptychon *Jour d'été à la montagne*.[13] Das erste dieser Stücke, das *Poème des Montagnes,* darf nicht nur in chronologischer, sondern auch in referentieller Hinsicht als Grundlage von d'Indys Ardèche-Kompositionen gelten, finden sich doch in allen der genannten Stücke Allusionen oder explizite Zitate eines musikalischen The-

---

[8] Vallas, *Vincent d'Indy*. II. (wie Anm. 2), S. 65.

[9] »Tu avais été un peu témoin de ce roman de ma jeunesse et tu savais combien cet amour d'enfance avait tenu de place dans ma vie... Et depuis trente ans un intime bonheur régnait entre nous, et c'était si doux que je n'avais jamais envisagé que cela pût finir...«, zit. nach: Vallas, *Vincent d'Indy*. II. (wie Anm. 2), S. 63.

[10] Vallas, *Vincent d'Indy*. II. (wie Anm. 2), Paris 1950, S. 69.

[11] Vallas, *Vincent d'Indy*. I. (wie Anm. 3), S. 7.

[12] Manuela Schwartz, Art. »Vincent d'Indy«, in: Ludwig Finscher (Hg.), *Die Musik in Geschichte und Gegenwart*. Personenteil 9. Kassel 2003, Spalte 633.

[13] Vallas, *Vincent d'Indy*. II. (wie Anm. 2), S. 66.

mas,[14] das das *Poème* formal und programmatisch strukturierte. Dies war jene melodische Phrase, die dort *bien-aimée* (Liebchen) betitelt war.

Das Thema zeichnet sich durch melodische Klarheit aus, die ihren Reiz aus der Verwendung einer typischen musikalischen Geste des Sehnsuchtsvollen, einem Sekund-Vorhalt, bezieht, dem ein emphatischer Terz-Sext-Aufschwung samt ausschwingendem Abstieg angeschlossen ist. Seine emblematische Se-mantik erhält das Thema durch die leitmotivische Funktion, die ihm d'Indy im Ablauf des *Poème des Montagnes* verlieh. Eingefasst zwischen Eindrücken der erhabenen Bergwelt der Ardèche (*Brouillard* [Nebel], *Lointain* [Weite]) und deren montaner Flora (*Hêtres et pins* [Buchen und Kiefern]), stilisierter »couleur locale« (*Le chant des Bruyères* [Gesang des Heidekrauts]) und »volkstümlichen« Szenen (*Valse grotesque* [Grotesker Walzer]), repräsentiert das *bien-aimée*-Thema offensichtlich die »amour d'enfance« des Komponisten, Isabelle. Ihre klangliche Symbolisierung, die d'Indy im dritten Teil verdichtete (Abschnitte *Promenade, A deux* [Zu zweit], *Amour* [Liebe]), wurde somit sukzessiv der Vorstellung des Landschaftlichen eingeschrieben, sodass am Ende des *Gedichtes der Berge* eine menschliche *Harmonie* stand, die zu Beginn noch als reiner Naturzustand geschildert worden war.[15]

Während Liszt in seiner ersten symphonische Dichtung *Ce qu'on entend sur la montagne* (1850-1857) in Anschluss an Victor Hugo die Klangwelt der Natur jener des Menschen gegenübergestellt hatte, erwuchs im *Poème des Montagnes* der Klang des Menschlichen aus der Natur der Bergwelt. Das Szenario kann als Leit-Idee d'Indys bezeichnet werden. In einem Artikel, der 1928 im *Almanach vivarois* publiziert wurde, formulierte der Komponist die Dramaturgie als Anekdote, indem er berichtete, wie ihn einst im Zuge einer Wanderung durch das Gebirge von Vivarais menschlich hervorgebrachter Klang überrascht habe:

> »Beinahe war ich versucht kehrtzumachen, als sich aus der undurchdringlichen Stille, die Bergbewohnern wohlvertraut ist und die man als ›Schweigen des Nebels‹ bezeichnen könnte, plötzlich ein getragener, von Frauenstimmen psalmodierter Gesang löste.«[16]

Die vorgestellte Epiphanie ist eine zweifache. D'Indy erscheint nicht nur die Musik der Region (die als spezifisch, darin jedoch zugleich als lokale Aus-

---

[14] Jean Maillard, Francine Maillard, *Vincent d'Indy. Le maître et sa musique. La schola cantorum*. Paris 1994, S. 116, 125 u. 126.

[15] Damien Ehrhardt, »La musique à programme chez Vincent d'Indy. Idéal d'avenir de la musique instrumental ou possibilité créatrice parmi d'autres?«, in: Manuela Schwartz (Hg.), *Vincent d'Indy et son temps*. Sprimont 2006, S. 239.

[16] »J'étais presque tenté de retourner sur mes pas, lorsque de cet épais silence que connaissent bien les habitants des montagnes et qu'on pourrait nommer le silence du brouillard (im Original recte; Anm. St. S.), se détacha soudain une lente mélopée, psalmodiée par des voix féminines.«, zit. nach: Vallas, *Vincent d'Indy*. II. (wie Anm. 2), S. 213 (Übersetzung ins Deutsche: Wolfram Bayer).

prägung nationalen Charakters erachtet wird[17]), sondern diese akustische Vision ereignet sich zudem mittels des in der montanen Topologie verorteten Weiblichen: Sexuelles Phantasma und Imagination einer nationalen Landschaft kongruieren, wobei dem erhabenen »chaos des montagnes«,[18] der Stille und dem Nebel als Abwesenheit von Sichtbarkeit[19] und Hörbarem die Funktion übertragen ist, Stimulator unbestimmter Erwartungshaltung zu sein - einer Erwartungshaltung, die der überraschenden Evokation des Geschlechtlichen und, darüber hinaus, einer geschlechtlichen Verbindung vorausgeht. Das *Poème des Montagnes* endet allerdings nicht mit der Verschmelzung der Geschlechter in der Natur der Ardèche. Der eigentliche Beschluss der musikalisch »erzählten« Liebesgeschichte ist ein mit *Souvenir?* überschriebener Epilog.

Abbildung 21: Die Ruinen von Rochebonne, Ardèche (Plakat von Hugo d'Alési für die Compagnie de chemins de fer départementaux, 1904; © Bibliothèque nationale de France)

---

[17] D'Indy trug zu den diversen Sammlungen regionaler »Volkslieder«, die in den zweiten Hälfte des 19. Jahrhunderts in Frankreich zum Zwecke nationaler Identitätsstiftung herausgegeben wurden, mit mehreren Anthologien aus Vivarais bei.
[18] Adolphe Joanne, *Géographie du département de l'Ardèche*. Paris ⁶1895, S. 3.
[19] Damien Ehrhardt, »La musique à programme chez Vincent d'Indy. Idéal d'avenir de la musique instrumentale ou possibilité créatrice parmi d'autres?«, in: Manuela Schwartz (Hg.), *Vincent d'Indy et son temps*. Sprimont 2006, S. 240.

Auf diese offengelassene Frage nach der Erinnerung an die »amour d'enfance« kommt d'Indy 1906, nach dem Tod seiner Frau zurück. Das musikalische Gedenken nimmt bei ihm jedoch nicht die Form eines intimen Aide-mémoire in der französischen Tradition eines Tombeau an, sondern die einer symphonischen Dichtung, deren Titel den des Schlusses des *Poème des Montagnes* in den Plural wendet und des Fragezeichens entledigt: *Souvenirs*. Obwohl d'Indy in diesem groß dimensionierten Werk erneut das *bien-aimée*-Thema als programmatisches Emblem und strukturell-generativen Ausgangspunkt einer zyklischen Gestaltung (in der Nachfolge der kompositorischen Prinzipien seines Lehrers César Franck) einsetzt, unterscheiden sich die *Souvenirs* durch ihren Aufbau entscheidend von dem des *Poème des Montagnes*. Während der Klavier-Zyklus Eindrücke von Landschaft und die Entfaltung menschlicher Liebe als klangliche »Erzählung« vorführt, werden im späteren Stück die Bewusstseins-Stadien verschiedener Zeitdimensionen zu Kriterien der Darstellung: die Erinnerung an »verlorene Zeit«, an die Vergangenheit auf der einen Seite, die Erfahrung der Gegenwart auf der anderen Seite (Koinzidenz will es, dass sich Marcel Proust fast zeitgleich, 1905, mit der artifiziellen Vermittlung zeitlicher Erfahrungs-Dimensionen literarisch zu beschäftigen beginnt *[À la recherche du temps perdu]*).

In den Repräsentationsmodi der *Souvenirs* gelingt d'Indy die Differenzierung von Zeit-Ebenen durch dynamische Oppositionen. Es ist das elementare dialektische Verhältnis von Kinetik und Statik, das sich dem Hörer konnotativ in semantische Gegensatzpaare auffächert: Tod/Leben, Melancholie/Euphorie, Gegenwart/Vergangenheit. Der ausgedehnte Eingangsteil - angeführt von Quart-Quint-Akkorden, vor denen Celli »seufzende« Fragmente des *bien-aimée* anstimmen, bis das Thema in vollständiger Gestalt, »très douloureux« und in den Rhythmus eines Trauerkondukts gebracht wird - repräsentiert erstere Kategorie, der daraufhin angesetzte Abschnitt, in einer ekstatischen orchestralen Rekapitulation des Abschnitts *A deux* des *Poème des Montagnes* gipfelnd,[20] letztere. Damit sind die beiden, später einander mehrmals abwechselnden Bedeutungs-Felder des Werkes determiniert, wobei in der zweiten »Erinnerungs«-Phase mit ihrem demonstrativ filigran instrumentiertem Nuancenreichtum ohrenfällig die Intimität liebender Begegnung nahegelegt werden soll. Die grundsätzliche Dualität, die die *Souvenirs* gliedert, ist auch an d'Indys Einsatz von Klangfarben abzulesen, die die Positionen des vorgeführten Gedächtnis-Aktes anzeigen: Das erinnernde Subjekt durch die »männlich« konnotierten Instrumente Violoncello und Horn und das erinnerte Objekt durch Holzblasinstrumenten, die konventionell oft die Vorstellung von »Weiblichkeit« effizieren (Englisch-Horn, Klarinette, Flöte).

---

[20] Vallas, *Vincent d'Indy*. II. (wie Anm. 2), S. 259.

Bemerkenswert ist die Inszenierung eines regelrechten Ringens zwischen den Ebenen der »Erinnerung« und der »Gegenwart«, wenn im späteren Verlauf beide Perspektiven in sehr knappen Abständen gegeneinander gesetzt werden. Obwohl der Komponist, wie bemerkt, zunächst nicht an eine Veröffentlichung der *Souvenirs* dachte, suggeriert die Art von Hör-Lenkung (und die Entscheidung des Komponisten, das Werk doch zugänglich zu machen) zwangsläufig den emphatischen Mitvollzug von d'Indys Gedenken. Es wird darin für ein großes Publikum zum »Roman musical«[21] (Vallas), zu einem virtuellen Erfahrungsraum, in dem das Landschaftliche, durch den Verweis auf das *Poème des Montagnes*, als Rousseauscher Natur-Spiegel menschlicher Emotionen fungiert.

Mit der Veröffentlichung der symphonischen *Souvenirs* und der Verlegung seines Ferienwohnsitzes vom Château des Faugs nach Agay an der Côte d'Azur - verbunden mit einer Neuverheiratung - demonstrierte d'Indy nicht zuletzt öffentlich die Akzeptanz und die Überwindung des Verlustes seiner Gattin. Konsequentermaßen wird die Topik der Hochebene von Vivarais im Alterswerk d'Indys durch eine neue Landschaft, das Mediterrane, abgelöst.

9.2 Eine Sexualphantasie in den schwedischen Schären

Eine weitere Verschränkung von Landschafts- und Geschlechtsdiskurs in Form einer symphonischen Retrospektive stellt Hugo Alfvéns vierte Symphonie dar, deren Beweggrund auf einer Vorgeschichte des Fin de siècle aufbaut: 1902 hatte der dreißigjährige Alfvén, damals Stipendiat der Königlich Schwedischen Musikakademie, im Zuge einer großen Europareise die Gattin des dänischen Malers Peder Severin Krøyer, Marie, kennengelernt. In einem seiner sehr viel später, 1948 verfassten Memoirenbände, *Tempo furioso,* erinnerte sich Alfvén ausführlich an diese Begegnung, aus der sich eine langjährige leidenschaftliche Liebesbeziehung und schließlich auch eine (nicht unproblematische) Ehe entwickeln sollte. Der eigentlichen Erzählung stellte er eine Passage voran, die sich mit dem mentalen Bild der ihm persönlich noch unbekannten Marie Krøyer beschäftigte:

> »Während der Fahrt sprach Anna Norrie[22] oft über ihre Freunde Peder Severin Krøyer und Marie, in deren mit außergewöhnlichem künstlerischen Geschmack eingerichteter Villa in Bergensgade bei Kopenhagen sie häufig und gerne Gast war. Am meisten sprach sie über Marie, die sie über alle Maßen bewunderte. Unter anderem erzählte sie mir, dass Frau Krøyer als Kopenhagens schönste Frau galt, die in Wirklichkeit aber noch viel schöner war, als sie auf den Leinwänden ihres Mannes erschien. Einige dieser Bilder hatte ich bereits in der Glyptothek in Kopenhagen gesehen und bewundert, sie war mir also nicht allzu fremd. Ja, die Bilder hatten mich sogar in platonischer Liebe zu ihr entbrennen lassen, die aber

---

[21] Vallas, *Vincent d'Indy*. II. (wie Anm. 2), S. 258.
[22] Anna Hilda Charlotta Norrie (1860–1957), schwedische Schauspielerin und Operettensängerin.

so schnell wieder verschwand, wie sie entflammt war. Ich hatte kein Talent für platonische Liebe.«[23]

Wenngleich diese Zeilen allzu konstruiert wirken,[24] ist nicht auszuschließen, dass Alfvéns persönlicher Bekanntschaft mit der Künstlerin der Eindruck von P.S. Krøyers Gemälden vorausgegangen war und dass dessen Darstellungen seiner Gattin das Bild vorprägten, das sich der junge Komponist von Marie machen sollte. Es ist bezeichnend, dass Alfvén als Anschauung des Geschilderten nicht Krøyers berühmtes Bild *Sommeraften ved Skagens strand* (Sommerabend am Strand von Skagen, 1899) reproduzieren ließ, auf dem sich der Maler zusammen mit seiner (Noch)-Ehefrau dargestellt hatte, sondern Krøyers hochformatiges Einzel-Portrait von Marie mit Hund aus dem Jahr 1892 (Abb. 22).[25] Dort war sie als ätherische Erscheinung in weiß vorgeführt worden, hinterfangen von einem beruhigten Meer und mildem Abendlicht.

Die spezielle Spannungslosigkeit ihrer Inszenierung, von der, wie in anderen Strandgemälden des Malers, eine kaum erotisierte oder erotisierende Wirkung ausging[26] und die von Krøyers Bewusstsein seiner latent bereits gescheiterten Beziehung geprägt sein mochte,[27] dürfte Alfvén, so lässt die Bemerkung über seine kurze »platonische« Begeisterung für just dieses Bild vermuten, nicht entgangen sein.

Das Bild kam Alfvén deswegen wohl entgegen, weil es ihm die Möglichkeit eröffnete, sich als eigentlicher sexueller ›Erwecker‹ der fünf Jahre älteren Marie Krøyer zu stilisieren. Die auffallende, beinahe katatonische Tranquilität, die das Strandbild mit Hund für Alfvéns Imagination gleichsam prädestinierte, wird umso deutlicher im Vergleich mit anderen Darstellungen von Frauen auf Stränden, die Maler zeitgleich in Skandinavien schufen, etwa Anders

---

[23] »Under resan talade Anna Norrie ofta om sina vänner Peter Severin och Maria Kröyer, i vilkas med utomordentlig konstnärlig smak inredda villa vid Bergensgade i Köbenhavn hon var en ofta och gärna sedd gäst. Mest talade hon om fru Maria, som hon beundrade utan måtta. Bland annat berättade hon (...) att fru Kröyer ansågs vara Köbenhavns skönaste kvinna, som i verkligheten var ännu vackrare än hennes make förmått framställa henne på sina dukar. Några av dessa målningar hade jag ju redan sett och beundrat i Köbenhavns Glyptotek, så hon var mig inte alldeles obekant. Ja, de hade till och med väckt en platonisk förälskelse hos mig, som emellertid försvunnit lika hastigt som den flammat upp. Jag saknade begåvning för platonisk kärlek.«, in: Hugo Alfvén, *Tempo furioso. Vandringsår*, Stockholm 1948, S. 108.
[24] Martin Knust, »Det pittoreska I Hugo Alféns musik: en musikikonografisk studie«, in: Gunnar Ternhag, Joakim Tillman (Hg.), *Hugo Alfén - liv och verk I ny belysning*, Stockholm 2012, S. 150.
[25] Alfvén, *Tempo furioso* (wie Anm. 23), S. 97.
[26] Patricia G. Berman, *In Another Light. Danish Painting in the Nineteenth Century*, London 2007, S. 176.
[27] Stefanie Wiech, »›Jede Landschaft ist ein Seelenzustand‹. Vom Naturalismus zum Symbolismus«, in: Jenns Howolt, Hubertus Gaßner (Hg.), *Dänemarks Aufbruch in die Moderne. Die Sammlung Hirschsprung von Eckersberg bis Hammershøi*, Hamburg 2013, S. 127.

Zorn, der in seinen Gemälde oft ostentativ weibliche Nacktheit in den schwedischen Schärengärten platzierte (und für Alfvén als eine ihm freundschaftlich verbundene Inspirationsquelle wichtig war; [28] Abb. 23), oder Edvard Munch, dem Küstenlandschaften als bevorzugte symbolistische Schauplätze seiner Darstellung der sexuellen Beziehung der Geschlechter dienten. In Munchs Gemälde *Sommernachtstraum* (alternativ: *Die Stimme*), entstanden ein Jahr nach Krøyers ganzfigurigem Strand-Portrait seiner Frau, präsentierte er wie sein dänischer Kollege eine einsame, weiß gekleidete Frauengestalt: War aber bei Krøyer das sich im Meer spiegelnde Mondlicht nur Glanzpunkt, schwache Andeutung, formte es Munch zu einer markanten Mondsäule, einer seiner charakteristischen Bilderfindungen: Diese »Mondsäule«[29] bildete ein Pendant zur frontal gegebenen Frauenfigur und zeigte auf diese Weise den durch den Untertitel des Gemäldes angedeuteten Ruf des Geschlechtlichen an: die symbolische Präsenz des Phallischen. Bei anderen Malern kam es zu einer Abbildung tatsächlicher körperlicher Konfrontation der Geschlechter vor Strandlandschaften, bei Richard Bergh beispielsweise. Entwürfe dieser Künstler sind im Kontext von Alfvéns Musik aufschlussreich, da der Komponist, selbst malerisch begabt und tätig, darin in visueller Form unterschiedliche Formulierungen einer Verschränkung von Wasser-Strand-Landschaft und sexualisierten Körpern vorfand, an die er in den Konzepten seiner Musik anschließen konnte.

---

[28] Martin Knust, »Det pittoreska I Hugo Alféns musik« (wie Anm. 24), S. 152.
[29] Hans-Martin Frydenberg Flaatten, »Stadt, Fjord und Landschaft. Edvard Munchs Suche nach der Seele der Orte«, in: Mai Britt Glueng, Brigitte Sauge, Jon-Ove Steihaug (Hg.), *Edvard Munch 1863–1944*. Oslo 2013, S. 91.

Abbildung 22: Peder S. Krøyer, *Sommeraften ved Skagen. Kunstnerens hustru med hund ved strandkanten* (Sommerabend in Skagen. Die Frau des Künstlers mit Hund am Strand, 1892; © Ny Carlsberg Glyptotek, Kopenhagen; Foto: Ole Haupt)

Abbildung 23: Anders Zorn, *Havsnymf* (1894;
© Nasjonalgalleriet, Oslo; Foto: Frode Larsen)

Alfvéns Beschäftigung mit der Vorstellung von Landschaft resultierte zunächst in der Vollendung der *Midsommarvaka* (Mittsommer-Wache), deren Skizzen immerhin bis in das Jahr 1894 zurückreichen[30] und den Versuch einer ›schwedischen‹ Aneignung der Form nationaler Rhapsodien darstellen, wie sie besonders vom norwegischen Komponisten Johan Svendsen entwickelt worden war.[31] Indem er Svendsens Topik folgte, rekurrierte Alfvén wiederum auf Werke der zeitgenössischen bildenden Kunst,[32] die Schweden als folkloristisch-nationale Landschaft vorführten.

Seine *Midsommarvaka*, der noch zwei weitere Rhapsodien folgen sollten, wurde deswegen sehr schnell populär. Alfvéns anderes Stück aus dieser Zeit, in der er Landschaft als Narrativ einsetzte, war die ein Jahr später, im November 1904,[33] fertig gestellte Tondichtung *En skärgårdssägen* (Eine Legende der Schären) - ein Werk, das sich von *Midsommarvaka* wesentlich unterschied, da mit ihr keine rustikale Pastorale entstand, sondern mit den normierten deskriptiven Mitteln der Wagner-Lisztschen Orchester- und Kompositionstechnik Entfaltung, Aufruhr und Entfesselung der Naturgewalten in den Schärengärten Schwedens dargestellt wurde. Die zu Gehör gebrachten klanglichen Natur-Schilderungen wollte Alfvén als »Parallele zur dunklen Freude menschlicher Leidenschaften«[34] verstanden wissen.

Ein derartiges programmatisches symphonisches Werk zu schreiben, das Liebespassion, Elementarkräfte und Landschaft in Rousseauscher Manier gleichsetzte, hatte Alfvén bereits seit dem Abschluss seiner zweiten Symphonie beschäftigt,[35] bereits fünf Jahre vor der Skagen-Episode mit Marie Krøyer. Auch damals bildete jedoch eine Beziehung Alfvéns zu einer verheirateten Frau der Gesellschaft (»Frau X«[36]), die sich in einer Strandlandschaft vollzog, den Impuls zur musikalischen Erfindung, zumindest gab der Komponist dies später so an.[37] Ein Vorbild für *En skärgårdssägen* mag auch August Strindbergs *I havsbandet* (dt. *Am offenen Meer,* 1890) gewesen sein, der dritte

---

[30] Jan Olof Rudén, »Midsommarvaka – från skiss till utgåva«, in: Gunnar Ternhag, Jan Olof Rudén (Hg.), *Hugo Alfvén - en vägvisare.* Örlinge 2003, S. 108.

[31] Zum Verhältnis der Rhapsodien Svendsens und Alféns siehe: Asbjørn Ø. Eriksen, »Fra Johan Svendsens norske til Hugo Alfvéns svenske rapsodier: gjennomgripende påvirkning eller sporadiske likhetstrekk?«, in: Ternhag, Tillman (Hg.), *Hugo Alfén* (wie Anm. 24), S. 65–89.

[32] Vgl. Gunnar Ternhag, »Hugo Alfvéns *Midsommarvaka* i interartiell belysning«, in: Ternhag, Tillman (Hg.), *Hugo Alfén* (wie Anm. 24), S. 91–115.

[33] Joakim Tillman, »Form och innehåll i Hugo Alfvéns symfoniska dikt *En skärgårdssägen*«, in: STM-Online Vol. 13 (2010).

[34] »(…) erbjuda en motsvarighet till den månskliga lidelsens mörka lycka«, zit. nach: Hugo Alfvén, *En skärgårdssägen (A Legend of the Skerries).* Carl Gehrmans Musikförlag, Stockholm 1948, S. 2.

[35] Lennart Hedwall, »Symfoni Nr 4«, in: Ternhag, Rudén (Hg.), *Hugo Alfvén* (wie Anm. 30), S. 92.

[36] Hugo Alfvén, *Första satsen: Ungdomsminnen.* Stockholm 1946, S. 261.

[37] Alfvén, *Första satsen* (wie Anm. 36), S. 261.

Roman des Autors, der als landschaftlichen Hintergrund die Schärengärten Stockholms wählte und anhand dieser Szenerie über das Verhältnis des Menschen zur Natur reflektierte.[38] Zudem war es dieser Roman Strindbergs, der eine besondere Beeinflussung durch Nietzsche aufwies.[39] So schließt der Roman mit einem ganz im Sinn Nietzsche formuliertem Fazit über die Natur menschlicher Liebe als produktive, gleichzeitig destruktive Kraft:[40]

> »Hinaus zu dem neuen Weihnachtsstern ging die Fahrt, hinaus über das Meer, die Allmutter, aus deren Schoß sich der erste Lebensfunke entzündete, den unerschöpflichen Brunnen der Fruchtbarkeit, der Liebe, den Ursprung und den Feind des Lebens.«[41]

Dasselbe Verständnis speiste auch Alfvéns *En skärgårdssägen*. Noch enger verbunden mit dem Gedankengut Nietzsches war jedoch die in den Jahren 1918 und 1919 komponierte vierte Symphonie des Komponisten, die ursprünglich nach dessen Buch *Ecce homo* hätte überschrieben werden sollen.[42] Stattdessen wurde die Symphonie *Från Havsbandet* (Vom offenen Meer) benannt. Sie war damit fast gleich betitelt wie Strindbergs Roman. Mit dem Beinamen konkretisierte Alfvén gegenüber *En skärgårdssägen* die Verortung, als die nun die Schärengärten vor der schwedischen Hauptstadt Stockholm angeführt werden, eine Landschaft, die Alfvén aus den genannten amourösen Erfahrungen, aber auch aus persönlicher Segelerfahrung vertraut war.[43]

Alfvéns Ansinnen in diesem Werk war es, eine »Apotheose des höchsten Glücks der Erdenliebe«, die er selbst erlebt habe, zu komponieren.[44] Im offiziellen Programm, das er der Ausgabe der Partitur in der Universal Edition 1922 beigab, ergänzte er diese »Erzählung« um einen negativen Ausgang und trug auf diese Weise der Ambivalenz Rechnung, die Nietzsche (und Strindberg) am Verhältnis der Geschlechter erkannten:

> »Die Symphonie erzählt die Liebesmär zweier Menschenkinder. Den symbolischen Hintergrund bilden die äußeren Schären, wo Meer und Fels gegeneinander

---

[38] Karin Hoff, »Natur, Mensch und Moderne in Strindbergs *I havsbandet*«, in: Adam Paulsen, Anna Sandberg (Hg.), *Natur und Moderne um 1900. Räume - Repräsentationen - Medien*. Bielefeld 2013, S. 145.

[39] Hoff, »Natur, Mensch und Moderne in Strindbergs *I havsbandet*« (wie Anm. 38), S. 143.

[40] Man vgl. dazu die Passage aus dem Kapitel *Von den Gelehrten* aus Nietzsches *Also sprach Zarathustra*: »Liebe und Untergehn: das reimt sich seit Ewigkeiten. Wille zur Liebe: das ist, willig auch sein zum Tode.«, Friedrich Nietzsche, *Also sprach Zarathustra. Ein Buch für Alle und Keinen*, zit. nach: Ausgabe Stuttgart 1930, S. 134.

[41] August Strindberg, *Am offenen Meer*. Aus dem Schwedischen übersetzt und herausgegeben von Angelika Gundlach. Hamburg 2013, S. 255.

[42] Joakim Tillman, »›Jag ville dikta en apoteos över den jordiska kärlekens högsta lycka‹: om tillkomsten av Hugo Alfvéns fjärde symfoni och dess erotiska innehåll«, in: Ternhag, Tillman (Hg.), *Hugo Alfvén* (wie Anm. 24), S. 192.

[43] Lennart Hedwall, »Symfoni Nr 4«, in: Ternhag, Rudén (Hg.), *Hugo Alfvén* (wie Anm. 30), S. 92.

[44] »dikta en apoteos över den jordiska kärlekens högsta lycka, så som jag själv upplevat den«, in: Hugo Alfvén, *I dur och moll*. Stockholm 1949, S. 73.

ringen in düsteren Sturmesnächten, im Mondschimmer, im Sonnenglanz – und das Naturbild wird zur Offenbarung des Menschenherzens. Die Symphonie besteht aus einem Satze, doch unterscheiden sich vier Episoden. Die erste derselben schildert in finsterer nächtlicher Stimmung den qualvoll dringenden Drang des Jünglings, die zweite das weiche träumerische Sehnen des jungen Weibes, - sie ist zwar auch eine Nachtstimmung, aber von besänftigender Art mit Mondschein und Wellenspiel. Die dritte Episode zeigt den Sonnenaufgang am ersten und letzten Tage des Liebesglückes, wo beide Menschen sich finden, wo sich ihnen der Liebe höchste Seligkeit enthüllt. Die vierte Episode – vom Sturm durchtobt – die tragische Auflösung, die Vernichtung des Glückes.«[45]

Die Schären, ausgelegt als wilde, nicht domestizierte Natur, werden für Alfvén zur landschaftlichen Metapher der von ihm ebenso »unbezähmbar« ermessenen sexuellen Leidenschaften des Menschen, an deren Ende - wie in Strindbergs *I havsbandet* - deren »Vernichtung« steht.

Strukturell versucht Alfvén in der vierten Symphonie, eine alte Problemstellung der Musik des 19. Jahrhunderts zu lösen, die vor ihm schon Schubert, Schumann und Liszt beschäftigt hatte, das ist: die Vierteiligkeit der Form der Sonate bzw. der Symphonie in nur einem Satz zu vereinen und dadurch eine neue Art zyklischer Konzentration zu erreichen. Doch selbst der Beschreibung dieses an sich abstrakten kompositorischen Ehrgeizes schrieb Alfvén eine »natürliche«, biologistisch-evolutionistische Parallelisierung ein:

»Die Symphonie besteht aus einem Satz, und ich präsentiere am Beginn das gesamte thematische Material, das ich dann in unendlichen Variationen je nach den Anforderungen des Augenblicks umgestalte. Aus diesen fünf Themen – man könnte auch sagen: drei thematischen Gruppen – bezieht die ganze Symphonie ihre Nahrung. Sie wächst und entwickelt sich in logischer Notwendigkeit nach den Gesetzmäßigkeiten ihres Wesens, nach den gleichen Naturgesetzen, die beispielsweise die Entwicklung eines Baumes bestimmen. Ich stelle mir einen Baum vor mit fünf Wurzeln, korrespondierend eine Symphonie mit fünf Themen. Diese Wurzeln verbinden sich zu einem Stamm, der seine Energie aus ihnen zieht. Der Stamm schießt in die Höhe und bildet neue Formen: Äste, Zweige und Blätter. Und so wie jeder Ast, jeder Zweig und jedes Blatt ein Produkt des lebensspendenden Saftes der Wurzeln ist, der durch den ganzen Baum fließt, ist jede Periode, jede thematische Arbeit und jeder Takt der Symphonie ein Produkt der belebenden und ständig transformierenden Kraft seiner fünf musikalischen Wurzeln.«[46]

---

[45] Hugo Alfvén, Vorwort zur Ausgabe der vierten Symphonie in der Universal-Edition, Wien 1922.
[46] »Symfonien bestât av en enda sats, och jag framlägger redan i början hela det tematiska materialet, som jag sedan omgestaltar i oändliga variationer allt efter ögonblickets krav. Ur dessa fem temata – eller tre temagrupper, som man också kunde säga – hämtar hela symfonien sin näring. Den växer upp och utvecklas med logisk nödvändighet enligt sitt eget väsens lagar, enligt samma naturlag som bestämmer exempelvis trädets utveckling. Jag tänker mig ett träd med fem rötter, motsvarande symfoniens fem tema. Dessa rötter förenar sig till en stam, som hämtar sin näring från dem. Stammen skjuter i höjden och bildar nya former: grenar, kvistar och löv. Och varje gren, varje kvist och varje blad är en produkt av rötternas livgivande sav, som genomströmmar hela trädet, liksom varje period,

In dieser Struktur nehmen Klangfarben die Rolle von Signifikanten des Geschlechtlichen ein. Alfvén wählte hierfür einen ungewöhnlichen Modus: die Aufnahme von jeweils einem wortlos singenden Tenor- und Sopransolo in den Orchesterapparat. Für diese Lösung existieren unmittelbare Vorläufer in der skandinavischen Symphonik des frühen 20. Jahrhunderts: Carl Nielsens *Sinfonia espansiva* (1910-11), in deren langsamem Satz (Andante pastorale) Bariton und Sopran interpoliert werden, und Erkki Melartins *Kesäsinfonia* (Sommer-Symphonie; 1912), die mit einer Dreiheit aus Sopran, Mezzosopran und Alt überrascht. Die Unterschiede zu Alfvéns Vokal-Symphonie sind in beiden Fällen jedoch eminent: In Melartins Symphonie repräsentieren die menschlichen Stimmen die Laute einer beseelten Natur, bei Nielsen, dessen Werk wesentlich von der Strömung des Vitalismus beeinflusst ist,[47] werden durch die integrative Einbettung der Gesangsparts in den Orchestersatz Mann und Frau als der Natur erwachsene und zu dieser, aber auch zueinander in keiner Entfremdung stehende Entitäten vorgeführt. Demgegenüber sind die Vokalparts bei Alfvén deutlich gegen das Orchester abgesetzt und drücken eine dialogische Beziehung der Geschlechter aus, die überdies die relationalen Stadien Einsamkeit, Annäherung, Vereinigung und Trennung durchlaufen, damit eine wesentliche theatralischere Zeichnung als in den Symphonien Melartins und Nielsens aufweisen. Dass in *Från Havsbandet* das Vokale als Kommunikator des Geschlechtlichen fungiert und wie in Munchs *Sommernachtstraum* als indexikalischer Verweis auf das geschlechtliche »Andere« auftritt, ist der generellen Bedeutung geschuldet, die Alfvén dem Stimmlichen als Medium geschlechtlicher Begegnung beimaß. So waren es auch die Stimme und ihre nuancierten Abstufungen (Flüstern, Aussprechen, Zittern), die er der Schilderung der ersten körperlichen Annäherung an Marie Krøyer vorangehen ließ:

> »Nun waren Frau Krøyer und ich zum ersten Mal zusammen allein. Wir gingen auf das menschenleere Deck, bis an die Reling. (...) An diesem Abend glitt das Boot nicht auf dem Wasser oder wurde von einem Propeller angetrieben, an diesem Abend wurde es in einen riesigen Vogel verwandelt, der wie mit Feuerschwingen durch den Raum schwebte.
>
> – Hugo...
>
> Als Flüstern kam der Name an mein Ohr. Es war das erste Mal, dass sie ihn ausgesprochen hat. (...) sie glühte, sie brannte, versprühte ein Feuer aus Liebe, Zuneigung und Leidenschaft, von dem ich nicht dachte, dass Menschen zu ihm fähig sein können. (...)
>
> – Marie...

---

varje tematiskt arbete och varje takt i symfonien är en produkt av de fem musikrötternas livgivande och ständigt omgestaltande kraft.«, in: Alfvén, *I dur och moll* (wie Anm. 44), S. 140.

[47] Michael Fjeldsøe, »Carl Nielsen and the Current of Vitalism in Art«, in: Carl Nielsen Studies, Volume IV, Kopenhagen 2009, S. 26–42.

Ich hörte meine zitternde Stimme.

Wie Stahl vom Magneten angezogen wird, so wurde ich zu ihr hingezogen, und sie zu mir.«[48]

Angesichts dieses Verständnisses menschlicher Stimmlichkeit als verführerische Kraft ist es einleuchtend, dass in *Från Havsbandet* das Motiv der Sirenen aus Wagners *Tannhäuser* paraphrasiert wird.[49] Noch bezeichnender ist die Tatsache, dass Alfvén vorsah, die Sänger seiner Symphonie im Falle einer Aufführung hinter dem Orchesterpodium aufzustellen[50] und auf diese Weise akusmatisch zu machen. Der mediale Effekt ist jener einer sensuellen Illusionierung von Körperlichkeit, die umgeben wird von einem orchestralen Raum, der auch für »Landschaft« stehen kann.[51] In diesem Fall käme den Stimmen die Funktion eines klanglichen Repoussoirs zu.

Från Havsbandet stellt eine Ausnahme im Repertoire schwedischer Symphonik des zweiten und dritten Jahrzehnts des 20. Jahrhunderts dar. Während deren Komponisten entweder erhabene, zugleich nationale Topologien mit klanglichen Mitteln repräsentierten (Kurt Atterbergs monumentale *Västkustbilder* [Westküsten-Bilder], 1914–1916; Ture Rangströms *Mitt land* [Mein Land], 1919; Josef Jonssons *Nordland,* 1919–1922) oder die ›Anderen‹ der Nation Schweden affirmativ als deren Teil zeigten (wie Wilhelm Peterson-Berger in *Same-Ätnam* [Samenland], 1917), so zeichnete sich Alfvéns symphonische Landschafts-Phantasie durch eine unverhohlen sexuelle, darin nietzscheanische Auflagung der äußeren Schären vor Stockholm aus.

---

[48] »Nu var fru Kröyer och jag för första gången ensamma med varandra. Vi gick ut på det folktomma däcket, fram till relingen. (…) I kväll flöt inte båten på vatten eller drevs av propeller; i kväll var den förvandlad till en väldig fågel, som med vingar av eld svävade fram genom rymden.
- Hugo...
Namnet kom som en viskning i mitt öra. Det var första gången hon uttalade det.
(…) de glödde, de brann, de sprutade eld med ett uttryck av kärlek, ömhet och lidelse, som jag inte trott ett människoöga vara mäktigt. (…)
- Maria...
Jag hörde att min stämma skalv.
Som stålet dras mot magneten, så drogs jag mot henne, och hon kom mig till mötes.«, in: Alfvén, *Tempo furiososo* (wie Anm. 23), 119–120.
[49] Tillman, »Jag ville dikta en apoteos«, in: Ternhag, Tillman (Hg.), *Hugo Alfén* (wie Anm. 24), S. 225.
[50] Lennart Hedwall, »Symfoni Nr 4«, in: Ternhag, Rudén (Hg.), *Hugo Alfvén* (wie Anm. 30), S. 95.
[51] Vgl. die Kategorie »Körperraum« in der kunstgeschichtlichen Analytik von Landschaftsmalerei: Oskar Bätschmann, *Entfernung der Natur. Landschaftsmalerei 1750–1920.* Köln 1989,
S. 169ff

9.3 Geschlechter an der Küste von Cornwall

Trat bei Alfvén und d'Indy der Aspekt nationalisierter Landschaft zurück zugunsten einer Funktionalisierung von regionaler Topologie als Verortung des Geschlechtlichen, wählte Arnold Bax in seiner symphonischen Dichtung *Tintagel* den Weg eines semantischen Oszillierens zwischen heroischer und erotischer Auflagung eines spezifischen Landstriches, in diesem Fall der Nordküste von Cornwall. Den Anstoß für Bax' Werk gab eine ähnliche biographische Konstellation wie bei Alfvén, nur dass in diesem Fall der Komponist verheiratet war: Mit der prominenten Pianistin Harriet Cohen, einer der vorrangingen Interpretinnen damaliger neuerer, aber auch älterer englischer Musik, verband ihn außerhalb seiner Ehe eine Affäre, die ihre emotionale Kulmination in einem sechswöchigen Aufenthalt des Paares in der genannten Landschaft fand. Bax, der pikanterweise mit seiner Familie angereist war und mit ihr im Ferienort St Merryn logierte,[52] hielt dieser Umstand nicht ab, mit Cohen ausgiebig Zeit in deren Domizil Tintagel zu verbringen, einem kleinen Dorf benannt nach der nahegelegenen Burg-Ruine Tintagel Castle.

Die topographische Konstellation, in denen die heimlichen Zusammenkünfte stattfanden, war durch künstlerische Interpretationen doppelt determiniert: die Landschaft durch die Gemälde etwa von William Turner und Samuel Palmer als aufgewühlte, erhabene Natur (wie in *Tintagel Castle,* 1848/49; Abb. 24) und deren Inkarnation, die von Menschenhand erschaffenen Überreste einer archaischen Verteidigungsanlage, als Schauplatz der Legende des King Arthur, etabliert durch Arthur Tennysons Epos *Idylls of the King* (1859 bzw. 1885).

Der Umstand, dass Tennyson anhand des Kapitels *The Last Tournament* seines *Idylls* die Verbindung des Arthur-Mythos mit der Erzählung von Tristan und Isolde betont hatte und dadurch die angenommenen Lokalisationen beider Stoffe jeweils aufeinander bezogen werden konnten, stellte für Bax das entscheidende Surplus an Bedeutung dar, die er der gemeinsam mit Cohen erlebten Landschaft zuwies. Tintagel präsentierte sich somit als ideale Projektionsfläche, indem der Komponist hier anhand von Landschaft und Ruine die mythische Figur des zwischen dem Erfüllen gesellschaftlicher Zwänge und dem Ausleben romantischer Liebe schwankenden Helden Tristan verorten konnte - ohne dass diese Lokalisierung eine persönliche Identifikation nahelegte, wurde sie in unmittelbarer zeitlicher Nähe auch von anderen Künstlern, etwa von John William Waterhouse vollzogen.

---

[52] Lewis Foreman, *Bax. A composer and his times.* Woodbridge ³2007, S. 159.

Abbildung 24: Samuel Palmer: *Tintagel Castle: Approaching Rain* (1848/1849; © Ashmolean Museum, University of Oxford, Sign. WA1942.27)

Die »keltische« Qualität sowohl des Tristan- als auch des Arthur-Sujets hatte für Bax zudem Relevanz, weil er eine nachhaltige Affinität zur Richtung unterhielt,[53] die »celtic twilight« genannt wurde,[54] jene Strömung, die sich, initiiert durch William Butler Yeats, bemühte, das Phantasma eines kulturellen »Erbes« (das vorrangig auf Irland angewandt wurde) schwärmerisch zu beschwören. Bax inspirierte diese Begeisterung zu einer Reihe von Werken über irische Mythen, literarisch und musikalisch, darunter *Eire,* eine zwischen 1908 und 1910 verfasste Trilogie symphonischer Dichtungen. Die mit der Tintagel-Episode einsetzende Bezugnahme auf einen Ort keltischer Mythologie auf dem britischen Festland kann indes auch als trotzige Reaktion auf den von Großbritannien 1916 blutig abgewehrten Osteraufstand in Dublin aufgefasst werden. Die radikale Niederschlagung der Autonomiebestrebungen hat Bax erschüttert und zu öffentlichen Bekundungen seiner Solidarität mit Irland geführt, die in einem ausladenden symphonischen *In memoriam* gipfelten, das er Patrick Pearse, einem der hingerichteten Führer der niedergeschlagenen irisch-republikanischen Erhebung, der ihm persönlich bekannt gewesen war, widmete. Wenn sich Bax nun ein Jahr später erneut keltischer Mytholo-

---

[53] Siehe dazu umfassend: Thomas Elnaes, *An Anglo-Irish Composer: New Perspectives on the Creative Achievement of Sir Arnold Bax.* MLitt. Dissertation, University of Dublin, Trinity College, 2005.
[54] Siehe dazu ausführend: Derrick Puffett, »In the Garden of Fand. Arnold Bax and the ›Celtic Twilight‹«, in: Jürg Stenzl (Hg.), *Art Noveau, Jugendstil und Musik.* Zürich 1980, S. 193–210.

gie, dem Arthur- und Tristan-Stoff, deren Imaginationen eng an die Landschaft von Cornwall gebunden war, zuwandte, demonstrierte dies die ungebrochene Überzeugung vom keltischen »Erbe« der britischen Inseln. Im Falle des Tristan-Mythos entbehrte es außerdem nicht einer bitter-sarkastischen Nuance, da Cornwall in diesem Mythos dem Königreich Irland tributpflichtig ist, die Dominanz-Verhältnisse also umgekehrt sind.

Zugleich war es ein symbolischer wie physischer »Rückzug« nach Großbritannien (Bax hatte sich ausgiebig in Irland aufgehalten), der als Ausdruck einer Verurteilung der brutal durchgesetzten britischen Hegemonie über Irland angesehen werden darf. Die Kritik nationalistischer Realpolitik ging bei Bax überdies einher mit einer Emphase des Indiviuell-Emotionalen, das er als supranationales Phänomen erkannte. In einem *Tintagel Castle* betitelten Gedicht, das er während der Wochen im August 1917 an Cohen schickte, hat Bax von den Leidenschaften gesprochen, die die wechselnden Bewohner der Festung im Laufe der Vergangenheit durchlitten hätten und die sie letztlich einen würde: »We have a certain token / How hearts of old were broken; / And English, Celt, or Norman, / Love hurt them still the same (...).«[55]

Der kompositorische Akt, mit dem diese komplexen Voraussetzungen von Bax in Musik überführt wurden, mündete in der noch im Jahr 1917 fertiggestellten symphonischen Dichtung *Tintagel*, die 1923 verlegt und von Bax, mittlerweile geschieden, bei dieser Gelegenheit offiziell Harriet Cohen gewidmet wurde. Angesichts des gesellschaftlichen Druckes, der auf dem Komponisten lastete, musste diese Dedikation als öffentliche Würdigung der Interpretin seiner Musik, nicht der Geliebten gelten. Auch in der unumgänglichen späteren textlichen Beigabe des Stückes vermied Bax jegliche autobiographischen Anmerkungen und bemühte sich, dass *Tintagel* nicht allzu deskriptiv gelesen werden sollte (»This work is only in the broadest sense programme music«[56]). Ob und inwieweit die Musik dennoch erotische Erlebnisse von Bax und Cohen nachzeichnet, ist letztlich aber unerheblich. Als berücksichtigenswert erscheint allerdings die klangliche Sinngebung der Landschaft von Cornwall durch die Affektregie von Bax' poetischer Vision.

Tintagel ist montiert aus den Modi Pathos, Melos und Chroma, die nacheinander eingeführt werden. Pathos eröffnet und soll, so hat es Bax ausgeführt, vom Hörer als Repräsentation der Ruine selbst gedeutet werden, »now so ancient and weather-worn as almost to seem an emanation of the rock upon it was built.«[57] Die mythischen Artefakte ehemaliger Existenz sind in der Formulierung des Komponisten wie in der Visualisierung von Samuel Palmer untrennbar miteinander verschmolzen. In der heroischen Charakterisierung des mythischen Monuments Tintagel, realisiert durch eine massive, »königliche« Invokation der Blechbläser vor Streicher-Arpeggien, folgt Bax auch der

---

[55] Zit. nach Foreman, *Bax* (wie Anm. 52), S. 160.
[56] Zit. nach: Foreman, *Bax* (wie Anm. 52), S. 161.
[57] Zit. nach: Foreman, *Bax* (wie Anm. 52), S. 161.

literarischen Besetzung Cornwalls als Landschaft mit »männlichen« Eigenschaften.[58] Dieser Evokation des »Maskulinen« nachfolgend ist das Melos in Gestalt einer Streicher-Kantilene in H-Dur gesetzt, die in dieser Form und Platzierung innerhalb des Werkes unschwer erkennbar »Weiblichkeit« bedeutet. Im Zusammenhang des nach einer langen Entfaltung des »femininen« Themas nach und nach endlich eintretenden dritten Modus stellt Bax dann einen Bezug zu den Mythen des Arthur und Tristan her:

> »After a while a more restless mood begins to assert itself as though the sea were rising, bringing with a new sense of stress thoughts of many passionate incidents in the tales of King Arthur and King Mark and others among the men and women of their time. A wailing chromatic figure is heard and gradually dominates the music until it finally assumes a shape which will recall to mind one of the subjects of the first Act of ›Tristan and Isolde‹…«[59]

Das angesprochene Motiv, ein deszendenter chromatischer Abstieg im Umfang eines Tritonus, wurde von Wagners Apologeten u.a. »Motiv des siechen Tristan« getauft. Es steht für den durch Morold, Isoldes Gemahl, tödlich verwundeten Helden, der sich unter falschem Namen in einem Boot nach Irland zur nunmehrigen Witwe des von ihm umgebrachten Gegners treiben lässt, um sich von ihr, die als einzige das Gegengift kennt, heilen zu lassen. In Wagners *Tristan* bildet die Episode die Vorgeschichte des Dramas, auf die auf musikalischer Ebene mittels des Motivs verwiesen wird. Der Verweis geschieht, wie Bax korrekt vermerkt, im ersten Aufzug des Dramas, der auf einem Schiff vor der Küste Cornwalls spielt und darin einmal mehr eine Verschränkung von Mythos und Landschaft impliziert. Der Akt gipfelt in Tristans und Isoldes gemeinsamer Einnahme des Liebestranks, in dem sie eigentlich einen Todestrank vermuten - aus dem einst giftkranken Helden wird somit ein liebeskranker. Die Anlage der Handlung erklärt die Form des »Motivs des siechen Tristan«, da es sich als umgekehrte Spiegelung der zentralen musikalischen Liebes- und Sehnsuchtsfiguration entpuppt, die nun zur Entfaltung kommt: Die über den »Tristan-Akkord« gelegte melodische Linie ist nämlich nichts anderes als ein ebenfalls skalenartiger chromatischer Durchgang, nur dass er eben aufsteigt. In *Tintagel* verzichtet Bax auf Wagners Idee einer solchen symmetrischen Verschränkung der Motive und rückt damit das bereits eingeführte Melos-Sujet in ein entrückt-nostalgisches Licht, insofern er Liebe und Leid nicht als die zwei Seiten einer Medaille vorführt. Gleichwohl lässt er die drei Modi gegen Ende einander durchdringen und sich auch substituieren, wenn etwa durch die Begleitfigur des »weiblichen« Themas der Eintritt desselben erwartet wird, stattdessen sich aber das »Motiv des siechen Tristan« einstellt.

---

[58] Philip Dodd, »Gender and Cornwall: Charles Kingsley to Daphne du Maurier«, in: Keith Snell (Hg.), *The Regional Novel in Britain and Ireland, 1800–1990*. Cambridge University Press 1998, S. 125.
[59] Zit. nach: Foreman, *Bax* (wie Anm. 52), S. 161.

Mit der Zeile »(...) the piece ends as it began with a picture of the castle still proudly fronting the sun and wind of centuries«[60] beschreibt Bax den Schluss von *Tintagel*. In der Tat klingt die symphonische Dichtung mit einer apotheotischen Rekapitulation des Pathos-Modus aus, dessen finale Vision den fortdauernden Bestand von Landschaft, Ruine und Mythos gegenüber der Vergänglichkeit von menschlichen Leidenschaften ausdrückt. Das Spannungsverhältnis von *Tintagel* wird zugunsten von Makrostrukturen entschieden und gegen ephemere Individualität. Hier kündigt sich die pessimistische Weltsicht von Bax an, die, gespeist durch politische und emotionale Enttäuschungen (letztlich sollte die Beziehung zu Cohen keinen glücklichen Ausgang nehmen) nach dem Ende des Ersten Weltkriegs sein Werk und Leben dominieren und den Komponisten sich konsequent der »abstrakteren« Gattung Symphonie zuwenden lassen wird.

---

[60] Zit. nach: Foreman, *Bax* (wie Anm. 52), S. 161.

10 Transzendente Landschaften

Die transzendente Aufladung des Konzepts Landschaft ist seine Überhöhung. Wie die Rhetorik der Verklärung geht sie zurück auf ein sakrales Modell: die alttestamentarische Idee des »gelobten Landes« (הארץ המובטחת), die Territorium einerseits als von einer Deität verheissen, andererseits selbst als heilig apostrophierte – eine doppelte Determinierung, die die Ahnung des Göttlichen in der Vergegenwärtigung von Land implizierte. Hinter der Wirklichkeit der Welt (d.h. hinter ihrer empirisch erschließbaren topographischen Gegebenheit[1]) sollten sinnlich Verweise auf etwas erkannt werden, das übergeordneter Natur war. Im Sinne des lateinischen Verbs transcendere[2] stellte das Gewahrwerden von Landschaft – sei es in ihrer realen Ansicht oder sei es mittels ihrer künstlerischen Repräsentation – demnach die Möglichkeit einer mentalen Überschreitung des Terrestrischen hin zum Numinosen dar.

Auch im Zeitalter des Nationalismus wurde diese religiöse Bedeutungsgebung von Territorium nicht aufgegeben, jedoch entsprechend ideologisch-semantisch angeeignet, um nunmehr national deklarierte Gebiete zu »heiligen Ländern« zu stilisieren:[3] Dem »corpus mysticum« des nationalen Kollektivs[4] entsprach somit eine »regio mystica«.

10.1 Das Atmen der litauischen Wälder

Zum kleineren Teil Ostpreußen, zum größeren Rußland eingegliedert, war Litauen einer der »unvollendeten« Nationalstaaten des 19. Jahrhunderts. Dessen zaristisch beherrschtes Gebiet war nach dem niedergeschlagenen Januaraufstand von 1863/64 einer besonders restriktiven Politik ausgesetzt, die ein bis zum April 1904 andauerndes Verbot der Publikation litauischer Texte in lateinischer Schrift miteinschloss.[5] Das noch davor, 1858/59, von Bischof Antanas Baranauskas in litauischer Sprache verfasste Epos *Anykščių šilelis* (Der Wald von Anykščiai) wies diesbezüglich auf einen Entlastungsraum, den Wald hin, der sowohl symbolisch als auch real einen Ausweg aus der russischen Repression bot,[6] als Topik darüber hinaus eine »litauische« Aufladung besass.[7] Dieser Nimbus gründete sich auf der Stilisierung von Litauens paga-

---

[1] Jürgen Lambrecht, *Transzendenz. Eine systemanalytische Studie,* Würzburg 2012, S. 18.
[2] Lambrecht, *Transzendenz* (wie Anm. 1), S. 14.
[3] Hans-Ulrich Wehler, *Nationalismus. Geschichte - Formen - Folgen,* München ⁴2011, S. 40.
[4] Peter Berghoff, »Vom *corpus Christi mysticum* zur Identität der Nation. Die profane Transzendenz politischer Kollektive in der Moderne«, in: Silvio Vietta, Stephen Porombka (Hg,), *Ästhetik - Religion - Säkularisierung.* Band II: *Die klassische Moderne,* München 2009, S. 31–35.
[5] Zigmas Kiaupa, *The History of Lithuania.* Vilnius 2002, S. 250, 274
[6] Violeta Kelertas, »Nature and Culture in the prewar Lithuanian consciousness«, in: *Journal of Baltic Studies.* Vol. 21, Nr. 2 (Sommer 1990), S. 105.
[7] Genovaitė Kazokas, *Musical Paitings. Life and Work of M. K. Čiurlionis (1875–1911),* Vilnius 2009, S. 90.

ner Vergangenheit,[8] die im europäischen Vergleich außergewöhnlich lange der christlichen »Bekehrung« widerstanden hatte. Als Ort der Resistenz, in der eine kollektive Vorausformung gesehen wurde, erkannte die litauische Nationalbewegung des 19. Jahrhunderts, die mit Baranauskas eine besondere poetische Verdichtung erlebte, eben die Wälder des Landes.

Insofern diese Wälder von der heidnischen Kultur, auf die sich von der Nationalromantik bezogen wurde, animistisch aufgefasst worden waren, spielte die Betonung ihrer Beseeltheit eine entscheidende Rolle. So verglich Baranauskas in seinem Epos das Rauschen des Waldes mit der Respiration eines körperlichen Organismus: »Tartum miškas kvėpuoja nelyginant žvėris«[9] (Als ob der Wald wie ein lebendiges Wesen atmet). Die klangliche Äußerung der Natur konnte in solcher Formulierung als elementare Rede begriffen werden, die menschliches Sprechen überstieg und jegliche inter-humane Obstruktion obsolet erscheinen ließ. Gleichzeitig war der Wald ausdrücklich litauisch definiert, ihm damit nationale Wirkmacht eingeräumt: Die Transzendenz des Irdischen - ein religiöser Akt - erschien verschränkt mit dem ideologischen Akt einer nationalen Zuschreibung von Topologie.

Auf dem Gebiet orchestraler Musik wurde diese engführende Bedeutungsgebung der Wälder Litauens vom aufstrebenden, später vor allem als symbolistischer Maler schaffenden Mikalojus Konstantinas Čiurlionis im Début de siècle mit der symphonischen Dichtung *Miške* (Im Wald) fortgeschrieben. In einer persönlichen Mitteilung erläuterte der Komponist das Programm des zwischen Oktober 1900 bis April 1901 in Warschau aus Anlass eines lokalen Kompositionswettbewerbs[10] entstandenen Werkes. Besonders die Beschreibung der Einleitung zeigt eine Kontinuität zur Wald-Symbolik von Baranauskas: »Es beginnt mit leisen, breiten Akkorden, wie das friedliche und rauschende Seufzen litauischer Pinien.«[11]

Wie Baranauskas in *Anykščių šilelis* fasste Čiurlionis den Wald in *Miške* als eine Entität auf, dessen Lebendigkeit an seinem »Atmen« erkennbar war. Für die musikalische Repräsentation dieses anthropomorphen Bildes wählte er dementsprechend den Rhythmus des Ventilierens, eines langsamen An- und Abschwellens auf der Grundlage des »Urzustandes« C-Dur, akzentuiert durch Hörner, die Pathos-Klangfarbe des Waldes (Notenbeispiel 43).

---

[8] Claire Jansen, »Poe(trees) of Place: Forest Poetics in Lithuania and Tasmania«, in: *Journal of Ecocriticism* 1(2) Juli 2009, S. 44; Genovaitė Kazokas, *Musical Paitings. Life and Work of M. K. Čiurlionis (1875–1911)*, Vilnius 2009, S. 91.
[9] Antanas Baranauskas, *Anykščių šilelis*, Vilnius ²1985, S. 62.
[10] Daten nach: Alijšas Grėbliūnas (Hg.), *Mikalojus Konstantinas Čiurlionis. Painting, sketches, thoughts*, Vilnius, Rom 1997, S. 191.
[11] Mikalojus Konstantinas Čiurlionis an Petras Markevičius, 15.Februar 1902, zit. nach der englischen Übersetzung in: Vytautas Landsbergis, *M. K. Čiurlionis. Time and Content*. Vilnius 1992, S. 60–61.

Notenbeispiel 43: Mikalojus Konstantinas Čiurlionis, *Miške* (1901),
Beginn: Das »Atmen« des litauischen Waldes

Abbildung 25: Mikalojus Konstantinas Čiurlionis, *Miškas*
(1907; © Nacionalinis M.K. Čiurlionio dailės muziejus, Kaunas)

Die musikalische Suggestion eines beseelten vegetativen Organismus, mit der Čiurlionis seine symphonische Dichtung beginnen und enden ließ, symbolisierte den Zustand des »Ewigen«.[12] Čiurlionis folgte indes Baranauskas in dessen dualer, gleichzeitig transzendenter wie nationaler Semantisierung des Waldes, wenn er Phrasierungen von »Volksmusik« verwendete.[13]

Die Identität Litauens, die, wie es 1910 die Schriftstellerin und Frauenaktivistin Gabrielė Petkevičaitė-Bitė formulierte, als naturähnlich empfunden wurde,[14] fand somit im Rauschen des Waldes, das Čiurlionis nicht nur symphonisch, sondern auch Jahre danach in den Gemälden *Miško ošimas* (Das Rauschen der Wälder, 1904) oder *Miškas* (Wald, 1907; Abb. 25) repräsentierte, ein ästhetizistisches Gleichnis.

10.2 Polen als Simulacrum

Der Verlust von Polens territorialem, staatsrechtlichem Bestand in der zweiten Hälfte des 18. Jahrhunderts und die umfangreichen Deportationen nach Sibirien, die dem niedergeschlagenem November-Aufstand der Jahre 1830/1831 folgten, erfuhren in Julius Słowackis *Anhelli* (1838) eine poetische Reflexion. Sibirien, den Verbannungsort der polnischen Revolutionäre, überhöhte er darin, akzentuiert durch einen biblischen Sprachduktus,[15] zu einer Landschaft nationaler Läuterung,[16] die vom Titelhelden Anhelli gemeinsam mit einem Schamanen in einer byronesken, halluzinatorischen Durchwanderung erlebt wird.

Von Słowackis Gleichnis der »Raumlosigkeit« des polnischen Volkes in der »leeren« Landschaft Sibiriens ging besonders im Fin de siècle eine große Anziehungskraft aus. Maler wie Witold Pruszkowski, Jacek Malczewski und Wlastimil Hofman zeigten sich in ihren bildnerischen *Anhelli*-Interpretationen vor allem von dessen oft absichtsvoll rätselhaftem nationalen Symbolismus

---

[12] Vgl. Čiurlionis' spätere Ausführungen zu den Wäldern Litauens: » Nehmen wir einen abgeschiedenen Ort in Litauen (...): Überall, wohin das Auge nur blicken kann, erstreckt sich die Welt, begrenzt durch einen Kreis an grünen Pinien unter einem Baldachin der Stille und einem grauen Himmel. Und siehe, von jenseits der Hügel wird ein Lied heran getragen: O Wald, Wald, Du grüner Wald! Und die berückende Melodie wallt auf und trifft auf ihrem Weg den grünen Wald und den grauen Himmel. Von niemandem gelehrt, strömt sie direkt aus dem Herzen, erweckt ein seltsames Sehnen in Dir, erinnert Dich an etwas Ewiges.«, Mikalojus Konstantinas Čiurlionis, »Apie muziką«, in: *Lietuava*, 4. Juni 1909 (Nr. 23), zit. und ins Deutsche übersetzt nach: Landsbergis, *M. K. Čiurlionis* (wie Anm. 11), S. 83.
[13] Landsbergis, *M. K. Čiurlionis* (wie Anm. 11), S. 61.
[14] Gabrielė Petkevičaitė-Bitė, »Ketvirta lietuvių dailės paroda«, in: *Vairas*, Nr. 7 (1914), S. 8, wiedergegeben in: Laima Laučkaitė, *Art in Vilnius 1900-1915*, Vilnius 2008, S. 83.
[15] Aleksandra Niemirycz, »Wandering Poet: Juliusz Słowacki's journey to the East«, in: Grzegorz Moroz, Jolanta Sztachelska (Hg.), *Metamorphoses of Travel Writing: Across Theories, Genres, Centuries and Literary Traditions*. Newcastle upon Tyne 2010, S. 126.
[16] Aleksandra Niemirycz, »Wandering Poet« (wie Anm. 15), S. 126.

angeregt.[17] Die Bedeutsamkeit des Kryptischen von *Anhelli* für die polnische Jahrhundertwende zeigt auch der Umstand, dass 1909 der Historiker Antoni Mazanowski in Krakau einen Schlüssel zur Symbolik des Epos publizierte.[18]

Im selben Jahr, während seiner Zeit als Kapellmeister der Oper in Lemberg und anlässlich einer dortigen Feier zu Ehren von Słowacki,[19] versuchte Ludomir Różycki eine symphonische Ausdeutung von *Anhelli*. Das Werk bildet insofern eine Ausnahme, als sich die Komponisten des *Młoda Polska* (Junges Polen), der Różycki angehörig war, an der Neudeutschen Schule orientierten und nationalpolnische Sujets vermieden.[20]

Die symphonische Dichtung wird mit dem Dominantseptnonakkord von Ges-Dur in den Streichern eröffnet, vor dem der unvorbereitete Vorhalt Hesses erscheint, intoniert von den Klarinetten. Erst, als dieses Hesses über Des nach As aufgelöst, wird es als Accentus descendens erkennbar (Notenbeispiel 44). Im »Drängen« des Vorhalts, der unverkennbar das Sehnen nach nationaler »Erlösung« ausdrückt, und in der statischen Klangfläche der Streicher, die die unbegrenzte Landschaft Sibiriens bedeutet, hat Różycki die Spannung der räumlichen und nationalen Metaphorik in *Anhelli* musikalisch verdeutlicht.

Das Vorhaltsmotiv stellt die Frage nach »Polen« und durchzieht deswegen das ganze Werk. Bei Ziffer 4 wird von ihm eine Trompetenfigur (Notenbeispiel 45) abgeleitet, die einen partikularen Aspekt der Idee symbolisiert, nämlich das märtyrerhafte Ringen um die Nation.[21] Diesen Eindruck erreicht Różycki durch fortwährende Modulationen: Gelangt die Melodie zum Grundton der Tonart, transformiert sie durch die neue Harmonisierung jeweils zur tief alterierten Sept einer neuen Tonika (C in D-Dur, E in Fis-Dur): Es entsteht die Empfindung eines Strebens, das nie erreicht wird. Gleichfalls »unerfüllt« bleibt die bei Ziffer 13 einsetzende Melodie in parallelen Terzen der Ganztonskala. Sie bezeichnet Ellenai, Anhellis Liebe, deren Tod (ab 5 Takte nach Ziffer 14) von einer motivischen Fortspinnung der Violinen in

---

[17] Generell ein Spezifikum des polnischen Symbolismus, vgl.: Dorota Folga-Januszewska, »From Symbolism to Modern Art and back to Symbolism«, in: Fionnuala Croke, Dorota Folga-Januszewska (Hg.), *Paintings from Poland. Symbolism to Modern Age (1880–1939)*. Dublin 2007, S. 18–19; Anna-Maria von Bonsdorff, »Dream Landscapes. From Fantasy to Nightmare«, in: Rodolphe Rapetti, Richard Thomson, Anna-Maria von Bonsdorff, Nienke Bakker, *Van Gogh to Kandinsky: Symbolist Landscape in Europe 1880–1910*, London 2012, S. 95.
[18] Antoni Mazanowski, *Klucz do symboliki ›Anhellego‹*. Krakau 1909.
[19] Józef Kański, *Ludomir Różycki*. Krakau 1979, S. 27.
[20] Stefan Keym, »Tendenzen nationaler Identitätsbildung in der polnischen Symphonik am Beispiel von Zygmunt Noskowski und Karol Szymanowski«, in: Detlef Altenburg, Rainer Bayreuther (Hg.), *Musik und kulturelle Identität*. Band 3: Freie Referate und Forschungsberichte. Kassel 2012, S. 414.
[21] Kański, *Ludomir Różycki* (wie Anm. 19), S. 27.

hohen Registern und begleitender Harfe lamentiert[22] und zur spirituellen Erfahrung erhoben wird.

Am Ende kehrt die motivische »Frage nach Polen« wieder, erst in eine Molleintrübung der Grundtonart mündend, dann mit einer Betonung seiner Auflösung nach Dur durch fortissimo-Schläge des ganzen Orchesters. Doch folgt dieser anscheinend endgültigen Wendung zum Zuversichtlichen eine Coda, die das Motiv noch einmal bringt, dieses Mal in einer vierfachen, einander überlappenden Imitation der Holzbläser. Die Auflösung wird dadurch erneut verzögert (sie geschieht erst im vorletzten Takt des Werkes). Dergestalt gab Różycki seiner symphonischen Dichtung ein »offenes« Ende, das der Situation der polnischen Nation am Beginn des 20. Jahrhundert entsprach.

Notenbeispiel 44: Ludomir Różycki, *Anhelli* (1909),
Beginn mit Vorhaltsmotiv: Die Frage nach »Polen«

Notenbeispiel 45: Ludomir Różycki, *Anhelli* (1909), Trompetenmotiv

---

[22] Kański, *Ludomir Różycki* (wie Anm. 19), S. 28.

10.3 Umbrien als spirituelle Landschaft Italiens

In der Vorstellungsgeschichte europäischer Landschaften stellt die Apenninhalbinsel eine der am intensivsten gepflegten Konstruktionen dar. Die Eignung hierfür verdankt sich ihrer klimatischen, topographischen und materiellen Disposition, auf die das paradigmatische Gefühl des romantischen Zeitalters, die Sehnsucht, ausgezeichnet angewandt werden konnte. Es war Goethe, der dies in *Wilhelm Meisters Lehrjahre* (1795) wahrscheinlich am frühesten tat[23] und damit eine außergewöhnliche Resonanz hervorrief. Die »Idee Italien«[24] wurde seitdem als Ort einer räumlichen, zeitlichen und sinnlichen Ferne repräsentiert, die durch die Route der Grand Tour nachvollziehbar wurde.

Deren standardisierter Charakter[25] beschränkte die Wahrnehmung Italiens auf die Regionen Toskana, Kampanien und die Vesuvlandschaft um Neapel: Landschaften, in denen das Arkadische erkannt wurde. Erst individuelle Erkundungen lenkten diese Wahrnehmung hin zu einer Region, die bislang im Zuge der Grand Tour nur selten besucht worden und daher erst im 19. Jahrhundert in das Blickfeld des Interesses geraten war:[26] Umbrien.[27]

Das *Pilgerbuch* (Pilgrimsbogen) des dänischen Schriftstellers Johannes Jørgensen war 1903 ein diesbezüglich markanter diskursiver Beitrag. In den Landschaften, in der der Heilige Franziskus von Assisi gewirkt hatte, glaubte Jørgensen, der sich als Dichter befähigt sah, hinter den zeitlich bedingten Erscheinungen der Welt eine göttliche Ewigkeit zu erkennen,[28] das geeignete Exempel eines »anderen«, spirituellen Italien:

> »Dieses Frühlings- und Berg-Italien ist ein ganz anderes als jenes, das die Touristen kennen, die Maler schildern und die Dichter besingen. Dies ist nicht das Italien Goethes mit Myrten, Lorbeeren und goldenen Goldorangen. Dies ist nicht Böcklins Italien mit Cypressen, Blumenwiesen und Marmorvillen. (...) Es ist aber ein Italien, das ich mehr liebe, ein einfacheres und schlichteres, heimischeres Italien. Es ist nicht das Neapel oder Sicilien des ewigen Sommers, sondern ein Land

---

[23] Elisabeth Schröter, »Italien - ein Sehnsuchtsland? Zum entmythologisierten Italienerlebnis in der Goethezeit«, in: Hildegard Wiegel (Hg.), *Italiensehnsucht. Kunsthistorische Aspekte eines Topos*. München, Berlin 2004, S. 190.
[24] Wilhelm Waetzoldt, *Das klassische Land. Wandlungen der Italiensehnsucht*. Leipzig 1927, S. 17.
[25] Thomas Habersatter, »Alle Wege führen nach Rom. Grand Tour und französische Reisebeschreibungen Italiens im 17. und 18. Jahrhundert«, in: Thomas Habersatter (Hg.), *Sehnsucht Süden. Französische Barock- und Rokokomaler in Italien*. Salzburg 2002, S. 11.
[26] Waetzoldt 1927 (wie Anm. 24), S. 51, Habersatter 2002 (wie Anm. 25), S. 11.
[27] Siehe dazu: Stefan Schmidl, »Constructing a transcendent landscape: Symphonic music and the imagination of Italy«, in: Andreas Gottsmann, Antal Molnár, Piotr Salwa (Hg.), *L'italianismo moderno nell'Europa centrale e orientale (sec. XIX-XXI)* (Accademia Polacca delle scienze, Bibioteca e centro di studi a Roma, Conferenze 135). Rom 2017, S. 111–117.
[28] Annegret Heitmann, »Die Moderne im Durchbruch (1870–1910)«, in: Jürg Glauser (Hg.), *Skandinavische Literaturgeschichte*, Stuttgart, Weimar 2006, S. 214.

mit Jahreszeiten wie andere Länder (…). Es ist Italien im Arbeitskleide und Italien im Bußgewand. Es ist das franziskanische Italien (…).«[29]

Die Faszination für dieses »franziskanische Italien«, die Jørgensen vier Jahre später außerdem die Vita des Heiligen schreiben ließ (*Den hellige Frans af Assisi*, 1907), bildete nach dem Ersten Weltkrieg die Grundlage der *Paysages franciscains* (Franziskanische Landschaften, 1919), eines symphonischen Triptychons des französischen Spätimpressionisten Gabriel Pierné. Rückblickend stellte er sich mit dem Werk in die Reihe vornehmlich französischer Komponisten, die aus persönlicher Anschauung heraus programmatische Musik über italienische Landschaften schufen:

> »Wie Liszt, der einige Klavierwerke schrieb, die Italien angeregt, waren einige von uns unmittelbar inspiriert von diesem Land: Berlioz mit *Harold en Italie*, Bizet mit *Roma*, Charpentier mit *Impressions d'Italie*, Büsser mit *À la villa Médicis*, und ich selbst mit *Saint François* und den *Paysages franciscains*.«[30]

Während er in seiner angesprochenen Oper *Saint-François d'Assise* (1912, Text: Gabriel Nigond) den Heiligen selbst behandelt hat, stand in den *Paysages* aber nicht die Figur und die Historie des Franziskus zur Vermittlung, sondern die Landschaft seines Wirkens, wie sie von Jørgensen geschildert worden waren.

Pierné folgte dem Dichter zum Teil akribisch. So berücksichtigte er im ersten Satz, der die abendliche Atmosphäre des Konvents von San Damiano schildert (den Schauplatz der Berufung des Heiligen), Details wie den Kuckucksruf oder die Kirchenglocken in der Ebene von Assisi (Notenbeispiele 46 und 47). Musikalisch deutete er so Jørgensens Vorstellung einer Landschaft aus, die durch die Laute von Gottes Geschöpfen und den Klang franziskanischen Glaubens[31] »beseelt« wird.

Bei eingehender Betrachtung fällt allerdings auf, dass das Zitat, das dem ersten Satz überschrieben ist, aus vier verschiedenen Passagen des *Pilgerbuchs* zusammengesetzt ist.[32] Während drei dieser Ausschnitte sehr wohl aus dem

---

[29] Johannes Jörgensen [Jørgensen], *Das Pilgerbuch. Aus dem franziskanischen Italien*. Autorisierte Übersetzung aus dem Dänischen von Henriette Gräfin Holstein Ledreborg. Kempten, München ²1905, S. 121–122.

[30] »À l'instar de Liszt qui a écrit diverses œuvres pour piano inspirés par l'Italie, certains d'entre nous ont été plus directement impressionnés par ce pays: Berlioz avce Harold en Italie, Bizet avec Roma, Charpentier avec les Impressions d'Italie, Büsser avec À la villa Médicis, et moi-même avec Saint François et les Paysages franciscains« Gabriel Pierné, 16. Mai 1929, zit. nach: Cyril Bongers, »Le verbe et le son, l'images et le souvenir… Les chemins de l'extase dans l'œuvre franciscaine de Gabriel Pierné«, in: *Le Paon d'Hera. Gazette interdisciplinaire thématique international*. Décembre 2008, S. 82.

[31] Helmut Feld, *Franziskus von Assisi*. München ³2013, S. 88

[32] »L'Église de Saint-Damien est toute obscure, car le soir approche…; l'air est comme doré, derrière le délicat feuillage des oliviers et la fontaine murmure au-dessous du rampart… j'entends au loin, sur la campagne verte, retentir l'appel monotone du coucou; des cloches aussi tintent vaguement, comme endormies… la fumée des maisons s'élève calme

16. Kapitel über San Damiano entnommen sind, stammen ausgerechnet die Zeilen mit dem Kuckucksruf und den Glocken aus dem 22. Kapitel, das einen Aufstieg zum Ort der Stigmatisierung des Franziskus, den Monte Alverna bei Arezzo, schildert:

> »Die Kirche von San Damiano ist ganz dunkel, es ist ja bald Abend,[33]... die Luft steht golden hinter dem feinen Laub der Olivenbäume, und der Brunnen unter der Mauer rieselt,«[34] | »über die grünen Felder hinaus höre ich den Kuckuck rufen; Glocken läuten hier und da, vag und wie im Schlafe,«[35] | » - seht den Rauch, der still und senkrecht in der Morgenluft aufsteigt wie ein Opferrauch vor dem Angesicht des Herrn.«[36]

Wenngleich die Voranstellungen des zweiten Satzes, *Les olivaies de la plaine d'Assise (Crépuscule d'Automne)* (Die Olivenhaine der Tiefebene von Assisi [Herbstliche Abenddämmerung]),[37] und die des Finales, *Sur la route de Poggio-Bustone (La Procession)* (Auf dem Weg nach Poggio Bustone [Die Prozession]),[38] sich weitgehend bis gänzlich korrekt mit den Angaben des Pilgerbu-

---

et droite dans l'atmosphère transparente, comme une fumée d'encens qui monte vers le trône du Seig-neur.«, Gabriel Pierné, *Paysages franciscains*. Paris 1920, S. 2.

[33] Jørgensen, *Das Pilgerbuch* (wie Anm. 29), S. 212

[34] Jørgensen, *Das Pilgerbuch* (wie Anm. 29), S. 212

[35] Jørgensen, *Das Pilgerbuch* (wie Anm. 29), S. 293.

[36] Jørgensen, *Das Pilgerbuch* (wie Anm. 29), S. 220.

[37] »Oui, c'est bien la mélodie que j'ai entendue s'élever des olivaies des environs d'Assise, par de claires soirées d'automne; je revois la plaine infinie, merveilleusement verte, et entourée de montagnes qui reculent dans la brume bleue du soir, pour finir par s'effacer tout à fait, confondues avec les nuages d'or pâle, sous le rebord rouge du ciel crépusculaire. Une grande raie de soleil tombe sur cette plaine comme sur une mer verte; et les maisons blanches, éparses, étincellent comme une flotte de voiles brillantes.«, Pierné, *Paysages franciscains* (wie Anm. 32), S. 16; »[Jørgensen, *Das Pilgerbuch* (wie Anm. 29), S. 25:] »Es ist ein Gesang, wie ich ihn von den Olivernfeldern um Assisi hörte, an klaren, wunderbaren Herbstabenden.« | [S. 208:] »Unter mir ist die unendliche grüne Ebene, von den Bergen eingehegt, die im bläulichen Schimmer zurücktreten und zuletzt verschwinden, in blaßgoldenen Nebel unter dem hellroten Rande des Abendhimmels aufgelöst. Ein Sonnenstreifen fällt über die Ebene hin wie über ein grünes Meer; die zerstreuten weißen Häuser leuchten wie eine Flotte von glänzenden Segeln.«

[38] »[Jørgensen, *Das Pilgerbuch* (wie Anm. 29), S. 147:] Ich wandere weiter, Berg auf, Berg ab, durch Wald und Tal, und bald bietet sich ein neuer, merkwürdiger Anblick dar (...). Vor uns liegt, festerfüllt, ein paëse, ein kleines italienisches Dorf; ich sehe einen Schwarm von bunten Trachten und höre im Gesumme von Stimmen. Ich gehe zu und stehe bald auf dem Kirchplatz, zu allen Seiten umgeben bvon den weißen, spitzenbesetzten Kopftüchern und den brandgelben, roten, ockergelben, blauen und grünen Tüchern und Kleidern der Bauernfrauen und Bauernmädchen. Das sind Leute aus Poggio Bustone, die eine Wallfahrt hierher gemacht haben, und die jetzt zurückkehren. [S. 146:] jetzt ertönt Gesang aus der Kirche, und aus ihrer Dunkelheit hervor taucht in der Mittagssonne ein Madonnen-Banner, hochgetragen von einem Geistlichen, und gefolgt von einer Schar junger Mädchen, weißekleidet (...), und dann von einem Schwarm von Frauen in der Landestracht, leuchtend wie hundert Tulpen. [S. 148:] Dann ein Kruzifix, von den Männern begleitet. Dann die Musik, ein zwölf Mann starkes Messingorchester, und endlich ein langer Schwanz von Männern und Frauen durcheinander. Bald spielt die Musik, bald singen die jungen Mädchen – ein

ches decken, findet sich im Schlusssatz doch noch eine auffallende Arbitrarität: Ließ Jørgensen junge Mädchen ein »Eviva Maria« anstimmen, [39] verwendete Pierné als frommen »Gesang« die Hymne *Pange lingua* (Notenbeispiel 48), die Thomas von Aquin, also einem der wichtigsten dominikanischen Heiligen, zugeschrieben wird und dem Fronleichnams-, aber keinem Marienfest zugeordnet ist.

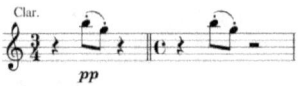

Notenbeispiel 46: Gabriel Pierné, *Paysages franciscaines* (1919),
Kuckucksruf in *Au Jardin de Sainte Claire*

Notenbeispiel 47: Gabriel Pierné, *Paysages franciscaines* (1919),
Kirchenglocken in *Au Jardin de Sainte Claire*

Notenbeispiel 48: Gabriel Pierné, *Paysages franciscaines* (1919),
Zitat des Hymnus *Pange lingua* in *Sur la route de Poggio-Bustone*

---

unendlicher, einförmiger Gesang, wo immer und immer derselbe Refrain wiederkehrt: *Eviva Maria / E chi la creò! / Eviva Maria / E chi la creò!«.*

[39] »... Et je continue d'aller , montant et descendant, a travers des champs ou de vastes forêts, jusqu'à ce qu'enfin s'offre à moi un spectacle nouveau et infiniment curieux. Devant moi s'étend un ›paëse‹, un petit village, tout rempli des apprêts d'une fête. J'aperçois un essaim de costumes bariolés, et entends un bourdonnement de voix. Hâtant le pas me voici bientôt sur la place de l'église, où, de toutes parts m'entourent des fichus blanc ornés de dentelle, ainsi que les châles et robes jaunes, rouges, bleus et verts de jeunes filles et des femmes villageoises! Ces gens sont des habitants de Poggio Bustone, venus ici en pelerinages et qui maintenant s'en retournent chez eux. ... Et voici qu'à l'interieur retentit un chant, et que, de sa nef obscure apparaît au soleil une bannière de la Vierge, portée par un robuste prêtre et suivie d'une troupe nombreuse de jeunes filles tout en blanc; après quoi viennent encore non moins nombreuses, des femmes revêtues du costume populaire étincelant sous la vive lumière d'un midi italien, comme un champ de tulipes hollandais! Puis, vient un crucifix, escorté du groupe des hommes et, derrière eux, c'est la musique, une bruyante fanfare de douze instruments de cuivre. Tantôt la fanfare exécute un morceau de son répertoire, tantôt les jeunes filles, à l'unisson, chantent un cantique monotone et infini, où toujours reparaît le même refrain: *Eviva Maria, / E chi la creò! / Eviva Maria, / E chi la creò!«*, Pierné, *Paysages franciscains* (wie Anm. 32), S. 36.

Ungeachtet der Freiheiten im Umgang mit Jørgensens Vorlage begann mit Piernés *Paysages franciscains* eine musikalische Konjunktur des Franziskus-Mythos. Rückte zunächst wieder die Figur des Heiligen in den Mittelpunkt (Gian Francesco Malipieros Oper *San Francesco d'Assisi*, 1921), Hermann Suters Oratorium *Le Laudi di San Francesco d'Assisi*, 1923), war es die »Legende für Orchester« *Assisi* (1924) des amerikanischen-deutschen Musikers Hermann Hans Wetzlers, in der Umbrien ein weiteres Mal als auratisch-spirituelle Landschaft erschien.

Assisi, Gewinner eines Kompositonswettbewerb in Chicago,[40] verdankte seine Inspiration dem Erlebnis einer Wanderung, die der Komponist am Ostermorgen des Jahres 1924 zur Klosteranlage Eremo delle Carceri auf dem Monte Subasio unternommen hat:[41]

> »Nachdem wir etwa eine Stunde gestiegen waren, wurde die Gegend immer kahler, einsamer und großartiger; bogen wir nordwärts in eine mächtige, dichtbewaldete Schlucht ein; vor uns ragte der Gipfel des Subario auf. (...) Hier sah die Gegend genau so aus, wie man sich das Gralsgebiet denkt; die Vögel sangen wundervoll, und es lag eine seltsame Ostermorgenfeierlichkeit über der ganzen Weite. (...) Ganz besonders gerührt hat mich die uralte Quercia, vor welcher der heilige Franziskus die Vogelpredigt gehalten hat.«[42]

Die Einspiegelung des »Karfreitagszauber« des *Parsifal* in die Imagination der umbrischen Bergwelt stimmt mit der Nachahmung naheliegender Vorbilder, Wagners *Waldweben* und Liszts *Saint François d'Assise*,[43] überein. Dem spezifischen Klang franziskanischer Religiosität genügte aber auch eine Glocken-Imitation durch Klavier und Orgel, ein Effekt, der »vom Zuhörer niemals erkannt«[44] werden sollte.

Die symphonischen Visionen von Umbrien der frühen Zwischenkriegszeit suggerierten Gefilde transzendentalen Friedens. Mit ihnen wurde dem Eindruck der Kriegslandschaften des Ersten Weltkriegs eine »heilige« Natur entgegengestellt. Die »nationalen« Prägungen - Piernés »impressionistische« und Wetzlers »neudeutsche« - blieben dabei in ihren symphonischen Repräsentationen der franziskanischen Landschaft unverkennbar.

---

[40] Hermann Hans Wetzler an N.N., Rom, 1.5.1924, zit. nach: Heinrich Aerni, *Zwischen USA und Deutschem Reich. Hermann Hans Wetzler (1870–1943). Dirigent und Komponist* (Schweizer Beiträge zur Musikforschung, Band 22), Kassel 2015, S. 129.
[41] Aerni, *Zwischen USA und Deutschem Reich* (wie Anm. 40), S. 223.
[42] Hermann Hans Wetzler an N.N., Rom, 1.5.1924, zit. nach: Aerni, *Zwischen USA und Deutschem Reich* (wie Anm. 40), S. 222.
[43] Aerni, *Zwischen USA und Deutschem Reich* (wie Anm. 40), S. 223.
[44] Hermann Hans Wetzler, *Assisi*. Legende für Orchester. Leipzig 1926, S. 6.

Literatur (Auswahl)

Theorie

Kofi Agawu, *Music as Discourse. Semiotic Adventures in Romantic Music*. New York 2009.

Hans Blumenberg, *Paradigmen zu einer Metaphorologie*. Frankfurt am Main 2013.

Horst Bredekamp, *Theorie des Bildakts*. Berlin 2015 (2010).

Nicholas Cook, *Music. A Very Short Introduction*. Oxford [2]2000.

Katrin Kohl, *Metapher*. Stuttgart, Weimar 2007.

Lawrence Kramer, *Musical Meaning. Towards a Critical History*. Berkely, Los Angeles, London 2002.

George Lakoff, Mark Johnson, *Leben in Metaphern. Konstruktion und Gebrauch von Sprachbildern*. Heidelberg [7]2011 (1980).

Jean-Jacques Nattiez, *Music and Discourse. Toward a Semiology of Music*. Princeton 1990 (1987).

William John Thomas Mitchell, *Bildtheorie*. Frankfurt am Main 2008.

Matthew Riley, Anthony D. Smith, *Nation and Classical Music. From Handel to Copland* (Music in Society and Culture). Woodbridge 2016.

Arne Stollberg, *Tönend bewegte Dramen. Die Idee des Tragischen in der Orchestermusik vom späten 19. bis zum frühen 20. Jahrhundert*. München 2014.

Eero Tarasti, *A Theory of Musical Semiotics*. Indiana University Press 1994.

Lawrence M. Zbikowski, *Conceptualizing Music. Cognitive Structure, Theory, and Analysis*. Oxford 2002.

Nationalismus

Benedict Anderson, *Die Erfindung der Nation. Zur Karriere eines folgenreichen Konzepts*. Frankfurt am Main [2]2205 (1983).

Ernest Gellner, *Nationalismus. Kultur und Macht*. Berlin 1999 (1997).

Bernhard Giesen, *Kollektive Identität. Die Intellektuellen und die Nation 2*. Frankfurt am Main 1999.

Eric Hobsbwam, *Nationen und Nationalismus. Mythos und Realität seit 1780*. Frankfurt am Main 2004 (1990).

Hagen Schulze, *Staat und Nation in der europäischen Geschichte*. München [3]1999.

Anthony D. Smith, *National Identity*. Reno, Las Vegas, London 1993 (1991).

Hans-Ulrich Wehler, *Nationalismus. Geschichte - Formen - Folgen*, München ⁴2011.

Ruth Wodak, Rudolf de Cillia, Martin Reisigl, Katrin Liebhart, Klaus Hofstätter, Maria Kargl, *Zur diskursiven Konstruktion nationaler Identität*, Frankfurt am Main 1998.

19./20. Jahrhundert

Moritz Csáky, *Das Gedächtnis der Städte. Kulturelle Verflechtung - Wien und die urbanen Milieus in Zentraleuropa*. Wien, Köln, Weimar 2010.

Wolfgang Kaschuba, *Die Überwindung der Distanz. Zeit und Raum in der europäischen Moderne*. Frankfurt am Main 2004.

Jonathan Kregor, *Program Music*. Cambridge 2015.

Jürgen Osterhammel, *Die Verwandlung der Welt: Eine Geschichte des 19. Jahrhunderts*. München 2008.

Werner Telesko, *Das 19. Jahrhundert. Eine Epoche und ihre Medien*. Wien, Köln, Weimar 2010.

Landschaft

Hans-Dieter Bahr, *Landschaft. Das Freie und seine Horizonte*. Freiburg, München 2014.

Oskar Bätschmann, *Entfernung der Natur. Landschaftsmalerei 1750–1920*. Köln 1989.

Rainer Guldin, *Politische Landschaften. Zum Verhältnis von Raum und nationaler Identität*. Bielefeld 2014.

François Julien, *Von Landschaft leben oder das Ungedachte der Vernunft*. Berlin 2016 (2014).

Hansjörg Küster, *Die Entdeckung der Landschaft. Einführung in eine neue Wissenschaft*. München 2012.

Hansjörg Küster, *Schöne Aussichten. Kleine Geschichte der Landschaft*. München 2009.

Petra Maisak, *Arkadien. Genese und Typologie einer idyllischen Wunschwelt*. Frankfurt am Main, Bern 1981.

Barbara Piatti, *Die Geographie der Literatur. Schauplätze, Handlungsräume, Raumphantasien*. Göttingen ²2009.

Simon Schama, *Landscape and Memory*. New York 1996.

François Walter, *Les figures paysagères de la nation. Territoire et paysage en Europe (16ᵉ–20ᵉ siècle)*. Paris 2004.

Martin Warnke, *Politische Landschaft. Zur Kunstgeschichte der Natur*. München, Wien 1992.

John Wylie, *Landscape*. London, New York 2007.

Werkverzeichnis nach Nationen und Regionen

Ardèche
    Vincent d'Indy, *Jour d'été à la montagne* (1905)
    Vincent d'Indy, *Poème des Montagnes* (1881)
    Vincent d'Indy, *Souvenirs* (1906)
Belgien
    Edward Elgar, *Carillon* (1914)
    Erkki Melartin: *Impressions de Belgique* (1915/17)
Brandenburg
    Hugo Kaun, *Märkische Suite* (1912)
Bretagne
    Joseph-Guy Ropartz, *La chasse du Prince Arthur* (1912)
    Joseph-Guy Ropartz, *La cloche des morts* (1887)
Bulgarien/Mazedonien
    Pančo Vladigerov, *Vardar* (1922)
Cornwall
    Arnold Bax, *Tintagel* (1917)
Dalmatien
    Blagoje Bersa, *Sunčana polja* (1919/20)
Dänemark
    Niels Gades, *En sommerdag paa landet* (1879)
    Niels Gade, Symphonie Nr. 1 (*Paa Sjølunds fagre Sletter,* 1843)
    Louis Glass, *Sommerliv* (um 1899)
    Ludolf Nielsen, *Hjortholm* (1923)
Elsass
    Jules Massenet, *Scènes alsaciennes* (1881)
Estland
    Heino Eller, *Koit* (1918)
Finnland
    Jean Sibelius, *Islossningen i Uleå älv* (1899)
Griechenland
    Aleksandr Glazunov, *1re Ouverture sur trois thèmes grecs* (1882)
Irland
    Arthur Sullivan, Symphonie in E-Dur (*The Irish,* 1866)
    Augusta Holmès, *Irelande* (1882)
    Charles Villiers Stanford, Symphonie Nr. 3 (*The Irish,* 1887)
    Charles Villiers Stanford, Irish Rhapsody Nr. 1 (1902)
    Victor Herbert, *Irish Rhapsody* (1892)
Italien
    Franco Alfano, *Suite romantica* (1906)
    Alfredo Casella, *Italia* (1909)
Island
    Jón Leifs, *Dettifoss* (1964)
Katalonien
    Juan Manén, *Nova Catalonia* (1903/1917)
Lettland
    Alfrēds Kalniņš, *Latvija* (1919)
    Jānis Mediņš, *Zilaiskalns* (1919/1924)

Jānis Mediņš, Svīta No. 3 (1933)
Jāzeps Mediņš, *Latvju zeme* (1935)
Jāzeps Vītols, *Līgo svētki* (1889)
Litauen
    Mikalojus Konstantinas Čiurlionis, *Miške* (1901)
Malta
    Charles Camilleri, *Malta Suite* (1946)
    Carmelo Pace, *Maltesina* (1931)
Niederlande
    Cornelis Dopper, Symphonie Nr. 7 *Zuiderzee* (1917)
    Bernard Zweers, Symphonie Nr: 3 *Aan mijn vaderland* (1886–90)
Norwegen
    Ole Bull, *Et Sæterbesøg* (1849)
    Frederick Delius, *Paa Vidderne* (1890/92)
    Frederick Delius, *The Song of the High Hills* (1911)
    Gerhard Schjelderup, *Sommernacht am Fjord* (1904)
    Gerhard Schjelderup, Symphonie Nr. 2 *Til Norge* (1923)
Polen
    Ludomir Różycki, *Anhelli* (1909)
Portugal
    Luís de Freitas Branco, *Vathek* (1913/14)
    José Viana da Motta, Symphonie (*À Pátria*, 1895)
Rumänien
    George Enescu, *Poème roumain* (1898)
Russland
    Sergej Prokof'ev, *V strecha Volgi s Donom* (1951)
Sardinien
    Ennio Porrino, *Sardegna* (1934)
Schweden
    Hugo Alfvén: *En skärgårdssägen* (1904)
    Hugo Alfvén: Symphonie Nr. 4 *Från Havsbandet* (1918/19)
    Kurt Atterberg, *Västkustbilder* (1914-1916)
    Ture Rangström, *Mitt land* (1919)
    Josef Jonsson, *Nordland,* 1919-1922)
    Wilhelm Peterson-Berger, *Same-Ätnam* (1917)
Schweiz:
    Arthur Honegger, *Pastorale d'été* (1920)
    Hans Huber: Symphonie Nr. 7 *Schweizerische* (1917)
Serbien
    Nikolai Rimskij-Korsakov, *Fantaisie sur des thèmes serbes* (1867)
    Pëtr Il'ič Čajkovskij, *Marche Slave* (1876)
Sizilien
    Gino Marinuzzi, *Suite siciliana* (1909)
    Giuseppe Mulè, *Sicilia canora* (1924)
Slowakei
    Vítězslav Novák, *V Tatrách* (1902)
Slowenien:
    Blaž Arnič, Symphonie Nr. 8 *Na domači grudi* (1951)
    Marjan Kozina: Simfonija (1946-1949)

Somerset
    Gustav Holst, *Somerset Rhapsody* (1906/07)
Umbrien
    Gabriel Pierné, *Paysages franciscains* (1919)
    Hermann Hans Wetzler, *Assisi* (1924)
Ungarn
    Béla Bartóks, *Falun* (1926)
    Ernst von Dohnányi, *Ruralia hungarica* (1923/24)
Wachau
    Richard Maux, *Schnee* (1948)
    Franz Reinl, *Die Wachau* (1938)
    Richard Strauss, *Die Donau* (1941)

Textnachweise

Teile und frühere Versionen der Kapitel 1.4, 7.3, 8.1, 8.2 und 10.3 sind zuvor erschienen in:

»Musikalisches Erschreiben. Reflexionen zur klanglichen Weltkonstitution am Beispiel von Blagoje Bersas *Sunčana polja*«, in: Zagreber Germanistische Beiträge Nr. 26 (2017), *Musikalisches Erschreiben. Topographien der Literatur,* hg. von Boris Previšić.

»Symphonische Musik und die Konstitution von Landschaft. Das Beispiel der Wachau«, in: Studien und Forschungen aus dem NÖ Institut für Landeskunde, Band 60 (2017).

»Politische Exotik. Zur Repräsentation Südosteuropas in russischer Musik des 19. Jahrhunderts«, in *MusikTheorie. Zeitschrift für Musikwissenschaft.* Heft 2/2014: *Panslawismus - Utopie und Wirklichkeit,* hg. von Ivana Rentsch.

»Constructing a transcendent landscape: Symphonic music and the imagination of Italy«, in: Antal Molnár, Piotr Salwa (Hg.), *L'italianismo moderno nell'Europa centrale e orientale (sec. XIX-XXI)* (Accademia Polacca delle scienze, Bibioteca e centro di studi a Roma, Conferenze 135). Rom 2017.

Abbildungsnachweise

Nicht in allen Fällen konnten etwaige Rechtinhaber ermittelt werden. Im Falle berechtiger Ansprüche bittet der Autor daher um Kontaktaufnahme

Abbildung 1: Sonnenaufgang über der Emajõgi in Tartu [Dorpat], kolorierte Postkarte nach einer Fotografie von J. Solba, [1910er Jahre], Eesti Rahvusraamatukogu, Digital Archive DIGAR)

Abbildung 2: Ivan Grohar, *Sejalec* (1907; Fotografie von Bojan Salaj © Narodna galerija Ljubljana)

Abbildung 3: *The lovely land of promise* (Fotografie, 1919; Library of Congress Prints and Photographs Division, Washington, D.C.)

Abbildung 4: Ansicht von Glastonbury, Somerset (Postkart, 1890/1900; Library of Congress Prints and Photographs Division, Washington, D.C.)

Abbildung 5: Oskar Jalander, *Die Stromschnellen von Merikoski mit der Brücke über den Oulu* (Fotografie, 1890/1902; Public Domain)

Abbildung 6: *Die von den Italienern gesprengte Isonzobrücke bei Sagrado* (Fotografie aus *Wiener Bilder*, 18. November 1917, S. 7; ANNO/Österreichische Nationalbibliothek, Wien)

Abbildung 7: *Erstes Zusammenfliessen von Wolga und* Don (1951; Fotografie aus *Der Wolga-Don-Schiffahrtskanal „W. I. Lenin"*, Moskau 1954; Archiv Stefan Schmidl)

Abbildung 8: Einar Benediktsson, *Dettifoss* 1905 (© Landsbókasafn Íslands; mit freundlicher Genehmigung von Hið íslenska bókmenntafélag)

Abbildung 9: *Scene in the Tatra Mountains* (Fotografie, März 1920; Library of Congress Prints and Photographs Division Washington, D.C.)

Abbildung 10: Das Lauterbrunner Tal von Wengen gesehen, Berner Oberland, Schweiz (Postkarte, 1890/1900; Library of Congress Prints and Photographs Division Washington, D.C.)

Abbildung 11: Geirangerfjord, Norwegen (Postkarte, 1890/1900; Library of Congress Prints and Photographs Division Washington, D.C.)

Abbildung 12: Fotografie von Vilhelms Purvītis' *Kurzeme* (Lünetenmalerei im Lettischen Nationales Kunstmuseum, erschienen in: *Nedēļa*, 16. Oktober 1925; mit freundlicher Genehmigung der Latvijas Nacionālā bibliotēka, Rīga)

Abbildung 13: Arco de Vathek, Monserrate, Sintra (© Stefan Schmidl)

Abbildung 14: Thomas Buchanan Read, *The harp of Erin* (1867; © Cincinnati Art Museum, Ohio, Gift of Mrs. Michael M. Shoemaker, 1934.44)

Abbildung 15: Grande Place Beffroi, Brügge (Postkarte, 1890/1906; Library of Congress Prints and Photographs Division Washington, D.C.)

Abbildung 16: Francesco Ciusa, *La madre dell'ucciso* (1906; © Davide Mauro, WikiCommons)

Abbildung 17: Abraham de Verwer, *Slag op de Zuiderzee, 6 oktober 1573* (1621; © Rijksmuseum Amsterdam)

Abbildung 18: *Die Wachau,* Titelblatt der Partitur (Wien 1939, ohne Angabe des Künstlers; © Österreichische Nationalbibliothek, Musiksammlung; Sign. MS 99.491-4°)

Abbildung 19: *The War in the East - Big Russia and Little Serbia* (Illustration aus: *The Graphic: An Illustrated Weekly Magazine*, 30. September 1876; Public Domain)

Abbildung 20: Serbischer Soldat vor dem Tal der Vardar (Fotografie, 1919, Library of Congress, Prints and Photographs Division Washington, D.C.)

Abbildung 21: Die Ruinen von Rochebonne, Ardèche (Plakat von Hugo d'Alési für die Compagnie de chemins de fer départementaux, 1904; © Bibliothèque nationale de France)

Abbildung 22: Peder S. Krøyer, *Sommeraften ved Skagen. Kunstnerens hustru med hund ved strandkanten* (1892; © Ny Carlsberg Glyptotek, Kopenhagen; Foto: Ole Haupt)

Abbildung 23: Anders Zorn, *Havsnymf* (1894; © Nasjonalgalleriet, Oslo; Foto: Frode Larsen)

Abbildung. 24: Samuel Palmer: *Tintagel Castle: Approaching Rain* (1848/1849; © Ashmolean Museum, University of Oxford; Sign. WA1942.27)

Abbildung 25: Mikalojus Konstantinas Čiurlionis, *Miškas* (1907; © Nacionalinis M.K. Čiurlionio dailės muziejus, Kaunas)

Nachweise der Notenbeispiele

Alle Beispiele wurden vom Autor für diesen Band eigens neu gesetzt. Ihre Verwendung geschieht als wissenschaftliche Zitation. Der Autor dankt außerdem folgenden EditorInnen und Verlagen für die Genehmigung der Abbildung:

Notenbeispiel 3: Blagoje Bersa, *Sunčana* polja (1919; Autograph der Partitur im Besitz der Musiksammlung der National- und Universitätsbibliothek Zagreb)

Notenbeispiele 6 und 7: Jean Sibelius, *Islossningen i Uleå älv* (1899; mit freundlicher Genehmigung des Ylioppilaskunnan Laulajat, Helsinki)

Notenbeispiel 13: Frederick Delius, *Paa Vidderne* (1890/92; mit freundlicher Genehmigung des Delius Trust, London)

Notenbeispiel 14: Gerhard Schjelderup, Symphonie Nr. 2 *Til Norge* (1923; mit freundlicher Genehmigung der Nasjonalbiblioteket Oslo)

Notenbeispiel 20: Luís de Freitas Branco, *Vathek* (1913; mit freundlicher Genehmigung der Biblioteca Nacional de Portugal, Lissabon)

Notenbeispiel 27 und 29: Cornelis Dopper, 7. Symphonie *Zuiderzee* (1917; mit freundlicher Genehmigung des Nederlands Muziek Instituut, Den Haag)

Danksagung

Ashmolean Museum (University of Oxford), Biblioteca Nacional de Portugal (Lissabon), Bibljoteka Nazzjonali ta' Malta (Valletta), Bibliothèque nationale de France, Cincinnati Art Museum (Ohio), The Delius Trust (London), Eesti Rahvusraamatukogu (Tallinn), Hið íslenska bókmenntafélag (Reykjavík), Latvijas Nacionālā bibliotēka (Riga), Musiksammlung der Österreichischen Nationalbibliothek (Wien), Nacionalinis M.K. Čiurlionio dailės muziejus (Kaunas), Narodna galerija (Ljubljana), Nasjonalbiblioteket (Oslo), Nasjonalmuseet for kunst, arkitektur og design (Oslo), Nederlands Muziek Instituut (Den Haag), Ny Carlsberg Glyptotek (Kopenhagen), Svensk Musik (Stockholm), Tónverkamiðstöð (Reykjavík), Ylioppilaskunnan Laulajat (Helsinki).

Für zahlreiche Diskussionen und Hilfestellungen sei gedankt: Johanna Bayer (Sogndal/Wien), Wolfram Bayer (Wien), Christian Biskup (Bokensdorf), Paulo Ferreira de Castro (Lissabon), Moritz Csáky (Wien), Alexandre Delgado (Lissabon), Guido Erdmann (Königsbrunn), Franz Leander Fillafer (Konstanz), Christian Heindl (Wien), Sandra Hertel (Wien), Ramona Hocker (Wien), Árni Heimir Ingólfsson (Reykjavík), Federico Italiano (Wien), Mirjam Kluger (Wien), Richard Kurdiovsky (Wien), Stefanie Linsboth (Wien), Katharina Loose-Einfalt (Wien), Anna Mader-Kratky (Wien), Vasiliki Papadopoulou (Wien), Natalia Polukord (Wien), Rimvydas Savickas (Vilnius), Andreas Stoehr (Wien), Timur Sijarić (Wien)

und in besonderer Weise Werner Telesko (Wien).

www.ingramcontent.com/pod-product-compliance
Lightning Source LLC
Chambersburg PA
CBHW051614230426
43668CB00013B/2108